教育部支持项目
保险实用型人才培养规划教材
博雅精品教材系列

INSURANCE

合规与道德

HEGUI YU DAODE

主　编　沈开涛
副主编　李　顼　纪　林

内 容 简 介

本书以保险业的核心法律法规为中心,系统地讲述了保险合规及相关实务内容,以及与之密切相关的保险从业人员职业道德要求,并进一步介绍保险从业人员的行为规范。

本书由两大部分组成,一是合规,二是保险职业道德。第一章合规概述,从合规的概念入手,介绍社会人的合规和企业员工的合规。第二章保险合规,主要介绍保险合规的范围、保险合规的管理、保险合规的管理体系,以及国际保险合规管理体系。第三章保险合规实务,介绍不同的工作岗位和不同的工作部门的合规实务。第四章道德概述,从社会道德概念入手,介绍道德的功能和社会作用等。第五章保险职业道德,主要介绍保险职业道德及其基本理念。第六章保险职业道德实务,重点介绍保险从业人员的基本行为准则和行为规范、保险职业礼仪、有效沟通和情绪管理,进而引出保险企业核心价值观。

通过对本书的学习,可以帮助学生对保险行业的法律法规体系有较为系统的了解,培育优秀的职业道德,树立正确的价值观,建立合规经营、合规操作的理念,为学生走上保险行业工作岗位奠定健康的认知基础。同时,通过本书的学习,可以加深学生对保险行业内部管理的了解,为学生全面认识保险行业、更快地融入保险企业提供帮助。

图书在版编目(CIP)数据

合规与道德/沈开涛主编. —北京:北京大学出版社,2015.12
(保险实用型人才培养规划教材)
ISBN 978-7-301-26492-8

Ⅰ. ①合… Ⅱ. ①沈… Ⅲ. ①保险法—中国—高等职业教育—教材②保险业—从业人员—职业道德—高等职业教育—教材 Ⅳ. ①D922.284②F840.3

中国版本图书馆 CIP 数据核字(2015)第 262305 号

书　　　名	合规与道德
著作责任者	沈开涛　主编
责任编辑	李瑞芳
标准书号	ISBN 978-7-301-26492-8
出版发行	北京大学出版社
地　　　址	北京市海淀区成府路 205 号　100871
网　　　址	http://www.pup.cn　新浪微博:@北京大学出版社
电子信箱	pup_6@163.com
电　　　话	邮购部 62752015　发行部 62750672　编辑部 62750667
印　刷　者	北京富生印刷厂
经　销　者	新华书店
	787 毫米×1092 毫米　16 开本　11 印张　249 千字
	2015 年 12 月第 1 版　2017 年 9 月第 3 次印刷
定　　　价	32.00 元

未经许可,不得以任何方式复制或抄袭本书之部分或全部内容。
版权所有,侵权必究
举报电话: 010-62752024　电子信箱: fd@pup.pku.edu.cn
图书如有印装质量问题,请与出版部联系,电话: 010-62756370

保险实用型人才培养规划教材
编 委 会

主 任：

　　沈开涛　　江泰保险经纪股份有限公司

副主任：

　　王绪瑾　　北京工商大学保险学系
　　陶存文　　中央财经大学保险学院
　　刘冬姣　　中南财经政法大学金融学院
　　周建松　　浙江金融职业学院
　　刘胜辉　　陕西职业技术学院
　　陆建洪　　苏州经贸职业技术学院
　　孙景余　　秦皇岛职业技术学院
　　焦福岩　　北京经贸职业学院
　　杨立范　　北京大学出版社
　　陆　华　　江泰保险经纪股份有限公司

编 委：

　　何惠珍　　浙江金融职业学院
　　李　良　　苏州经贸职业技术学院
　　朱丽莎　　浙江经贸职业技术学院
　　李　颀　　陕西职业技术学院
　　梁　涛　　辽宁金融职业学院
　　任向英　　秦皇岛职业技术学院
　　邵书怀　　苏州经贸职业技术学院
　　李　兵　　浙江金融职业学院
　　程　雷　　淄博职业学院
　　史志贵　　无锡商业职业技术学院
　　苏重来　　成都工业职业技术学院
　　何先华　　荆州理工职业学院
　　张爱祥　　江泰保险经纪股份有限公司
　　原　越　　江泰保险经纪股份有限公司
　　张志安　　江泰保险经纪股份有限公司
　　纪　林　　江泰保险经纪股份有限公司
　　崔　敬　　江泰保险经纪股份有限公司
　　狄　刚　　江泰保险经纪股份有限公司

总　　序

进入新世纪以来，我国保险业在国民经济建设中发挥着越来越重要的作用，随着发展速度的加快，保险企业对人才的需求日益增大，尤其是对保险销售、保险服务等实用型人才需求更大，这就对保险实用型人才培养的数量和质量都提出了很高的要求。

保险是一门专业性很强的复合型学科，同时又是一门实用性很强的学科。保险企业不仅需要具有扎实理论功底和良好发展后劲的研究型人才，而且还需要具有较强职业技能、实务能力和创新精神的实用型人才。在实际工作中，保险市场对保险销售、保险服务等实用型人才的需求已占到人才需求总量的70%～80%，而国内开设保险类专业的高等院校大多数都偏重于理论教学，主要培养的是理论型、研究型人才，这就造成一方面保险企业招不到急缺的实用型人才，另一方面保险专业毕业的大学生却找不到好工作。

作为朝阳行业的保险经纪不断显现出蓬勃生机，保险经纪人在国民经济的各个领域也发挥着越来越重要的作用。保险经纪人具有职业领域宽、专业技能强、服务行业广等特质，而我国的高等学校尚未开设保险经纪专业，因此保险经纪人才尤其是经过保险经纪专业培养的人才严重匮乏。

《中国保险业发展"十二五"规划纲要》明确提出"鼓励保险企业与各类大专院校和科研机构建立长效合作机制，打造行业人才培训基地"，《国家中长期教育改革和发展规划纲要(2010—2020年)》提出了"实行工学结合、校企合作、顶岗实习的人才培养模式"，这在国家层面上为我们培养人才指明了方向。职业教育的目标是培养高素质技能型人才，目前我国一万多所职业院校约有3000万名在校生，高职高专毕业生整体就业率在95%左右，但毕业后到银行、保险、证券等行业工作的不到5%。我认为，职业教育特别是高等职业院校，就是培养保险销售、保险服务等实用型人才的摇篮。

2013年6月，我们向教育部职业教育与成人教育司提交了与职业院校合作培养保险实用型人才的报告，教育部各级领导高度重视。同年11月，在教育部的支持指导下，"江泰保险实用型人才培养培训项目"开始实施。我们与职业院校共同建立"江泰保险实用型人才培养培训基地"，创新合作模式，培养保险实用型人才。旨在为职业教育提供新的专业空间，为保险业填补保险经纪、保险销售、保险服务等实用型人才缺口，也为职业院校的优秀学生提供学习保险实务技能的机会，并为他们开辟就业新渠道，定向培养一批满足江泰保险经纪股份有限公司需要及保险行业发展需要的高素质技能型和高级应用型人才。

要培养保险经纪实用型人才，首先要有一套保险经纪实务教材。而现实情况是，一方面现有保险类教材大多是纯理论的，内容与实际工作流程、技能脱节，导致学生进入企业后无法学以致用；另一方面，目前国内很缺乏保险经纪理论或实务的相关著作，保险经纪的专业教科书也很少，更没有一所学校开设保险经纪课程。因此，编写一套以保险经纪专业为主体的、比较系统的保险实务教材就成为我们这个项目的重中之重的任务。

编写教材对于江泰人来说还是一件新事物。江泰保险经纪股份有限公司是我国第一家开业的全国性、综合性保险经纪公司，公司成立以来一直围绕制度、产品、技术、服务、模式等方面务实创新，十五年市场拓展已经提炼有系统的专业技术；十五年成功已经积累有丰富的实战经验；十五年发展已经形成独有的江泰文化和核心价值观。我认为，编写这套教材，无论是对社会、对保险行业、对职业教育还是对江泰的发展都是具有意义的一件事，江泰人有信心、有能力来分担这份社会责任。

本套教材包括《保险市场基础知识》《风险识别》《保险产品解读》《保险销售实务》《保险采购实务》《保险经纪服务》《保险经纪公司经营管理》《保险项目管理基础知识》《合规与道德》9本，以保险经纪实务知识和专业技能为主线，在保险基本理论、基本原则的基础上，形成一个相对完整的理论知识、实务技能的逻辑体系。根据高等职业院校的特点和培养实用型人才的目标，在编写中着重突出了以下三个特点。

1. 创新性

本套教材以江泰公司在十五年发展中积累的大量经验、案例和建立的周密业务流程及标准为基础进行原创，将江泰的优势专业、特色技术、经典案例和规章制度、业务流程、服务标准、职业操守、企业文化，以及相关数据、图表等可转化为教学内容的资料整理为编写素材，梳理归类知识点和技能点，从职业岗位(群)能力分析入手，以岗位工作过程为导向，对知识体系进行重构、整合，突出岗位工作与教材编写的针对性及关联性。

在体系结构设计上更新。按照保险经纪的职业领域、业务范围、流程环节设计教材体系，9本书相对独立又互为关联，提炼出知识结构体系和技能实务体系，通过系列教材保持保险经纪职业领域的整体性。

在知识体系设计上更新。9本书在满足总体知识体系的基础上又各具特色，在内容结构上采用的是先理论后实务、先知识后操作的方法，以符合工作岗位、工作任务的业务流程的实践规律，使工作规律与学习规律相融合，区别于一般保险类教材按学科理论内容编写的传统方式，突出工作过程的逻辑性，让学生在由理至实、由易到难的学习过程中逐渐构建知识结构，增长实务能力。

在合作编写方式上更新。以学生为中心，跨界共同编写教材。由主编设计确定编写大纲(三级目录)，江泰公司具有丰富实践经验的人员与高等职业院校具有丰富教学经验和编写教材经验的老师交叉编写，征询行业专家、大学教授的建议，多次循环增减、修改，在不断反馈、分析、统一中完善。形成了以学生为中心的由人才需求方、职业教育方、社会相关方等各方共同参与编写的教材编写模式。

2. 实用性

以江泰公司真实的工作任务、工作过程为依据，整合、序化教材内容，科学设计学习性工作任务，突出教材的实用性。

以学生就业为导向。遵循现代职业教育教学特点，始终把握"必需""够用"和"能用""会用"的实用性原则，以保险基本理论为引导，以保险经纪实务技能来展开，避虚就实，去繁就简，培养学生实际动手能力和解决问题的能力，让学生学而能用、学而有用。

以职业工作任务为主线。本套教材以保险经纪企业实际的职业工作任务为主线开发设计，在教材的主体内容上依据江泰公司的实际职业工作流程及专业知识来编写，融入保险经纪人的执业标准，确保教材的专业性，形成一条极具行业职业发展前景的知识链。全套教材为学生提供了一个学习职业知识的大平台，多岗位、多方法、多视觉、全方位地学习、了解、掌握保险经纪知识，毕业后可以适应不同的岗位工作、较快地配合其他岗位工作、规划自己的职业发展前景。

以培养实务能力为重点。 围绕经济社会和保险经纪岗位(群)能力的要求，以保险经纪实务技能为重点，对保险经纪人所应具备的各项专业操作技能进行深入理性提炼，以具体的岗位工作为载体整合教材内容，对实战性操作技术内容进行重点阐述，不追求保险学科本身理论的体系关联和数理模型系统的单一性，整体上突出保险经纪的专业性和实用性，着重培养学生具有保险经纪人的综合素质和专业实务能力。

3. 知识性

理论与实践结合，知识与技能一体，以强化本套教材的知识性和开放性，力求使教材具有"教、学、做"一体化培养人才的科学性。

精心构建知识结构。 在知识范围方面，既有保险经纪的理论知识、技能知识、现代保险的基础理论、销售理念、客户服务、风险管控，也有保险项目管理等贴近时代、贴近市场的专业知识技能，还有合规操作、职业道德、服务礼仪等方面的职业素质知识。

拓宽学生的知识面。 在关联知识方面，通过配置丰富的典型案例、插图以佐证相关理论知识；通过大量的补充阅读、延伸阅读的链接拓展知识学习量；嵌入真实生动的行业、企业故事让学生了解企业的组织架构、岗位职责、业务流程，以及员工应当具备的职业素质，体验企业的工作过程、业务流程和真实的经营管理过程，掌握作为一名保险经纪人应具备的知识、技能和基本职业素质，为今后走上工作岗位做好准备。

增强知识的时代性。 在新知识方面，充分考虑我国保险行业的新情况，积极借鉴国内外保险行业最新研究成果及移动互联等应用技术，按最新的法律法规来融合规范每本教材的内容，将新模式、新方法、新技能和新的实践经验转化为知识点。基本知识与前沿理论结合，传统操作与现代技能一体，让学生学到新知识、掌握新技能、跟进新发展。

近两年的时间，六易其稿，这套教材就要与读者见面了。经相关专家教授审阅，大家认为：知识性、实用性、创新性是这套教材的灵魂。这套教材不仅填补了高等职业教育保险类专业教材的空白，也填补了保险理论中保险经纪实务的学术空白。希望能够为高等职业院校培养金融保险专业学生、培养保险经纪人才提供一套教学蓝本，也为保险同业管理者、金融保险工作者、企业风险管理者提供一套参考资料。

不忘初心、常怀善念。对于这个项目，我们始终抱有一种责任感和使命感。江泰作为我国保险经纪行业的龙头企业，将在教育部支持指导下积极与高等职业院校合作，为我国保险行业培养一批优秀的实用型人才，为我国高等职业教育探索校企合作新模式作出一份贡献。

2015 年 7 月 28 日于北京

致　　谢

　　这套教材的出版，是相关各方智慧和辛勤劳动的结晶。在这里，我要衷心感谢教育部各级领导的关心支持，尤其要感谢葛道凯司长、刘杰处长，他们不仅对教材编写的启动、审稿全过程给予了大力支持，还在校企合作编写教材的方式方法上给予了经验帮助和热情指导，为编写教材把握了目标导向；感谢中国保监会中介部领导的支持，感谢颜韬副处长在教材编写启动时给予的鼓励；感谢中国保险学会领导的支持，感谢张领伟副秘书长对教材编写提出的好建议；感谢北京工商大学保险学系主任王绪瑾教授、中央财经大学保险学院副院长陶存文教授、中南财经政法大学金融学院副院长刘冬姣教授，他们从保险学资深教授的角度为这套教材提出了许多宝贵意见，使教材更加完善；感谢北京师范大学职业与成人教育研究所所长赵志群教授，他专门主持"实践专家访谈会"为我们开发职业教育教材提供了方法指南。

　　在这里我还要诚挚地感谢编写团队。首先要感谢各参编院校领导的大力支持，感谢各位参编老师，他们发挥职业教育教学的专长，利用课余时间积极投入，为这套教材的编写、修改付出了辛勤的努力；同时也要感谢我们江泰公司的编写人员，他们充分发挥保险经纪业务专长，运用多年积累的经验，加班加点完成了这套教材的编写、修改；最后，要感谢北京大学出版社的大力支持，感谢杨立范副总编，他参与了这套教材编写的全过程，在每一个阶段都给我们提出了好的建议，避免了在编写中可能出现的失误。

　　在这套教材编写中，我们还参阅了许多专家学者的作品、材料，在此也一并表示感谢。

2015 年 7 月 28 日于北京

前　　言

本书是"保险实用型人才培养规划教材"之一，秉承国家"推进教育教学改革，实行工学结合、校企合作、顶岗实习的人才培养模式"，在企业和高职院校鼎力协作的基础上编写的，是校企双方深度合作的成果。

合规是社会稳定和市场有序运行的前提，是金融保险企业能够健康、长久发展的基础，也是每一位保险从业者必须遵守的红线。道德是提升行业在整个经济社会中地位的素质要求，是每一位保险从业者应当遵从的行为规范。本书根据江泰保险经纪股份有限公司在发展中形成的文化理念、规章制度，结合职业教育的教学特点，以保险行业的基础法律法规为主线，在系统的理论基础上，突出合规实务及保险职业道德的养成教育，帮助学生更好地遵纪守法，更好地掌握职业发展的技能技巧，为学生的职业生涯奠定坚实的基础。

合规与道德是一门需要终身学习的学科，不仅能够对从业人员的职业发展提供帮助，还能够提高从业人员的人生观、世界观、价值观认知和修养。基于此种因素考虑，本书在编撰的过程中，结合保险从业人员的需求，对保险专业知识的表述以"够用"为度，主要以职业素质培养为核心，结合养成教育的特点，注重以提高从业人员的全面素质为目标，旨在引导阅读者自我意识的提高。本书力求突出以下特点。

(1) 课堂导入。以生动的案例为主，导出本章节的教学任务目标，以调动学生参与的积极性，达到体验式学习的效果。

(2) 循序渐进。内容总体分为两大模块，具体采用渐进的方式：合规概述、保险合规、保险合规实务；道德概述、保险职业道德、保险职业道德实务。按照由大到小的逻辑结构编写，适应学生对知识接受习惯，提高学生的自主学习能力。

(3) 通俗易读。采用"典型案例""补充阅读""延伸阅读"的形式，讲述更多的文化故事、保险故事，扩大阅读范围；同时，把知识技能、法规制度等融入趣味阅读之中，增强可读性，激发学生的学习兴趣。

本书由江泰保险经纪股份有限公司沈开涛董事长担任主编，陕西职业技术学院副教授李颀和江泰保险经纪股份有限公司副总裁纪林担任副主编。参编人员有陕西职业技术学院张风帆、李萍、王文通、徐玉侠；江泰保险经纪股份有限公司田庆颂、张海妹、赵巧睿。感谢各位编者在百忙之中的辛勤劳动。本书在编写的过程中，得到了江泰保险经纪股份有限公司相关领导、工作人员和陕西职业技术学院相关领导的大力支持和帮助，在此表示衷心的感谢！

此外，本书在编写的过程中参考和借鉴了大量的文献资料，在此向相关的专家、作者一并表示感谢！

由于作者的水平有限，书中的疏漏和不妥之处，恳请各位专家、同行批评指正。谢谢大家！

编　者

2015 年 8 月

目　　录

第一章　合规概述 ... 1

第一节　合规的概念 ... 2
第二节　合规的表现 ... 3
第三节　企业合规建设 ... 6
第四节　当代中国法的主要形式 ... 7
本章小结 ... 9
知识与技能训练 ... 10

第二章　保险合规 ... 12

第一节　保险合规概述 ... 13
第二节　保险合规管理 ... 15
第三节　保险合规管理体系 ... 19
第四节　国际保险合规管理体系 ... 27
本章小结 ... 29
知识与技能训练 ... 29

第三章　保险合规实务 ... 31

第一节　保险公司合规实务 ... 32
第二节　保险中介公司合规实务 ... 42
本章小结 ... 55
知识与技能训练 ... 55

第四章　道德概述 ... 57

第一节　道德的内涵 ... 58
第二节　道德的功能与社会作用 ... 61
第三节　职业道德 ... 63
本章小结 ... 68
知识与技能训练 ... 68

第五章　保险职业道德 ... 71

第一节　保险职业道德含义 ... 72
第二节　保险职业道德的基本理念 ... 80
本章小结 ... 91
知识与技能训练 ... 91

第六章　保险职业道德实务……93

第一节　保险从业人员基本行为准则……95
第二节　保险中介从业人员行为准则……109
第三节　其他从业人员行为规范……116
第四节　保险职业礼仪……118
第五节　有效沟通……130
第六节　情绪管理……136
第七节　保险职业道德与核心价值观……141
本章小结……157
知识与技能训练……157

参考文献……161

第一章 合规概述

全球保险巨头——美国国际集团(American International Group Inc，AIG)在美国次贷危机中深陷巨额资金缺口，走到破产边缘，最终被美国政府变相接管。像AIG这样的保险巨头，为何在受到金融风险的波及后会顷刻之间濒临倒塌？除宏观环境等外部因素外，企业自身也存在一些内因导火索。例如，资产管理不慎、资金运用不当、风险防范意识不足等。

AIG在美国次贷危机中面临的困境，启示企业应从总体上认识风险管理，树立全面风险管理的意识。要求不仅是对单个因素进行分析，还要从整体上把握这些风险，分析研究各因素之间的联系，从系统的角度优化全面风险管理系统，建立并完善相应的合规机制。

"合规"这一概念在国际金融行业被频繁提及。那么，何为合规？合规的渊源与内涵是什么？如何建立合规机制并实现合规？

知识学习目标

通过对本章的学习，理解合规的概念、了解合规的渊源，理解并掌握合规在社会人、企业、企业员工等不同视角下的内涵，了解并掌握企业合规建设的主要内容。

能力培养目标

通过对本章内容的学习，能够树立适当的合规观念，并运用到学习和工作之中。

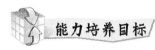

1. 合规的内涵
2. 企业合规建设
3. 当代中国主要法的主要形式

合规与道德

合规的内涵

第一节 合规的概念

近年来,"合规"一词在企业管理中,尤其是金融行业的监督管理工作中经常被提及。然而,什么是"合规",我国法律并没有明文规定。因此,谈及"合规",应从它的基本含义、形成与发展谈起,才能完整、深入地了解何为"合规"。

一、合规的基本含义

从汉语角度解释,"合规"简单而言就是合乎规矩。"合规"是由英文"compliance"一词翻译而来,原意为遵守、服从。在国际保险金融行业,狭义的"合规"是指企业等组织及其员工遵守或符合法律和规章制度的规定;广义的"合规"是指企业等组织及其员工遵守或符合法律、规章制度和伦理道德。

二、合规的形成与发展

"合规"最早起源于美国。1973 年,美国总统尼克松因"水门事件"而下台,其竞选班底被查出将带有贿赂性质的非法政治捐款通过清洗变为合法的政治捐款,该洗钱行为成为人们关注的焦点。随后美国企业走私、贿赂、舞弊的丑闻频频曝光,沉重打击了投资者对美国市场的信心。在这一背景下,美国的监管机构开始提出企业的合规问题以及对企业的反洗钱合规要求。

2005 年 4 月 29 日,巴塞尔银行监管委员会在发布的《合规与银行内部合规部门》(*Compliance and the Compliance Function in Bank*)文件中描述:"本文件所称'合规风险'是指银行因未能遵循法律、监管规定、规则、自律性组织制定的有关准则,以及适用于银行自身业务活动的行为准则,而可能遭受法律制裁或监管处罚、重大财务损失或声誉损失的风险。"随后,合规这一概念被广泛运用于金融保险行业风险管理实践中。

根据巴塞尔银行监管委员会发布的《合规与银行内部合规部门》,合规法律、规则和准则有多种渊源,包括立法机构和监管机构发布的基本的法律、规则和准则、市场惯例,行业协会制定的行业规则以及适用于企业员工的内部行为准则等。因此,合规法律、规则和准则不仅包括那些具有法律约束力的文件,还包括更广义的诚实守信和道德行为准则。[①]

---

① 合规与银行内部合规部门. 中国金融,2005(13).

第二节 合规的表现

本节主要介绍狭义上的合规,分别从社会人、企业、企业员工的视角,阐述合规的具体表现。

一、社会人的合规

以社会学角度而论,自然人是指脱离母体后,还没有经历社会化过程的人。自然人只具有人的自然属性,而不具有人的社会属性。社会人不能离开社会而独立存在,人是社会中的人,人的本质是各种社会关系的总和:你是谁,你是谁的子女,你是谁的朋友,你是哪国的人,你有怎么样的思维方式,你有怎样的行为方式和表达方式,等等。通过社会化,自然人在适应社会环境、参与社会生活、学习社会规范、履行社会角色的过程中,逐渐认识自我,并获得社会的认可,获得社会成员的资格。社会人是与"自然人"相对应的概念。在社会学中指具有自然和社会双重属性的完整意义上的人。

(一) 狭义的社会人合规

在狭义的社会人合规要求下,个人作为社会人,应当守法,即依照法的规定,行使权利和履行义务。法律是社会普遍接受的、人人必须遵守的行为规范,是保障社会正常安全运转的必要规范和准则。法律对人的行为作出明确的指导,什么可以做,什么不可以做。法治的要义,就在于保护社会正常秩序,保护公民的人身和财产安全,为社会和谐创造良好的环境。一个稳定和谐的社会,必定是高度法治的社会,任何公民都平等地享有法律赋予的权利,同时平等地履行法律赋予的义务,任何组织或者个人都不得有超越法律的特权。

(二) 广义的社会人合规

在广义的社会人合规要求下,社会人既要守法,也要遵守社会的风俗习惯和道德准则。一方面,在法律并没有规定或者规定不完善的领域,社会的风俗习惯和道德准则具有指导作用;另一方面,所有关于社会人的安全、健康的法律,以及法律程序本身,均建立在一定的道德基础之上。司法机关在法律没有相应规定的情况下,会以社会的风俗习惯、一般道德规范来审判案件,实际上就是认可这些风俗习惯、道德规范为法。

二、企业的合规

(一) 狭义的企业合规

在狭义的企业合规要求下,企业的合规指企业的经营活动与法律、市场规则和行业惯例相一致。

企业应当遵守或符合法律的规定。法律,即由享有立法权的立法机关,在我国即为全国人民代表大会及其常务委员会，依照法定程序制定并颁布，并由国家强制力保证实施的规范的总称。这是狭义的法律的概念。广义的法律概念，包括宪法和一切规范性文件，如法律、行政法规、地方性法规、部门规章、地方性规章等。

在企业合规这一领域，企业还应当遵守或符合市场规则和行业惯例。现今的中国法律无法对企业经营中可能出现的所有情形全部加以具体规定，这并不是因为我国的法律尚未健全。即便我国的法律体系臻于完善，企业的合规标准也需要市场规则和行业惯例来填补。尤其在新兴行业领域，技术的发展日新月异，而法律无法预见某些行业及其技术的发展，使得法律具有严重滞后性。某些行业领域，例如互联网行业，可以说是在没有直接相应的法律的情况下发展起来的。当法律没有明确规定时，市场规则和行业惯例会具有更重要的作用。

一个企业在经营中，若要遵守国家的法律，遵守市场规则和行业惯例，则需要在进行企业管理时制定规章制度，以确保企业行为及企业中的每一个人的行为不会因为违反国家的法律、违反市场规则或行业惯例，而给企业造成损失或损害。这就要求企业制定的内部规章制度也要遵守国家的法律，遵守市场规则和行业惯例。

(二) 广义的企业合规

在广义的企业合规要求下，企业在实际经营和存续过程中，仅仅遵守或符合法律的规定是远远不够的，法律仅代表对企业行为的最低要求标准。在此基础上，只遵守或符合市场规则和行业惯例，也不足以满足当代企业合规建设的发展需求。当今社会不仅越来越看重企业所承担的社会责任，还往往把企业诚信和道德行为操守作为评价企业的重要标杆。因此，广义的企业合规是指企业遵守或符合法律规定，符合市场规则和行业惯例，并且遵守商业道德，树立企业信誉。

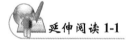

延伸阅读1-1

20世纪70年代，美国提出"企业伦理/商业道德"(Enterprise Ethics/ Business Ethics)的概念。企业及其他与经营有关的组织在进行经营活动时，都存在着伦理道德的问题，企业的经营目标不仅是盈利，还有一定的社会责任。一个遵守道德的企业，在对待其股东、员工、客户、竞争对手、政府以及整个社会时，均应当重视人性，不与社会发生冲突与摩擦，积极采取对社会有益的措施。

美国判决委员会(the United States Sentencing Commission)于1991年施行的《关于组织的联邦量刑指南》(Federal Sentencing Guidelines for Organizations)(以下简称《量刑指南》)中，规定了对企业等组织犯罪的量刑标准。该《量刑指南》2004年的修订版对企业等组织加强其守法力度、采取措施建设企业伦理文化等方面，提出了新的要求。

《量刑指南》鼓励企业等组织建立能够防止违法行为的有效合规机制，并提出一个有效的合规机制所需要具备的七项要件。当组织遵守实施以下七项要件时，其基于《量刑指南》而被制裁的可能性会大大降低，罚款金额也可以酌情大幅减少。

(1) 在整个组织范围内实施能够合理降低发生犯罪行为的可能性的合规标准与合规程序。
(2) 任命相关高级管理人员以监督合规标准与合规程序的实施。
(3) 对于防止组织中的个人实施已被组织知晓或应当被组织知晓的非法行为，负有注意义务。

(4) 对员工进行合规培训或者通过发行刊物,解释合规标准与合规程序的要求。

(5) 建立监督、审计和报告机制,使员工和其他代理人能够揭露、报告犯罪行为而无须害怕遭受报复。

(6) 通过适当的机制强制执行合规标准,其中包括未能发现违法行为时个人应视具体情况而受到的惩罚。

(7) 建立对违法行为的合理反应机制并对其进行必要的修改更新,采取所有合理可行的预防措施,防止类似违法行为的进一步发展。[1]

三、企业员工的合规

企业中的个人具有双重身份,既是社会人,又是企业员工。因此,企业中的个人不仅应符合社会人的合规要求,还应符合企业的合规要求。

(一) 狭义的企业员工合规

在狭义的企业员工合规要求下,企业中的个人合规仅指遵守或符合企业的规章制度。企业的规章制度是根据法律、市场规则和行业惯例,以及社会的道德准则制定而来的,在企业未及时将行业的法律、市场规则和行业惯例等合规要求转化、制定成公司的规章制度时,狭义的员工合规要求就应当延伸到行业的合规要求。

(二) 广义的企业员工合规

在广义的企业员工合规要求下,企业中的个人合规包括三个层面:一是遵守或符合企业的规章制度;二是遵守或符合法律、市场规则和行业惯例;三是遵守或符合行业的道德规范。

企业员工的合规问题,不仅涉及员工个人需要遵守或符合一定的规范要求,还包括企业员工的合规对企业造成的影响这一层面。员工作为企业的职工,只有遵守合规要求,才能保证企业合规目标的实现。

补充阅读

许多美国企业重视强化企业内部的合规管理,并依据《量刑指南》的要求制定有效的合规管理方案,以防范和减少因企业管理人员等企业员工的犯罪行为而导致的法律风险。《量刑指南》中规定,无论组织是否知晓或授权,只要组织的成员具有组织官方认可的身份且做出了违法行为,该组织均应对此违法行为负有责任。该《量刑指南》适用于几乎所有类型的组织,包括公司、合伙企业、工会、非营利性组织等。换而言之,企业员工或代理人犯罪,企业也会受到惩罚。

2004 年的修订版《量刑指南》中,要求公司的高级管理人员采取措施,衡量合规机制的有效性,尤其是"确保已建立一个有效的合规及企业伦理机制""定期评估合规及企业伦理机制的有效性",以及"定期评估犯罪行为的风险并采取适当措施设计、实施或修正合规及企业伦理机制的要求,以减少该风险"等。[2]

---

[1] http://www.ethicaledge.com/quest_2.html。

[2] http://www.ethics.org/resource/federal-sentencing-guidelines。

第三节　企业合规建设

近年来，中国企业的自治组织和政府监管部门日益意识到企业合规的重要性，《商业银行合规风险管理指引》《保险公司合规管理指引》《证券公司合规管理试行规定》《企业内部控制基本规范》等文件相继出台，指引和规范企业合规管理，为中国企业构建全新的合规管理体系、组建合规部门提供法律法规或政策依据。

关于合规建设，巴塞尔银行监管委员会提出，为满足监管机构的监管要求，银行必须遵循有效的合规政策和程序，在发现违规情况时，银行管理层能够采取适当措施予以纠正。如果银行疏于考虑经营行为对股东、客户、雇员和市场的影响，即使没有违反任何法律，也可能会导致严重的负面影响和声誉损失。[①]委员会对银行的合规建设提出了较为全面的建议和要求，这些建议和要求可为企业的合规建设提供借鉴。

一、树立合规意识

企业合规的建设，需要树立自觉的合规意识，强调合规意识的重要性，摒弃被动抵触合规建设的心态。在企业员工中也应树立合规创造价值、合规人人有责等理念，在每位员工心中树立合规意识。特别应当强调合规应从企业高层做起，董事会成员和高级管理人员应当作出表率。

二、建立合规制度

企业的合规建设，需要企业制定合规政策，作为企业合规风险管理的纲领性文件。企业还应当建设风险评估机制，建立风险的监控、评估和预警系统，重视早期预警，认真执行重大违约情况登记和风险提示制度。另外，有效的举报监督机制能为员工举报违规、违法行为提供必要的渠道和途径，并提供有效的举报保护和激励。

巴塞尔银行监管委员会发布的《合规与银行内部合规部门》，阐明了银行董事会和高级管理层在合规方面的特定职责。董事会有责任确保制定适当政策以有效管理合规风险。董事会还应监督合规政策的实施，包括确保合规问题都由高级管理层在合规部门的协助下得到迅速有效的解决。董事会也可能将这些任务委托给适当的董事会下设的委员会，如审计委员会。高级管理层负责制定和传达合规政策，确保该合规政策得以遵守，包括发现违规问题时采取适当的补救方法或惩戒措施，并就合规风险管理、重大违规情况向董事会报告。

三、建立合规组织体系

企业应当依据合规政策，组建独立、常设、有效的合规部门，并确保合规部门配备能

---

① 中国银行业监督管理委员会. 合规与银行内部合规部门.
http://www.cbrc.gov.cn/chinese/home/docView/1437.html.

有效履行职责的资源，不受干扰地发现、调查问题。合规部门的职责应该是协助高级管理层有效管理企业面临的合规风险。具体而言，合规部门应该积极主动地识别、书面说明和评估与企业经营活动相关的合规风险，包括新产品和新业务的开发、新业务方式的拓展、新客户关系的建立或者这种客户关系的性质发生重大变化所产生的合规风险等。另外，合规部门还应该通过实施充分和有代表性的合规测试对合规进行监测和测试，并将合规测试的结果依照内部风险管理程序向上级报告。

延伸阅读1-2

合规职责未必都由"合规部门"(Compliance Department)或"合规部"(Compliance Unit)承担。合规职责可能由不同部门的职员履行。例如，有些银行分设法律部门和合规部门。法律部门负责就合规法律、规则和准则向管理层提出建议，并为员工制定指引；而合规部门则负责监测合规政策和程序的遵守情况，并向管理层报告。

合规部门的独立性的概念包含四个相关要素。第一，合规部门应在企业内部享有正式地位。第二，应由一名集团合规官或合规负责人全面负责协调合规风险管理。第三，在合规部门职员特别是合规负责人的职位安排上，应避免他们的合规职责与其所承担的任何其他职责之间产生可能的利益冲突。第四，合规部门职员为履行职责，应能够获取必需的信息并能接触到相关人员。然而，独立性并不意味着合规部门不能与其他部门管理层和职员共同工作。实际上，合规部门与其他事业部之间相互合作的工作关系，将有助于早期识别和管理合规风险。

四、建设合规文化

企业合规的建设，应当将合规理念渗透至企业运作的方方面面，形成企业的合规文化。合规文化建设不仅是合规风险管理的一部分，也是企业文化建设的一部分。合规并不只是专业合规人员的职责，在企业内全面推行诚信与正直的价值观念，只有这样，合规政策才能得以有效实施。

第四节　当代中国法的主要形式

课堂导入

依据合规的要求，社会人、企业及企业员工均应当遵守或符合法的规定。在我国，法的形式以成文法为主，主要是指国家机关根据法定程序制定、发布的，以规范性文件的形式表现出来的具体系统的法律文件。成文法主要包括：宪法、法律、行政法规、地方性法规、自治法规、行政规章、特别行政区法。不成文法是与成文法相对应的概念，一般是指未经国家机关制定，但经国家机关认可并赋予法律效力的行为规则。不成文法处于次要地位，起着补充辅助的作用，其主要特点是未经立法程序，而非无文字记载。不成文法主要包括：政策、习惯、司法判例与解释等。

一、成文法

(一) 宪法

宪法是由国家最高权力机关全国人民代表大会，依特别程序制定和修改的具有最高效力的，综合性地规定国家、社会和公民生活的根本事项的根本大法。宪法是其他法的立法依据或基础，其他法的内容或精神不得违背宪法的规定或精神。

(二) 法律

此处所称的法律是指由全国人民代表大会和全国人民代表大会常务委员会依据法定职权和程序制定和修改的，规定国家、社会和公民生活中某一方面根本性社会关系或基本问题的一种法。法律的效力仅次于宪法而高于其他法，是行政法规和地方性法规的立法依据或基础，后两者均不得与它相抵触，否则无效。

(三) 行政法规

行政法规是由国家最高行政机关国务院依法制定和修改的，有关领导和管理国家各项行政工作的规范性文件的总称。行政法规的效力仅次于宪法和法律，但高于地方性法规和法规性文件。

(四) 地方性法规

地方性法规是由有地方立法权的地方人民代表大会及其常委会就地方性事务以及根据本地区实际情况执行法律、行政法规的需要所制定的规范性文件。地方性法规的效力低于宪法、法律和行政法规。有权制定地方性法规的地方人大及其常委会包括省、自治区、直辖市、较大市的人大及其常委会。地方性法规只在本辖区内有效，效力低于宪法、法律和行政法规。

(五) 自治法规

自治法规是由民族自治地方的人民代表大会及其常委会依照当地民族的政治、经济和文化的特点，制定的自治条例和单行条例。自治条例和单行条例是依法对法律、行政法规、地方性法规作变通规定的，在本自治地方适用自治条例和单行条例的规定。

(六) 行政规章

行政规章是国务院各部委以及各省、自治区、直辖市的人民政府和省、自治区的人民政府所在地的市以及国务院批准的较大市的人民政府根据宪法、法律和行政法规等制定和发布的规范性文件。国务院各部委制定的称为部门行政规章，其余的称为地方行政规章。部门规章的效力低于宪法、法律和行政法规；地方性规章的效力低于宪法、法律和行政法规，以及上级和同级地方性法规。

(七) 国际条约

国际条约指两个或两个以上国家或国际组织之间，为确定其相互关系中的权利和义务而缔结、参加、签订、加入、承认的双边或多边条约、协定和其他具有条约性质的文件。国际条约的名称，除条约外还有宪章、公约、协议、协定、议定书、盟约、公报、换文和联合宣言等。除我国在缔结时宣布持保留意见不受其约束的以外，这些文件的内容都与国内法具有一样的约束力，所以也是我国主要法的形式之一。

二、不成文法

(一) 政策

由于中国的国家性质和执政党对国家的领导地位，中国执政党的部分政策会转化为国家政策，许多法律、法规、规章在相当大的程度上是政策的提升或法定化。

(二) 习惯

习惯是另一种不成文的法的形式。许多法律规则来自于习惯。立法机关可以根据习惯形成制定法规则。司法机关也会从习惯中抽取某些规则，据以处理某些案件。

(三) 司法判例与解释

司法判例，是指那些事先存在的、可能构成法官审理案件依据的判决范例。司法解释，是法律解释的一种，是司法机关对法律、法规的具体应用问题所作的说明。对某一案件在适用法律上所作的解释，只对该案件有效，没有普遍约束力。最高法院所作的解释，对下级法院通常具有约束力。违背宪法与法律的司法解释无效。

中国不是普通法法系，也不存在判例法这种法的形式，但中国最高司法机关，即中华人民共和国最高人民法院所选择、确认和公布的典型判例和司法解释，在法律实践中，能够对法起到补充辅助的作用。[①]

本 章 小 结

在国际保险金融行业，"合规"是指企业等组织及其员工遵守或符合法律、规章制度和伦理道德。

社会人的合规是指既要守法，也要遵守社会的风俗习惯和道德准则。企业的合规是指遵守或符合法律规定、市场规则和行业惯例，并且遵守商业道德，树立企业信誉。企业员工的合规是指遵守企业的规章制度，遵守法律、市场规则、行业惯例，以及行业的道德规范。

企业合规建设的意义，即树立合规意识、建立合规制度、成立合规部门、建设合规文化。

目前我国的成文法的主要形式包括宪法、法律、行政法规、地方性法规、自治法规、行政规章和国际条约等。

---

① 张文显. 法理学[M]. 3 版. 北京：高等教育出版社，2007.

知识与技能训练

1. 合规的概念是什么？
2. 简述如何开展企业合规建设。
3. 企业员工的合规要求有哪些？
4. 当代中国成文法的主要形式有哪些？

项目一：关于是否应该遵守规矩的辩论

(一) 训练内容

1. 引导学生明白一个道理——"我们为什么要遵守规矩？"
2. 从一个人、一个行业的行为规范，引出保险行业合规管理，使学生加深对相关内容的理解。
3. 通过辩论，提高学生分析问题的能力，锻炼其口才表达能力。

(二) 注意事项

1. 由学生毛遂自荐等方式选出8名同学，分成正方和反方，每方4人。
2. 辩论时间控制在2节课为宜。
3. 本技能训练的目的是培养学生独立思考的能力、演讲能力与口才。

项目二：公德心的养成训练

目前很多青年学生"以自我为中心，缺乏文明举止；有些人虽然具有公德认知，但较少付诸实际行动，缺乏自律，缺乏公共精神"。比如：公共卫生习惯差、随地吐痰，乱丢杂物，在课桌椅上乱涂和乱画现象比较严重；违反学校规章制度，上课迟到、早退甚至旷课，就餐时任意插队、偷窃等现象时有发生；学习态度不端正，诚信意识淡薄，考试作弊屡禁不止，对家长、对老师动辄撒谎；基础文明行为失范，不能尊老爱幼，尤其是男女生谈恋爱时行为有失分寸；集体主义观念不强，不愿参加集体活动，缺乏集体荣誉感和责任感；艰苦奋斗精神差，享乐主义思想有所抬头，不讲节俭，互相攀比，时有酗酒、抽烟等不良习惯；不能爱护公共财产，图书失窃，教室、实验室、宿舍等公共场所财物损毁严重，等等。上述行为虽然不是学生群体中的主流，但它产生的消极影响令人忧虑，因为它不仅影响了学生的生活和学习，而且对学生的健康成长将产生重大的影响。

(一) 训练内容

1. 反思自己在平时的校园生活中有没有上述不遵守社会公德的行为？如果有，打算以后从哪些方面进行改正？
2. 填写下表。

序　号	不遵守社会公德的表现	例　子	改 进 措 施
1			
2			
3			

(二) 注意事项

希望学生反思总结后能从小事做起，从小节改起，带头践行社会公德规范。

第二章 保险合规

 课前导读

国内外金融保险行业中，人们大多从企业管理和风险管理的角度出发，将合规工作表述为"合规管理"或"合规风险管理"，普遍将其视为一项独立的风险管理活动和一种健全企业内控体系的重要手段。

例如，上海银监局课题组在《中资银行合规风险管理机制建设研究》中指出："合规已成为银行内部的一项核心风险管理活动，更是银行实施有效内部控制的一项基础性工作。""合规风险管理体制是指银行主动识别合规风险，主动避免违规事件的发生，主动采取各项纠正措施以及适当的惩戒措施，持续修订相关制度流程和详尽描述具体做法的岗位手册。以有效管理合规风险，确保银行合规稳健运行的一个周而复始的循环过程。"

全球十大律师事务所之一的路伟国际律师事务所在其《中国企业法律风险管理标准化策略报告》中，将合规管理誉为"企业管理的第三支柱"，认为合规管理对外的重点在于指导"企业如何开展经营活动"，"保护企业免于发生重大风险事件"，创造和保持"企业精神""公共形象"和"声誉"；对内则能"从整体上增强和改善企业的内部管理控制"。报告起草人、著名合规管理专家吕立山律师更是认为："鉴于长期以来不同经营部门各自为政的积习，实现整个集团的统一管理是许多中国企业所面临的重大挑战。而这一体制的实现，必须通过强化合规体系，建立上下通畅的报告和决策渠道，方能达成。"

保监会《保险公司合规管理指引》立足于保险业，对合规管理作出了明确定义："合规管理是保险公司通过设置合规管理部门或者合规岗位，制定和执行合规政策，开展合规监测和合规培训等措施，预防、识别、评估、报告和应对合规风险的行为。"同时，保监会还将合规管理定性为"保险公司全面风险管理的一项核心内容，也是实施有效内部控制的一项基础性工作"。

 知识学习目标

通过本章的学习，掌握保险合规的概念、作用和意义，了解保险外部监管体系、保险公司的合规管理体系、保险中介机构的合规管理体系以及国外保险合规管理体系的相关知识，培养和树立合规意识。

能力培养目标

在课堂教学的基础上，培养学生的独立思考能力，使其能够分析国内外保险合规体系的发展趋势、异同点及优缺点；培养学生的阅读能力，能够读懂逻辑严谨、用词讲究的合规文件；培养学生遵规守纪的观念，养成"入乡随俗"及三思而后行的习惯。

教学重点

1. 保险合规的概念、作用和意义
2. 保险公司合规监管体系
3. 保险中介机构合规监管体系

教学难点

理解合规对保险业的重要性，了解保险监管机构、保险企业的法规体系和管理体系

第一节 保险合规概述

课堂导入

一个好企业与一个伟大的企业是有区别的：一个好的企业能为顾客提供优秀的产品和服务，而一个伟大的企业不仅能为顾客提供产品和服务，还竭尽全力使这个世界变得更加安全、和谐、美好。

——福特汽车公司执行董事长 比尔·福特

一、保险合规的概念

"合规"是由英文"compliance"一词翻译而来，原意为遵守、服从。从汉语角度解释，合规简单而言就是合乎规矩，循规蹈矩。但自20世纪90年代以来，在国际金融保险领域中，"compliance"一词逐渐发展出专门的特殊含义。

首先，"规"即合规的渊源。巴塞尔银行监管委员会的《合规与银行内部合规部门》中列举合规的渊源包括："立法机构和监管机构发布的基本的法律、规则和准则""市场惯例""行业协会制定的行业规则"，以及适用于金融企业职员的"内部行为准则"等。因此，"合规"中的"规"不仅是指来自企业外部具有法律约束力的文件，还包括更广义的诚实守信和道德行为的准则，它们可能是来自企业外部，也可能是由企业自身制定的。

其次，"合规"中的"合"包括抽象和具体两个层面。在抽象层面，"合"要求企业内部的管理制度、业务规则必须符合外部的法律法规、监管规定和行业准则；在具体层面，

"合"则要求企业内部的管理制度、业务规则都能得到实际的执行。

在2008年1月1日实施的《保险公司合规管理指引》中,中国保监会从监管角度将"合规"定义为:"本指引所称的合规是指保险公司及其员工和营销员的保险经营管理行为应当符合法律法规、监管机构规定、行业自律规则、公司内部管理制度以及诚实守信的道德准则。"自此,合规这一概念被提升到影响保险全行业可持续发展的战略高度。各保险企业都在逐步摸索、完善内部合规管控机制,以规避合规风险,降低公司违规损失,树立合规经营的良好企业形象,最终达到强化公司竞争力的目的。经过全行业的发展实践,合规已由监管要求变为保险主体的自身发展需要。

 延伸阅读2-1

为了推动企业的合规风险管理,1987年的美国《联邦审判指南》首次将企业犯罪的量刑与合规风险管理挂钩。根据《联邦审判指南》的规定,如果触犯法律的企业已经建有合规框架预防和监测合规风险,联邦法官在量刑或判决时,可以减轻对该企业的刑罚,包括减少罚款、免于刑事诉讼等。企业高管人员在民事诉讼中还可将合规风险管理机制的建立作为抗辩事由,罚金甚至可以减少95%。

2001年"9·11"事件后,反恐融资成为合规风险监管的一个重要领域,美国国会迅速通过《爱国者法》,显著地增加了商业银行的反洗钱职责,扩大到了检测、终止(在可能的范围内)并报告恐怖分子的金融方案。如果不能充分地满足这些要求,就会显著地增加银行的合规风险,银行常常会因为"协助及教唆""有意蒙蔽"等指控而遭受沉重的罚金、侵入式外部监管甚至刑罚。

2002年美国安然与世通破产案中,摩根、花旗、美银、瑞信等国际银行均遭受了集体诉讼。投资者指控它们为其贷款客户安然与世通公司隐瞒债务、虚增盈利、财务欺诈、指使分析师发表不实股评报告,最后这些银行不得不向投资者支付了上百亿美元的赔偿金。由此,为了强化合规风险监管,2002年7月美国颁布了《萨班斯—奥克斯利法案》,对在美国上市的公司设置了极为严苛的公司治理、财务和信息披露等多方面的合规门槛。这之后,合规风险普遍为各国监管机构所重视,国际商业银行也逐步加强了对合规风险的管理。

二、保险合规的范围

保险合规要求保险企业的经营活动与法律、规则和准则相一致,这里的法律、规则和准则,是指适用于保险企业业务经营活动的法律、行政法规、部门规章及其他规范性文件、经营规则、自律性组织的行业准则、行为守则和职业操守。

合规可以分为狭义合规和广义合规。狭义合规仅指遵守或符合法律规定。但是在企业的实际经营和存续过程之中,企业仅仅守法或合法是远远不够的。社会不但越来越看重企业所承担的企业社会责任,而且也往往把企业诚信和道德行为操守作为评价企业的重要标杆。因此,保险合规通常是广义合规,即遵守或符合伦理道德和法律法规。

目前保险企业面临严峻的国内外监管环境,对于上市保险企业而言,还要面临境外上市地与国内完全不同的监管环境,各项监管法律法规、行业准则和管理等非常复杂,归纳起来,主要有以下几种。

(一) 公司外部的合规法律、规则和准则

(1) 上市地立法机构发布的与证券发行和交易有关的法律法规。主要有:美国的《证

券法》《证券交易法》《SOX 法案》以及我国香港地区的《证券与期货监察条例》等。

(2) 上市地证券监督管理机构和交易所制定的各种规章和准则。例如,美国 SEC 制定的各种规章、纽约证交所的《上市手册》、我国香港联交所的《上市手册》等。

(3) 上市地要求遵循的各种行业准则。如美国的通用会计准则(USGAAP)和国际会计准则、审计准则等。

(4) 国内的相关法律法规。作为一家在中国设立并开展业务的公司,中资保险企业的经营活动涉及了国内大部分的部门法。比如开展业务中要涉及《保险法》《合同法》;公司日常经营管理要涉及《公司法》《税收征收管理法》;在保护消费者和市场公平竞争方面涉及《消费者权益保护法》《反不正当竞争法》《反垄断法》等;在劳动用工方面涉及《劳动合同法》等;在反洗钱方面还有《反洗钱法》等法律法规。

(5) 国内监管机构的各种部门规章和相关规定。主要是保监会制定的各种部门规章,如《保险公司管理规定》《保险公司中介业务违法行为处罚办法》《保险专业代理机构监管规定》《保险经纪机构监管规定》《保险公估机构监管规定》《保险机构投资者股票投资管理暂行办法》《保险公司偿付能力额度及监管指标管理规定》等。此外还有财政部、证监会等机构制定的规章。

(6) 国内相关机构制定的各种行业准则。如金融企业会计制度、会计准则、审计准则等。

(7) 行业惯例。如保险行业协会制定的各种行为规范、自律公约、示范条款等。

(8) 更为广义的诚实信用和道德规范方面的准则。如保险市场诚信建设等内容。

延伸阅读2-2

《中国保险行业自律公约》由中国保险行业协会会员公司共同协商,自 2000 年 11 月 16 日起实施的。"自律"是相对于"他律"而言,顾名思义就是遵守法度、自加约束。为维护保险市场秩序,遏制恶性竞争行为,保险行业协会经常会组织辖内各保险公司签订《保险行业自律公约》,并要求签约的保险公司要实施自律管理和自律惩戒,从而督促保险公司依法合规经营,其核心是自我约束和自我管制,并且是保险监管的重要补充,在一定程度上起到了自律的作用。

(资料来源:和讯网,改进《保险行业自律公约》的几点想法)

(二) 公司内部的各种行为准则和规章制度

合规管理的另外一个主要渊源就是保险企业内部的各项规章制度和行为准则。例如,保险企业制定的员工行为规范、各种业务规章制度和处理规范、财务规范、对外信息披露规范等。

第二节 保险合规管理

课堂导入

曾任中国保监会主席的吴定富曾总结了有关保险的"四个不成熟",即保险经营主体不成熟,保险消费者不成熟，保险监管机构不成熟，保险市场不成熟。在这样一个"不成熟的体系"中，保险公司究竟如何合规经营，不但是企业的一种责任，也是降低经营风险、促进保险行业健康发展的前提条件。

合规经营是落实科学发展观、有效防范化解风险，强化内部控制，维护企业品牌和声誉，提升竞争力及企业价值的必然要求和重要保障。有效推进合规管理，才能确保公司健康发展。

构建合规经营机制，通过定期的系统培训提高合规人员的专业技能，通过日常宣导和培训使大家对法律、保险、财会、金融等方面有针对性的认识和理解，帮助员工熟悉监管规定与内控要求，使其具有与其履行职责相适应的资质和经验，特别是应当具有把握法律法规、监管规定、行业自律规则和公司内部管理制度的能力。

加强合规文化建设，使合规观念深入人心，公司才能在规范的工作和管理中健康发展。有效识别和防范合规风险，全面提升精细化管理水平，合规经营健康发展。

(资料来源：中国保险监督管理委员会网站，书通网)

一、合规风险与合规管理

合规是指行为遵守、合乎法律、规则和准则的要求，合规风险自然是指行为违反法律、规则和准则而招致的风险。在《保险公司合规管理指引》中，将"合规风险"定义为保险公司及其员工和营销员因不合规的保险经营管理行为引发法律责任、监管处罚、财务损失或者声誉损失的风险。因此，合规风险是指因违反法律或监管要求而受到制裁的风险、遭受金融损失的风险以及因保险企业未能遵守所有适用法律、法规、行为准则和相关惯例标准而给保险企业信誉带来的损失等方面的风险。有时，合规风险也指诚信风险，因为保险企业的商誉有时与其一贯遵守的诚实廉正原则和公平交易原则密切相关。

保险公司作为提供保险产品和保险服务、负责保险资金运营的保险主体，是保险合规管理的主要力量。20世纪90年代以前，保险监管的重点是外部监管，即通过国家职能部门的监管、行业自律组织的监管和社会监管(如新闻媒体监管)来实现，其中国家监管是重点。在日益发达而又复杂的市场经济环境下，由于保险业的高风险性以及与社会经济和政治稳定的高度关联性，使得政府监管者对金融业经营的安全性要求不断增加。一方面，政府监督管理机关难以对众多的保险机构的经营活动实施全方位的监督，保险机构的违法经营活动难以被及时地发现与纠正，这些"合规风险"为保险机构乃至整个保险业的稳健发展埋下了隐患。另一方面，金融企业的经营风险是多方面的，有些风险来源于企业外部，并不能为企业所控制，如政策性风险、利率风险、退保风险、欺诈风险、巨灾风险等；有些风险则可为企业所控制，如定价风险、投资风险、人力资源风险等。因此，遵纪守法的保险公司也可能出现经营风险。

人们逐渐发现，保险企业的经营风险主要隐藏在企业内部，这些潜在风险或多或少地被忽略了。过去以监管部门的市场监管为重点，效率不高，且屡罚屡犯。于是，如何从企业内部管理入手，通过完善企业内部的监管机制，达到防范与控制金融风险的目的，日益引起金融监管机关与金融企业的重视。在这种背景下，金融业监管的重点也从外部监管转向内部监管。于是，一种新的监管方式——合规管理就出现了。

在国内外金融保险行业中，人们大多从企业管理和风险管理的角度出发，将合规工作表述为"合规管理"或"合规风险管理"，普遍将其视为一项独立的风险管理活动和一种健全企业内控体系的重要手段。

在国际保险业，一些国际组织对保险公司建立合规管理体系提出了要求。如国际保险监督官协会(IAIS)在 2004 年发布的《保险公司治理的核心原则》(*Compilation Of IAIS Insurance Core Principle on corporate governance*，19 January 2004)中，要求保险公司董事会指定一名或数名官员负责公司的合规工作，并定期向董事会报告。世界经济合作组织(OECD)在 2005 年发布的《OECD 保险公司治理指引》(*OECD guidelines for insurers' governance*，28 April 2005)中指出，在良好的公司治理下，确保企业行为合规(符合法律特别是保险法的规定，如投资规则、报告和信息披露要求等)是董事会职责中必须涵盖的基本内容。

2006 年 1 月 5 日，中国保监会在《关于规范保险公司治理结构的指导意见(试行)》(以下简称《指导意见》)中首次提出：保险公司董事会除履行法律法规和公司章程所赋予的职责外，还应对"合规""内控"和"风险"负最终责任；保险公司应设合规负责人职位，并设立合规管理部门。该《指导意见》的发布，为中国保险企业构建全新的合规管理体系、组建合规部门提供了政策依据。

2008 年 1 月 1 日实施的《保险公司合规管理指引》第三条规定，合规管理是保险公司通过设置合规管理部门或者合规岗位，制定和执行合规政策，开展合规监测和合规培训等措施，预防、识别、评估、报告和应对合规风险的行为。合规管理是保险公司全面风险管理的一项核心内容，也是实施有效内部控制的一项基础性工作。

综上所述，合规管理是指企业通过制定合规政策，按照外部法规的要求统一制定并持续修改内部规范，监督内部规范的执行，以实现增强内部控制，对违规行为进行早期预警、防范、化解、控制合规风险的一整套管理活动和机制。

补充阅读 2-1

2009 年 2 月 28 日，中国保监会发布了《保险从业人员行为准则》，同年 9 月，中国保险行业协会向社会发布了《保险从业人员行为准则实施细则》，对保险从业人员基本行为准则、保险机构高管人员行为准则、保险销售与理赔和客服人员行为准则、公平竞争准则以及奖励与处分等事项均作了具体规定。

(资料来源：www.circ.gov.cn，中国保险监督管理委员会)

二、合规管理的意义

合规风险是保险公司其他风险产生或形成的一个重要诱因，合规管理的过程是企业构建有效内部控制机制的基础和核心，企业只有以有效的合规管理为基础，有关操作风险、市场风险、信用风险等其他相关风险的管理才会更加有效。

保险企业员工应该意识到，合规管理是经营管理中的一件大事，不是监管者要我做，而应是我们自己要做，而且要自觉地做。合规管理是规范操作行为，遏制违规违纪问题和防范案件发生，全面防范风险，提升经营管理水平的需要；是完善制度管理体系，从源头上预防风险的迫切需要。

(一) 合规创造价值

合规与企业的成本控制、风险控制、资本回报等企业经营的核心要素具有正相关的关系，所以合规必定能为企业创造价值，有效的合规管理将能够消除合规风险于无形。一个企业要创造更高的价值就必须要有系统的合规管理，合规对企业核心竞争力的提高起着不可替代的作用。

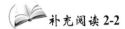
补充阅读 2-2

保险公司合规价值主要体现在以下几个方面。

1. 合规管理是降低经营风险的重要环节

合规管理贯穿于保险公司的基本活动和支持性活动当中，是降低经营风险的重要环节。在保险公司的各个经营环节，都必须采取必要的措施去控制合规风险，避免合规风险的发生或者把合规风险控制在监管机关和保险公司的允许范围内。

2. 降低合规成本是体现合规价值的途径之一

在保险公司的经营当中，为了业务发展的需要，不可避免地要面对合规风险。合规风险会给保险公司造成实际的财务损失、声誉损失、监管处罚，保险公司在获取保费收入的过程中，应该把合规成本考虑进去。

3. 合规管理能体现各利益方的价值需求

加强保险公司合规管理不仅是外部监管的要求，更是保险公司自身的要求。外部监管部门要求保险公司进行合规经营，是为了整个行业的健康发展和保证保险客户的利益。对保险公司股东来说，股东要求管理者合规经营，不然违规经营会影响公司的长远利益。对保险公司管理层来说，他们也不希望下一级的管理者违规经营，这样会造成公司的财务等损失。

(资料来源：陈劲辉. 保险公司合规价值探析. 中国保险报)

(二) 合规提高企业竞争力

伴随着综合经营的探索和对外开放的不断扩大，企业必将越来越多地直面各类金融机构和境外企业的竞争。而随着市场化程度的不断提高，行业内部各公司之间的竞争也必将越来越激烈。这种竞争，是不同市场主题核心竞争力的较量，是管理水平与专业能力的较量。包括合规管理水平在内的内部管理水平，将直接决定企业能否在激烈的竞争中求得生存与发展，关系到全行业能否真正在资本市场领域内牢固确立并始终保持自己的独特优势和不可替代的地位。

合规经营是目标、是结果，合规管理是手段、是过程。对企业而言，如果没有一套机制和方法，没有一支专业的队伍，对决策和执行的合规性进行流程化管理，其经营行为的合规性是无法持续保证的，合规经营的目标也是无法彻底实现的。

有"规"可"合"是合规管理的基石，是合规管理体系有效运作的前提，是推动合规管理工作的有力工具。只有具备这种有力的工具，企业才能提高自身的核心竞争力，才能更快、更好、更稳地发展。

(三) 合规才能融入世界市场

合规是企业稳健长远发展的根本保障，它不仅能推进企业改革的进一步深化，降低风险控制成本，促进业务发展，而且能统一思想、凝聚合力，加强企业员工队伍建设，提升经营管理水平。合规就像企业大地上的两根铁轨，企业这趟列车只有步入了这条正确的轨道，才能融入世界市场并安全快速地驶向更远的地方。

第三节　保险合规管理体系

课堂导入

关于保险公司的合规管理，《保险公司合规管理指引》中明确指出，保险公司应当设立合规负责人，该负责人不得兼管公司的业务部门和财务部门。与此同时，保险公司应在总公司设置合规管理部门，并根据业务规模、组织架构和风险管理工作的需要，在分支机构设置合规管理部门或者合规岗位。

《保险公司合规管理指引》强调，保险公司必须确保合规管理部门和合规岗位的独立性，对其实行独立预算和考评，并在合规管理部门与其他风险管理部门间建立协作机制。此外，保险公司应当制定合规政策报保监会备案，并每年对合规政策进行评估，视合规工作需要进行修订。另外，《保险公司合规管理指引》要求保险公司在每年4月30日前向保监会提交公司上一年度的年度合规报告。保监会定期通过合规报告或者现场检查等方式对保险公司合规管理工作进行监督和评价，评价结果将作为实施分类监管的重要依据。

保险中介制度引入保险市场中的最根本的原因就是保险市场信息不对称情况的存在。从理论上讲，引入保险中介组织后，保险市场主体增加，保险监督机制将更趋于成熟，保险市场信息不对称的状况可以得到有效改善。

一般而言，保险公司与保险中介机构之间有着相互依存的关系：保险中介机构的发展，有利于保险公司拓宽销售渠道，增加业务来源；有利于保险公司控制成本，提高效率；有利于保险公司扬长避短，走专业化、集约化经营之路。反之，保险公司的高效运转和健康发展，也会为保险中介机构创造广阔的发展空间。因此，保险公司和保险中介机构应在互信互利的基础上，建立长期稳定的合作关系，共同致力为广大保险消费者提供丰富的保险产品和周全的保险服务。这是保险人和保险中介人生存和发展的共同基础。

尽管保险经纪人与保险人在许多方面是一对"欢喜冤家"，但二者相辅相成，双方目标的交集决定了它们能够共同促进保险市场的发育：一是扩张保险业务规模的目标一致。从业务职能上看，保险经纪人是被保险人的保险顾问，为客户提供优质的保险方案；保险经纪人为了被保险人的全面保障和自身的生存，必然树立良好的信誉，多方面、深层次挖掘可保资源，客观上为保险公司起到了扩张业务规模的作用。二是规范经营的目标一致。从法律地位上看，由于保险经纪人代表的是被保险人的利益，在投保时必然为被保险人精打细算，在保险合同订立后，监督保险合同的执行，维护被保险人的合法权益。三是提高核心竞争力的目标一致。保险经纪业务，在目前保险业务处于"买方市场"以及保险公司主体多元化的环境下，无疑是一块肥肉，各保险公司必然使出浑身解数，争先恐后，使得经纪人可选择的余地更大，谁的竞争力强、服务好，谁得到的可能性就大，在客观上促使保险公司要不断提升核心竞争力。

(资料来源：胡炳志，黄斌．论保险中介与保险公司的关系回归)

一、保险公司合规管理体系

(一) 合规管理工作体系

合规管理体系是保险公司实施全面风险管理战略的有机组成部分，是保险公司构建有

效内部控制机制的基础和核心，是保险公司安全稳健运营的重要基础。一个有效的合规管理体系必须能够达到以下目标：可以有效地将外部监管规定或要求，通过内设的合规部门，内化为高管人员与员工主动合规的自觉要求，从而使保险公司及其员工开展业务管理活动时，随时存在合规约束的持续监督，进而有效防范合规风险。

一个有效的合规管理机制是在确定董事和高管人员负有最终合规责任的前提下，保险公司通过设立合规部门或岗位，帮助员工知悉或掌握相关领域的法律和监管要求，督促员工树立主动合规理念，劝阻员工违规行为，追究员工违规责任，从而实现主动揭示违规行为、自动纠错和自我风险防范目标的机制。具体来讲，保险公司通过明确董事会、高级管理层的合规责任，设立专门的合规部门，培养专门的合规人才队伍，在公司内部营造一种"合规从高层做起、合规创造价值、合规人人有责、合规受尊重"的企业文化；将国家法律、行业规范与内部制度及时传达到各级员工，让员工掌握或了解监管要求，培育员工主动合规意识；增强员工识别违规行为的能力；为公司经营管理提供合规支持和持续性合规监督；对已发生的违规行为按照规定的报告路线，向高管人员反馈违规信息，主动采取纠正措施，并追究违规人员的责任，从而防范因不合规行为引发的法律责任、行政处罚、财务损失或者声誉损失。

在保监会发布的《保险公司合规管理指引》中规定："保险公司应当按照本指引的要求，建立健全合规管理制度，完善合规管理组织架构，明确合规管理责任，构建合规管理体系，有效识别并积极主动防范化解合规风险，确保公司稳健运营。"

1. 合规管理制度体系

合规管理制度是一个包罗万象、十分广义的概念，其内容不仅涵盖保险公司运营管理和业务活动所应遵循或者使用的所有法律法规、监管规则、行业规范以及内部操作程序和标准等，而且涉及保险公司所有业务部门或者业务条线的各个业务流程和各个工作环节以及各个岗位。

合规管理的主要制度包括《合规政策》《合规管理办法》和《员工行为准则》《岗位合规手册》等。

(1)《合规政策》：是规定保险公司合规管理的基本方针和指导思想，以及合规管理体系的总体框架等有关保险公司合规政策基本理念的纲领性文件，是保险公司构建合规管理体系以及制定合规管理程序及合规手册、员工行为准则等合规指南的重要依据。保险公司的合规政策是保险公司高层向包括股东、员工、消费者、社区及监管当局等在内的利益相关者所作的明确承诺，表明了保险公司高层坚持合规经营的决心和姿态，体现了保险公司贯彻"合规应从高层做起"的原则和在全公司推行诚信与正直的价值观念，鼓励人人合规的基调。

(2)《合规管理办法》：是对合规政策的具体落实和细化，主要明确公司合规管理组织机构的职责、权限、工作程序等操作层面的问题。

(3) 以纲领性文件为统领，进行大规模的建章立制工作。在《合规政策》和《合规管理办法》的基础上，明确各项具体工作的流程和要求。包含《合同管理办法》《授权经营管理办法》《知识产权管理办法》《业务管理办法》《财务管理办法》《资产管理办法》《投资业务管理办法》等一系列规章制度。

(4) 明确员工的岗位责任和尽责义务，制定《员工行为准则》和《岗位合规手册》，保障合规管理能够得到有效的执行和监督。

2. 合规管理的工作流程

通过制定严谨的工作流程，保障管理制度体系的执行。特别是近年来，结合 IT 技术的迅猛发展，合规管理的 IT 系统被保险公司高度重视，它不仅能够帮助保险公司实现更好的合规管理流程监控，而且可以极大地减轻合规人员的工作负担，使合规管理工作更便捷、更有效。

保险公司的合规管理实质上就是保险公司内部主动管理合规风险的动态过程，一般包括对合规风险的识别和评估、测试、应对、监控以及合规风险报告等。

(1) 合规风险的识别，就是对保险公司内部合规风险的存在或者发生的可能性以及合规风险产生的原因等进行分析判断，并且通过收集和整理保险公司所有的合规风险点形成合规风险列表，以便进一步对合规风险进行评估和监测等系统性活动。

(2) 合规风险的评估和测试，是指在合规风险识别的基础上，应用一定的方法估计和测定因合规风险而可能导致法律制裁、监管处罚、重人财产损失和声誉损失等相关风险损失的概率和大小，以及对保险公司整体运营产生影响的程度。

(3) 合规风险的量化评估，即通过设计合规风险评价指标，运用计量方法加强合规风险的评估。评价指标可借助技术工具，通过采集和筛选可能预示潜在合规问题的数据来进行量化测算，并深入调查任何已识别的合规缺陷，提出评估意见。

(4) 合规风险的应对，是指在完成了对合规风险的分析评估之后，根据合规风险的性质、程度以及保险公司对合规风险的承受能力，确定应对策略，并具体制订的合规风险管理计划和合规管理程序等。

(5) 合规风险的监控，即合规风险的监测与控制，是指持续追踪已识别的合规风险、监测参与的合规风险、识别新的合规风险，并对不可接受的合规风险实行有效控制的过程。

(6) 合规风险报告，是指合规管理部门等依照保险公司内部合规风险管理程序，并按照规定的报告路线，及时、全面、完整地向管理层提供定性和定量描述的保险公司经营过程中所涉及的合规风险状况的报告。

3. 合规管理的保障机制

(1) 合规考核制度。保险公司的绩效考核应充分体现倡导合规和惩处违规的价值观念，保险公司内部必须具有清晰的责任制以及相应的激励约束机制，形成所有员工理所当然要为其从事的职业和所在岗位的工作负责的氛围。

(2) 举报投诉制度。保险公司建立举报投诉制度，是要让不守规矩、不讲诚信的人有一种外在的压力，让他们知道还有一双双眼睛在时刻盯着他们，促使他们在思想上时刻牢记、行为上处处体现保险公司职业操守要求。

(3) 合规问责制度。合规问责制度是保险公司合规管理体系能否有效运作的关键所在，保险公司应制定违规的内部责任追究制度和纠错规范，明确和细化相应的合规管理职责，确保奖惩分明、违规必究，使合规责任能够真正落到实处。

(4) 合规培训制度。合规部门应当与人力资源部门建立协作机制，制订合规培训计划，开发有效的合规培训和教育项目，定期组织合规培训工作。公司董事、监事和高级管理人员应当获得与其职责相适应的合规培训。员工新入司、晋升和转岗，均应当接受合规培训。

(二) 合规管理组织体系

合规机构和合规队伍是一个完整的有机整体，其建设涉及保险公司的董事会、高级管理层、职能部门和具体合规人员各个层面。

1. 董事会层面

保险公司董事会应将合规风险作为保险公司所面对的一项主要风险，并承担监控合规管理有效性的最终责任。保险公司董事会应该推动保险公司建立合规管理机制，并对保险公司遵守法律法规、监管规定和内部管理制度的情况定期进行检查评估负最终责任。因此，处于公司最高层的董事会应充分认识到合规风险管理的重要性，责成高级管理层拟定合规管理的战略方案、合规政策，并由董事会通过执行；同时了解合规部门的功能及其效力范围，并监督和评价高级管理层的合规风险管理状况。同时，董事会可以设置专门的合规分委员会或者要求审计分委员会等来承担上述职责。

《保险公司合规管理指引》第七条规定，保险公司董事会对公司的合规管理承担最终责任，须履行以下合规职责。

(1) 审议批准合规政策，监督合规政策的实施，并对实施情况进行年度评估。

(2) 审议批准并向中国保监会提交公司年度合规报告，对年度合规报告中反映出的问题，采取措施解决。

(3) 根据总经理提名决定合规负责人的聘任、解聘及报酬事项。

(4) 决定公司合规管理部门的设置及其职能。

(5) 保证合规负责人独立与董事会、董事会审计委员会或者其他专业委员会沟通。

(6) 公司章程规定的其他合规职责。

2. 高级管理层层面

保险公司的高级管理层负责执行董事会批准的合规管理战略、总体政策及体系。对保险公司高级管理层而言，应做好以下几方面的工作：制定和传达合规政策(包含管理层和员工应遵守的基本原则)，说明整个企业上下用以识别和管理合规风险的主要程序；确保合规政策得以遵守，发现违规问题时，采取适当的补救方法或惩戒措施；每年至少一次识别和评估企业所面临的主要合规风险，并制订管理这些合规风险问题的计划；就合规风险管理，特别是重大违规情况向董事会或其下设委员会报告；组建一个常设的、有效的内部合规部门。

《保险公司合规管理指引》第九条规定，保险公司总经理须履行以下合规职责。

(1) 根据董事会的决定建立健全公司合规管理组织架构，向董事会提名合规负责人，设立合规管理部门，并为其履行职责提供充分条件。

(2) 审核合规负责人提交的公司合规政策，报经董事会审议后执行。

(3) 每年至少组织一次对公司合规风险的识别和评估，并审核下年度公司合规风险管理计划。

(4) 审核并向董事会审计委员会提交公司年度、半年度合规报告。

(5) 发现公司有不合规的经营管理行为的，及时采取适当的补救措施，追究违规责任人的相应责任，并按规定进行报告。

(6) 公司章程规定或者董事会确定的其他合规职责。

3. 合规部门层面

合规部门是合规管理工作的职能部门，是合规管理体系的重要组成部分。广义上的合规管理部门是整个保险公司负有履行合规管理职责的各个业务条线与分支机构的统称。狭义上的合规管理部门是识别、评估、通报、监控并报告保险公司合规风险的一个独立的职能部门。

《保险公司合规管理指引》第十四条规定，合规管理部门须履行以下职责。

(1) 协助合规负责人制订、修订公司的合规政策和年度合规风险管理计划，并推动其贯彻落实，协助高级管理人员培育公司的合规文化。

(2) 组织协调公司各部门和分支机构制定、修订公司的岗位合规手册和其他合规管理规章制度。

(3) 实施合规风险监测，识别、评估和报告合规风险。

(4) 撰写年度、半年度及其他合规报告。

(5) 参与新产品和新业务的开发，识别、评估合规风险，并提供合规支持。

(6) 负责公司反洗钱制度的制定和实施。

(7) 组织合规培训，贯彻员工和营销员行为准则，并向员工和营销员提供合规咨询。

(8) 审查公司重要的内部规章制度和业务流程，并根据法律法规、监管规定和行业自律规则的变动和发展，提出制定或者修订公司内部规章制度和业务流程的建议。

(9) 保持与监管机构的日常工作联系，跟踪评估监管措施和要求，反馈相关意见和建议。

(10) 董事会确定的其他合规管理职责。

4. 合规人员队伍

保险公司应当为合规管理部门或者合规岗位配备足够的合规人员。合规人员应当具有与其履行职责相适应的资质和经验，具有法律、保险、财会、金融等方面的专业知识，特别是应当具有把握法律法规、监管规定、行业自律规则和公司内部管理制度的能力。保险公司应当通过定期和系统的教育培训提高合规人员的专业技能。董事会和高级管理人员应当支持合规管理部门、合规岗位和合规人员履行工作职责，并采取措施切实保障合规管理部门、合规岗位和合规人员不会因履行职责而遭受不公正的对待。

二、保险中介机构合规管理体系

(一) 保险中介机构合规管理的意义

保险专业中介机构是保险市场的重要组成部分，是保险业市场化的重要标志，是保险市场繁荣发展的重要推动力量。因此，保险专业中介机构的合规管理工作是为了顺应保险中介市场化、规范化、职业化和国际化发展的潮流而进行的一项重要工作。

1. 维护被保险人合法权益

保险中介的出现推动了保险业的发展，使保险供需双方更加合理、迅速地结合，减少了供需双方的精力消耗，既满足了被保险人的需求，方便了投保人投保，又降低了保险企业的经营成本。在保险市场中，与专业性强的保险人相比，被保险人往往是保险市场中的弱势一方，维护被保险人的合法权益正是保险中介的根本价值。如果保险中介的基本作用无法保障，保险中介就失去了存在的价值。因此，维护被保险人合法权益是保险中介各项工作的基本出发点，也是合规管理的重要目标。

2. 维护公平竞争的市场秩序

市场经济要突出强调竞争，没有竞争就没有活力，没有竞争就没有繁荣，没有竞争就没有公平。但竞争必须有规则，像游戏和比赛一样，没有规则的游戏或比赛是不可想象的。没有规则或不按规则进行的竞争是不公平的竞争，是霸道，霸道的结果必然是少数人侵害多数人的利益。因此，合规管理工作要维护公平竞争的市场秩序。

3. 维护保险体系的安全与稳定

这是维护被保险人的合法权益、维护公平竞争的市场秩序的客观要求和自然延伸。如果保险体系的运转是安全和稳定的，那么，维护被保险人的合法权益和维护公平竞争的市场秩序就有了必要的基础和条件。相反，如果整个保险体系的运转是不安全、不稳定的，那么，被保险人的合法权益就难以得到保障，市场秩序也难以维护。

综上所述，保险中介合规管理的目标可以表述为：维护被保险人的合法权益，维护公平竞争的市场秩序，维护保险体系的安全与稳定。这是相辅相成的一个整体，其中维护被保险人的合法权益是核心和前提。

(二) 保险中介机构合规管理工作体系

根据中国保监会的相关要求，我国保险中介机构的合规管理主要体现在以下四个方面。

1. 业务管理的合规管理

一是按要求建立完整规范的业务台账并如实反映业务情况。二是代收保险费要与保险公司全额、及时结算。三是不得与非法从事保险业务或者保险中介业务的机构或者个人发生保险中介业务往来，也不得允许在未取得工商营业执照、经营保险代理业务许可证的情况下，以在固定的场所设点从事代为出具保单、收取保费的方式非法从事保险代理业务。四是应当制作规范的客户告知书，至少应当包括机构的名称、营业场所、业务范围、联系方式等基本事项，在开展业务时向客户出示。各机构开展业务活动不得超出保险监管部门核定的业务范围，不得利用保险产品开展传销、非法集资、销售自制理财产品、不当股权激励等违规活动，不得以捏造、散布虚假事实等方式损害竞争对手的商业信誉，不得以虚假广告、虚假宣传或者其他不正当竞争行为扰乱保险市场秩序。五是引导客户填写真实、完整的客户信息，建立完整规范的业务档案，并建立健全档案的保管、交接制度。在发生机构迁址、股权变更、人员调整等有关事项时，应实现档案的安全、完整交接。六是在业务人员管理方面，建立完善的管理制度和管理档案，按要求对业务人员开展培训并建立健全培训档案，全体业务人员应持有保险代理从业人员资格证书及执业证书。

2. 财务合规管理

一是要加强会计核算管理。保险中介机构应按照规定进行会计核算，真实、完整地记录企业的会计信息。手续费、佣金等营业收入必须全额纳入账内核算，不得通过个人账户或其他账户账外核算；列支的相关成本费用必须具有真实的交易背景，不得虚列成本费用支出。二是要加强资金安全管理。保险中介机构应当建立专门账簿，记载保险中介业务收支情况。保险专业代理机构代收保险费的，应当开立独立的代收保险费账户进行结算。保险经纪机构应当开立独立的客户资金专用账户，投保人、被保险人支付给保险公司的保险费和为投保人、被保险人和受益人代领的退保金、保险金只能存放于客户资金专用账户。保险专业代理机构、保险经纪机构不得利用个人账户核算和管理代收的保险费或客户资金。三是要加强发票管理。保险中介机构在从事保险中介业务活动时，应当据实开具发票，严禁虚构中介业务、虚开发票协助保险公司套取费用。

3. 监管政策执行的情况

一是保险中介机构任用董事长、董事(执行董事)、高级管理人员，其任职资格应当报经保险监管部门核准，董事长、董事(执行董事)、高级管理人员应当按公司规定的职责实际履职。二是发生注册资本、组织形式、名称、经营场所、出资人、出资比例、合并分立等变更事项的，按照要求报监管部门批准或向监管部门报告并按相关规定进行公告。三是及时、足额缴纳监管费，及时准确报送监管报表、审计报告及监管部门要求报送的其他报告、报表、文件或者资料。

4. 内部控制情况

一是设立符合公司经营管理需要的部门和岗位，并合理划分部门、岗位职责。二是针对各项业务制定全面、系统、成文的管理制度和运作程序，并使之有效执行。三是实现经营管理的信息化，建立贯穿各级机构、覆盖各个业务领域的数据库和信息系统，做到及时、准确提供经营管理所需要的各种数据。四是设立负责内部审计的部门或岗位，并定期对各部门、各岗位、各项业务实施全面监控和评价。五是在分支机构管理方面，设立分支机构报经当地监管机构批准，现有分支机构全部纳入法人机构的管控范围，对分支机构要在印鉴管理、结算管理、人员管理、合同管理等方面实行严格的授权。

三、合规管理的外部监管体系

(一) 合规管理的外部监管发展

保险监督管理机构负有合规性监管的职责，监管机构有责任给予保险企业执行法律、规则和准则的正向激励，使得保险企业的合规风险管理目标与监管机构的监管目标相一致。

20世纪90年代以来，国际金融市场上相继发生一系列因企业自身合规风险管理失控导致的重大操作风险案和洗钱案等风险丑闻，使得各国开始加强合规管理的监管力度。2006年1月5日，中国保监会发布了《关于规范保险公司治理结构的指导意见(试行)》，第一次提出合规管理的概念。2006年10月9日，中国保监会发布了《保险公司合规管理指导意见(草案)》，合规管理在中国保险业全面推广。2008 年 11 月 18 日，保监会设立稽查局，组织实施保险业重大违法违纪案件立案查办等工作。

延伸阅读 2-3

　　以 1993 年国务院作出关于金融体制改革决定及 1998 年保监会正式成立为标志，中国保险监管迈入专业化、规范化、法治化新阶段。这一时期，保险监管体制改革不断深化，制度建设不断完善，市场行为监管、偿付能力监管和保险公司治理结构监管的现代保险监管"三支柱"框架逐步建立，防范风险"五道防线"基本确立，现代保险监管体系初步形成。

　　2006 年《关于规范保险公司治理结构的指导意见(试行)》的发布及 2008 年《保险公司偿付能力管理规定》的公布，促使保险监管框架由保险业发展初期的以保险市场行为监管为主，过渡到市场行为和偿付能力监管并重，再发展到以偿付能力、保险公司治理结构和保险市场行为监管为主要内容的"三支柱"保险监管框架，进一步强化了对防范化解保险风险，强化保险公司履行赔偿和给付义务能力的监管；督促保险公司建立完善公司内部风险管理制度，形成合理高效的股权结构、符合保险发展规律的经营理念，以及适度分权、相互制约的内控机制；规范保险公司市场行为，鼓励维护诚信合法经营，形成规范有序而又充满活力的市场竞争氛围。

(资料来源：慧择网)

　　目前，中国保监会监管工作中的重要合规性文件如下。
　　(1)《中华人民共和国保险法》。
　　(2)《关于规范保险公司治理结构的指导意见》(保监发〔2006〕2 号)。
　　(3)《保险公司合规管理指引》(保监发〔2007〕91 号)。
　　(4)《中国保监会关于进一步规范财产保险市场秩序工作方案》(保监发〔2008〕70 号)。
　　(5)《保险公司中介业务违法行为处罚办法》(保监发〔2009〕4 号)。
　　(6)《保险公司内部控制基本准则》(保监发〔2010〕69 号)。
　　(7)《保险销售从业人员监管办法》(保监发〔2013〕2 号)。
　　(8)《保险经纪从业人员、保险公估从业人员监管办法》(保监发〔2013〕3 号)。
　　(9)《保险经纪机构监管规定》(保监发〔2013〕6 号)。
　　(10)《保险专业代理机构监管规定》(保监发〔2013〕7 号)。
　　(11)《保险公估机构监管规定》(保监发〔2013〕10 号)。
　　2014 年 8 月 10 日，国务院正式发布了《国务院关于加快发展现代保险服务业的若干意见》(国发〔2014〕29 号)(以下简称"新国十条")。"新国十条"表明，我国政府把发展现代保险服务业放在了经济社会工作整体布局中统筹考虑，开创了保险业在更广领域和更深层面服务经济社会全局的战略机遇。在保险监管的合规管理方面，"新国十条"明确指出"加强保险公司治理和内控监管，改进市场行为监管"的工作要求，为我国保险企业的合规管理的外部监管工作明确了方向。

(二) 保险监督管理机构的职责

　　作为监管部门，一方面，要求保险企业树立风险为本的合规管理理念，加强合规风险识别和管理的流程建设;另一方面,监管部门也要不断加强合规风险监管的能力,其监管理念和监管手段要与时俱进。在对保险企业内部合规建设进行监督的同时,保险监管管理机构重点要做好以下三方面的工作。

(1) 监管部门应定期对保险企业合规风险管理体系的有效性进行评价,并将评估结果(评估报告)作为监管部门实施分类监管的重要依据。

(2) 监管部门应体现鼓励保险企业主动报告合规风险管理的基调,倡导保险企业主动发现和暴露自身的合规风险隐患或问题。对于主动报告违规问题,以及主动避免或主动纠正违规事件的保险企业,监管部门可酌情减轻处罚,甚至予以免责或给予奖励;对于发现违规问题却隐瞒不报,甚至抗拒监管监察或者拒不改正的保险企业,应当从严从重处罚。

(3) 对发现合规风险事件或者隐患的保险企业,保险监督管理部门有权开展各种现场或者非现场检查,甚至有权采取行政处罚的手段。

① 非现场检查。当地保监局负责收集和分析保险企业合规风险情况,并及时向保监会职能部门报送监管动态和分析报告。当地保监局可根据监管需要,要求辖区内保险企业的法人机构或分支机构报送与直接经营保险业务有关的财务、业务统计数据报表。

② 现场检查。当地保监局负责对保险企业的法人机构或分支机构的合规风险状况进行定期或不定期现场检查;受理调查涉及保险企业的法人机构或者分支机构合规风险事件或者违规行为的信访投诉,并及时向保监会职能部门报送现场检查情况及监管建议。

③ 行政处罚。当地保监局根据现场检查中发现的问题,对保险企业的法人机构或者分支机构提出整改意见和采取监管措施,对保险企业的分支机构有关责任人直接进行处罚,并将处罚结果及时报保监会;对涉及保险企业的法人机构及其高管人员的行政处罚,当地保监局可以提出初步处罚建议,与有关案件材料一起报保监会,由保监会决定并实施处罚。

第四节 国际保险合规管理体系

20世纪30年代以前,自由资本主义经济处于鼎盛时期,主流的新古典经济学顽固地坚持着"看不见的手"的信条,认为市场无所不能,信奉金融业的自由经营原则。此时的监管对于金融机构经营行为的规制、监管和干预都很少,与此相应,金融机构内部也没有真正意义上的合规风险管理。

20世纪30年代的大萧条之后,美国为了确保金融系统的稳定,金融业受到了非常严格的监管。金融监管的核心内容也主要集中在合规监管方面,即是否忠实执行了监管部门制定的法律法规和规章制度。此时的金融监管主要特征是:严格监管、安全优先。在30年代的金融大危机中金融机构纷纷倒闭,为市场的不完全性提供了充分的证明,表明"看不见的手"无所不至的能力只是一种神话。而立足于市场不完全性,并促进了主张国家干预政策的"凯恩斯主义"金融监管理论得到发展。国家对金融业的强制监管在此时萌芽,以美国为代表的国家主义开始介入社会经济生活的方方面面,以限制过度竞争为目标,以分业监管为主要特征的金融监管由此盛行。此时金融监管的主要内容是对金融机构的具体经营范围和方式进行干预。与分业监管的"纵向个别立法"相适应,这个阶段的合规风险管理主要表现为"纵向合规",管理理念主要为面向监管当局的"被动合规"。

从大萧条结束到 20 世纪 70 年代，金融监管是市场压制性的，是监管替代市场，以国家干预与调控解决了市场失灵的问题，美国银行倒闭的数目从大萧条时期最高的 4 000 家下降到了个位数。同时国家权力也深入经济的各个层面，作为国家经济的金融领域更是国家干预的重点。虽然国家干预在一定程度上有助于市场失灵的矫正，但就金融企业而言，国家干预产生了多方面的负效应。分业经营限制了金融企业的利润来源，利率管制阻碍了金融企业的健康发展。"凯恩斯主义"的破产、自由主义的复兴和金融自由化理论的发展，提高金融机构的竞争力和金融业的效率再次引起人们的关注。合规监管开始变相受到挑战，规避监管以期打破壁垒，合规风险管理也反应为对监管当局的"合规博弈"。以《1980 年存款机构放松管制和货币控制法》为标志，美国率先启动了放松管制的进程，20 世纪 70—80 年代的金融监管不再是安全优先，而是强调效率优先。

但是从 20 世纪 90 年代初开始，一系列区域性金融危机的相继爆发和一些国家出现的严重金融问题，如 1994 年年底墨西哥金融危机、1995 年上半年的欧洲货币危机、1997 年 8 月始自泰国并涉及一系列国家和地区的亚洲金融危机等，都迫使人们又重新开始关注金融体系的安全性及系统性风险。在金融管制逐步放松的同时，监管法规不断进行修正，分业经营体系逐步瓦解，美国 1999 年颁布的《金融服务现代化法案》彻底放弃了分业监管，并实现了"机构型"监管向"功能型"监管的转变。功能型监管要求金融机构能够自主识别风险，有效地管理风险，积极地经营风险，并以此为基础建立长期有效的风险附带管理制度。在此体系下，合规风险管理被进一步加强，主动合规理念不断深入，合规风险管理制度也不断得到完善。在总结各国合规实践的基础上，巴塞尔委员会在新资本协议框架下制定了《合规及银行合规部门》，以指导各会员国银行甚至金融机构的合规实践。

20 世纪 90 年代后期，一些跨国性金融公司就已经认识到，相继发生的重大操作风险和洗钱案等风险丑闻，凸显出了公司自身合规风险管理失控问题的严峻性。各国金融监管当局在治理防范这些合规风险方面，也形成了一些原则性共识。首先，外部合规性监管不应该，事实上也不可能替代内部的合规风险管理；其次，有效的合规性监管必须以健全、高效的合规风险管理制度为基础。为此，许多发达国家和地区的监管机构先后出台了有关保险业机构必须建立合规部门的规定。

一、美国保险合规管理体系

国际上，各国保险公司都非常重视合规管理体系和合规机构的建设。如美国国际集团(AIG)在董事会下设"规则、合规和法律委员会"(Regulatory，Compliance and Legal Committee)，在管理层中设总法律顾问、首席合规官和首席规则官(三者的工作受规则、合规和法律委员会的监督)，形成双重的合规管理领导和监督体制。美国怡安(Aon)保险集团在董事会下设"合规委员会"，公司合规官、总法律顾问和负责内部审计的副总裁向合规委员会负责。

二、欧洲保险合规管理体系

在欧洲，荷兰国际集团(ING)在总部设置了合规部，负责监控因违规而导致的有关企业声誉和商业信誉方面的风险，在集团的各个层级安插了 375 名合规官，分别监控本地本级的经营行为是否合规。法国安盛集团由总部法律部负责集团的合规工作，起草合规指南和相关的规则流程，下发到世界各地的子公司和分支机构执行，各子公司的首席执行官对本公司的合规工作负责，子公司的法律部则扮演确保本级业务运作安全和符合当地法律规定的角色。德国安联集团在总部设有首席集团合规官，在各分支机构中设有合规部门。

三、亚洲保险合规管理体系

在亚洲，日本保险业特别重视合规管理工作，形成了独具特色的合规体系。日本财产保险公司(Sompo Japan Insurance Inc.)在董事会下也设置了"合规委员会"，并将其明确定位为跨部门的协调机构，规定其成员由合规部门总经理、公司总部五个以上其他部门的总经理和相同数量的外部专家组成；公司日常的合规工作由合规部门负责，合规部门与总部其他部门以及各业务分部共同接受公司内部审计监察部门的审计，公司内部审计监察部门则向合规委员会报告工作。东京海上控股株式会社(Tokio Marine Holdings, Inc.)、日本财产日本兴亚保险公司(Sompo Japan Nipponkoa Insurance Inc.)的合规委员会则设置在 CEO 之下，不直接对董事会负责，合规委员会下同样设有专门的合规部门。

本 章 小 结

保险企业面临的监管环境主要有公司外部的合规法律、规则、准则和公司内部的各种行为准则、规章制度。

合规管理是指企业通过制定合规政策，按照外部法规的要求统一制定并持续修改内部规范，监督内部规范的执行，以实现增强内部控制，对违规行为进行早期预警，从而防范、化解、控制合规风险的一整套管理活动和机制。合规管理从合规部门的地位、作用及其工作状态归纳，主要包含建议、咨询和沟通三方面的作用。

合规的意义在于只有合规才能创造价值，才能提高企业竞争力，才能融入世界市场。

保险监督管理机构负有合规性监管的职责，重点要做好评价、监督和奖惩三方面工作。

合规管理体系是保险公司实施全面风险管理战略的有机组成部分，是保险公司构建有效内部控制机制的基础和核心，是保险公司安全稳健运营的重要基础。它由制度体系、组织体系以及相应的工作路线和保障机制组成。

保险专业中介机构是保险市场的重要组成部分，能维护被保险人的合法权益，维护公平竞争的市场秩序，维护保险体系的安全与稳定。保险中介机构的合规管理主要体现在四个方面：业务管理、财务、监管政策执行和内部控制情况。

国际上，各国保险公司都非常重视合规管理体系和合规机构的建设，虽然各国体系和机构建设不尽相同，但是有异曲同工之效。

知识与技能训练

1.《保险公司合规管理指引》中对合规和合规管理的定义是什么？合规管理的三个主

要职能是什么？

2. 企业合规的意义体现在哪些方面？

3. 保监会发布的保险从业人员的监管办法有哪些？

4. 合规管理的制度主要包括哪些方面？

5. 合规风险管理的动态过程包括哪些？

6. 合规管理组织体系由哪几个层面组成一个完整的有机整体？

7. 保险中介机构合规管理的意义有哪些？主要在哪几个方面体现合规管理？

8. 世界各国保险企业中哪些设置有合规委员会？哪些设置有合规部？

实训

项目一："假如我是一名合规官"主题畅想会

(一) 训练内容

1. 引导学生通过互联网查找国内外著名保险企业合规官的事迹、讲话、访谈等内容，丰富对合规官这一职业的认识。

2. 引导学生通过互联网查找近年来国内外保险企业违规案例进行分析，加深对合规管理重要性的认识。

3. 通过主题畅想会，引导学生树立正确的合规观。

(二) 注意事项

1. 主题畅想会的形式可以多样，不局限于演讲，思维爆炸也是很好的形式。

2. 在进行违规案例学习时，要注意避免使学生产生悲观、失望和畏难等情绪。

3. 本技能训练的目的是培养学生树立合规观念，在做到遵规守矩的同时，也能认识到为什么要这样做。

项目二：保险公司调研活动

(一) 训练内容

1. 在老师的帮助下，到本地保险代理公司、保险经纪公司或保险公估公司实地调研，采访至少两家保险中介公司内部的"合规"规定，了解保险中介公司的"合规"文化。

2. 撰写一篇1000字左右的报道(配2~3张照片)，通过专题汇报或汇编电子刊物等形式在班级中交流。

(二) 注意事项

1. 调研时，可根据被调研的公司的规模，把学生分成人数合适的小组进行。

2. 本次调研活动的目的是帮助学生了解保险公司的"合规"规定，体验"合规"文化。

第三章 保险合规实务

 课前导读

2009年5月14日,营山县消委会接到消费者李某投诉称:2008年9月22日,李某为自己购买了某保险有限公司营山营销部保险营销员任某推销的"综合意外伤害保险",但在保单签字时,李某正忙于业务,任某没有按规定让李某签名,而只是叫投保人的妻子陈某代签了保单。

2009年4月10日,李某发生意外伤害,伤愈后于2009年4月27日申请赔付,保险公司以"保单不是投保人本人签字",并依照《保险法》第五十六条"以死亡为给付保险金条件的合同,未经保险人书面同意并认可保险金额的,合同无效"的规定为由不予赔付,县消委会在对案情进行调查研究后认为,根据中国保监会2006年4月6日颁发的《保险营销员管理规定》第三十三条、第三十六条第十四款和第四十条规定,"保险营销员应当将保险单据等重要文件交由投保人或者被保险人本人签字确认",不得"未经投保人或者被保险人同意,代替或者唆使他人代替投保人、被保险人签署保险单证及相关重要文件",并且"保险营销员在从事保险营销活动过程中有超越授权范围的行为,投保人有理由相信其有代理权,并已经订立保险合同的,保险公司应当承担保险责任"。因此,由于保险营销员任某在保险服务过程中,未按照保险合规理念严格要求自己,最终因为自己的失误得到了应有的惩罚。

 知识学习目标

通过对本章的学习,从保险公司和保险中介公司的视角,了解并掌握保险合规的实务要求及违规责任。

能力培养目标

通过对本章内容的学习,使学生能够树立适当的合规实务观念和意识,并运用到保险公司或保险中介公司的工作中去,或在与保险公司、保险中介公司有其他工作来往时,敏锐地把握合规实务的要点。

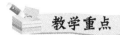

合规与道德

1. 保险公司合规实务
2. 保险经纪合规实务

合规实务要求及相应的违规责任

第一节 保险公司合规实务

课堂导入

IBM 公司广为流传着这样一个故事：门卫露西的任务是检查人们在进入安全区时是否佩戴了身份标识。一天，董事长沃森违反了这条规定，被露西拦在安全区外。沃森的陪同人员表示不满，但沃森自觉地取来了应该佩戴的标识。

启示：

① 合规管理是每个人都认真履行自己的岗位职责。
② 合规管理人人有责。
③ 合规管理应从高层做起。
④ 公司应有良好的合规文化。

一、业务合规

(一) 产品销售业务推广的合规要求

(1) 订立保险合同必须遵守公平互利、协商一致、自愿订立的原则，不得损害社会公共利益。不得强制他人订立保险合同。

违规责任：违背客户意愿，采用非正常手段强制他人订立保险合同，合同无效。

(2) 应当向投保人如实说明保险合同的条款内容及除外责任。

违规责任：公司及其工作人员在保险业务中隐瞒与保险合同有关的重要情况，或者拒不履行保险合同约定的赔偿义务，构成犯罪的，依法追究刑事责任；尚不构成犯罪的，由保险监管机构对保险公司处以 5 万元以上 30 万元以下的罚款；对有违法行为的工作人员，处以 2 万元以上 10 万元以下的罚款；情节严重的，限制保险公司业务范围或者责令停止接受新业务。

(3) 在展业过程中，不得捏造、散布虚伪事实，损害竞争对手的商业信誉。

违规责任：监督检查部门应当责令停止违法行为，没收违法所得，并依法处以罚款。

(4) 不得利用政府及其所属部门、垄断性企业或者组织、排挤、阻碍其他保险机构开展保险业务。不得串通投标、抬高标价或者压低标价，以排挤竞争对手的公平竞争。

违规责任：投标者串通投标、抬高标价或者压低标价；投标者和招标者相互勾结，以排挤竞争对手的公平竞争的，其中标无效。监督检查部门可以根据情节处以1万元以上20万元以下的罚款。

(5) 不得向投保人、被保险人、受益人或者其利害关系人提供或者承诺提供保险费回扣或者违法、违规的其他利益。

违规责任：向投保人、被保险人或者其利害关系人承诺或者提供保险费回扣或者违法、违规的其他利益。由公司给予处分。构成犯罪的，依法追究刑事责任。

(6) 业务宣传资料应当客观、完整、真实，并应当载有公司的名称、地址以及咨询投诉电话。

违规责任：提供虚假的宣传资料误导客户，责令整改并处以10万元以上50万元以下的罚款；情节严重的，限制业务范围、责令停止接受新业务或者吊销经营保险业务许可证。

(二) 营销员管理的合规要求

(1) 不得委托非法的保险代理人为其展业；不得接受非法的保险经纪人介绍的保险业务；不得向任何非法的保险代理人或者保险经纪人支付手续费、佣金或者类似的费用。

违规责任：与没有合法资格的保险代理人、保险经纪人进行合作并支付手续费、佣金或者类似的费用。将面临"责令停止接受新业务""限制业务范围""吊销经营保险业务许可证"等行政处罚。对于违规责任人依法采取"责令撤换"，并依法追究上级公司有关责任人的责任。

(2) 应当加强对保险代理人的培训、考核和管理，不得唆使、误导保险代理人进行违背诚信义务的活动。设立本公司保险代理人登记簿。发现保险代理人有违法、违规行为的，应当立即予以制止或者纠正。

违规责任：放松对保险代理人的培训和管理，没有建立保险代理人登记簿，对保险代理人有违法、违规行为听之任之，保险公司应对保险代理人的行为依法承担责任。

(三) 产品管理的合规要求

(1) 保险条款和保险费率应当报送审批并向保险监管机构报备。

违规责任：未按照规定将应当报送审批和备案的处以1万元以上10万元以下的罚款。

(2) 使用的保险条款和保险费率应当依法报经中国保监会审批或者备案。

违规责任：擅自使用未经审批或报备的保险条款和保险费率，处以5万元以上30万元以下的罚款；情节严重的，可以限制业务范围、责令停止接受新业务或者吊销经营保险业务许可证。

(3) 对每一个危险单位，即对一次保险事故可能造成的最大损失范围所承担的责任，不得超过其实有资本金加公积金总和的10%；超过的部分，应当办理再保险。

违规责任：超额承保，由保险监管机构责令改正，处以5万元以上30万元以下的罚款。

二、财务合规

(一) 保险资金运用的合规要求

(1) 会计部门应妥善保管现金、有价证券、空白凭证、密押、印鉴等,防止遗失或被盗。

违规责任:现金、有价证券、空白凭证、密押、印鉴等因保管不善而造成遗失或被盗,给公司造成损失的,责令撤换高管人员,并处以 2 万元以上 10 万元以下罚款。

(2) 应加强对资金的统一管理,严格控制费用开支,实行财务双签制度。

违规责任:资金管理混乱,费用超支严重,虚列费用,给予停止接受新业务至少 6 个月、责令撤换负有直接责任的高管人员和罚款的处罚,情节严重的吊销经营保险业务许可证。

(3) 应定期核对现金和银行存款账户,保证现金和银行存款的安全。

违规责任:没有定期核对现金和银行存款账户,造成公司资金被他人挪用,责令撤换高管人员,处以 2 万元以上 10 万元以下罚款。

(4) 资金运用应当遵守国家法律、法规和行政规章的规定,不得超出规定的范围和比例。投资业务管理应当与保险业务管理分离,实行专家理财。

违规责任:严重失职,管理不力,致使内部控制制度和风险管理制度存在严重缺陷;因违反决策程序造成重大决策失误,导致保险资金发生损失,损失金额 100 万元以上,情节严重的给予降级、撤职、开除处分;构成犯罪的,移交司法机关处理。损失金额 200 万元以上,分管领导、主要负责人,给予降级、撤职、开除处分;构成犯罪的,移交司法机关处理。

(二) 保险财务管理的合规要求

(1) 应当根据保障被保险人利益、保证偿付能力的原则,提取各项责任准备金、未决赔款准备金、公积金以及提存保险保障基金。

违规责任:未按照规定提存保证金、各项责任准备金、保险保障基金、公积金;保险监管机构责令改正,并处以 5 万元以上 30 万元以下的罚款;情节严重的,可以限制业务范围、责令停止接受新业务或者吊销经营保险业务许可证。

(2) 应当具有与其业务规模相适应的最低偿付能力。低于规定数额的,应当增加资本金,补足差额。

违规责任:偿付能力充足率低于100%的公司;责令增加资本金或者限制向股东分红;限制董事、高级管理人员的薪酬水平和在职消费水平;限制增设分支机构、限制业务范围、责令停止开展新业务、责令转让保险业务或者责令办理分出业务;限制资金运用渠道;调整负责人及有关管理人员等。

(3) 经营财产保险业务当年自留保险费,不得超过其实有资本金加公积金总和的四倍。

违规责任:超额承保,由保险监管机构责令改正,并处以 5 万元以上 30 万元以下的罚款。

(4) 应当于每月底前将上一月的营业统计报表报送监管机关。每一会计年度终了后三个月内，将上一年度的营业报告、财务会计报告及有关报表报送监管机关，并依法公布。

违规责任：未按照规定报送有关报告、报表、文件和资料，处以1万元以上10万元以下的罚款。

(5) 营业报告、财务会计报告、精算报告及其他有关报表、文件和资料必须如实记录保险业务事项。

违规责任：提供虚假的报告、报表、文件和资料或误导性陈述和重大遗漏，构成犯罪的，追究刑事责任；构不成犯罪的，处以10万元以上50万元以下罚款；限制业务范围、责令停止接受新业务吊销许可证。

(6) 加强应收保费的清理和催收，严格禁止利用非正常批单退费、注销保单等形式冲减应收保费。

违规责任：内控不健全，造成应收保费管控不力，保监会在机构设立等行政许可方面依法予以控制，情节严重的，追究其上级机构及相关责任人的管控责任。

(7) 办理的单笔交易或者在规定期限内的累计交易超过规定金额或者发现可疑交易的，应当及时向反洗钱信息中心报告。

违规责任：有下列行为之一的，处以20万元以上50万元以下罚款，并对直接负责的董事、高级管理人员和其他直接责任人员，处以1万元以上5万元以下罚款：未按照规定履行客户身份识别义务的；未按照规定保存客户身份资料和交易记录的；未按照规定报送大额交易报告或者可疑交易报告的；与身份不明的客户进行交易或者为客户开立匿名账户、假名账户的；违反保密规定，泄露有关信息的；拒绝、阻碍反洗钱检查、调查的；拒绝提供调查材料或者故意提供虚假材料的。有前款行为，致使洗钱后果发生的，处以50万元以上500万元以下罚款，并对直接负责的董事、高级管理人员和其他直接责任人员处以5万元以上50万元以下罚款；责令停业整顿或者吊销其经营许可证。

(8) 支付给保险中介机构的手续费(佣金)必须取得对方开具的"保险中介服务统一发票"。

违规责任：开具其他发票及自制收据凭证，作为支付费用的凭证。税务部门对于违反《统一发票》使用规定的，按照税收法律、法规的规定进行处理。

坚持原则，自律廉洁

保险公司代理客户管理资产，因而保险财务管理工作不仅直接关系到保险公司的经营，也是保障客户资产安全的重要环节。某保险公司在机构不断延伸的同时，为保证公司业务稳健发展，实施了财务下派制度。这项措施是公司对每一名财务下派干部的工作要求，对促进财务管理人员坚持公司财务政策，把好财务关，促进分公司业务健康发展，并确保公司集中财务管理的目的及效果均起到了积极的作用。

段女士作为某保险公司一名财务下派干部，在该保险公司广东分公司担任财务经理期间，严格根据原始凭证按会计准则记账、编制会计报表，确保会计信息的真实、完整。如实反映公司财务、经营成果和现金流量，为公司经营决策提供真实、可靠的数据信息。数据的准确最能体现财务的诚信，在担任分公司的财务经理期间，她带领计划财务部做到财务与业务数据始终保持统一，并成为当年全系统中，会计报表差错率为零的唯一一家分公司，从而获得了总公司的肯定。

为确保数据的真实性，使公司 SAP 系统与业务系统得以如期对接，2005 年年初，该保险公司总部要求广东分公司尽快完成对原有数据的清理工作，由于是老机构，广东分公司存在分支机构众多、历史前期数据冗杂等问题，要在短短十几天内完成数据的核对清理工作，对财务人员而言，是一项极大的挑战。在充分开展培训的同时，段女士带头与各级机构财务经理签订责任状：如不能如期完成数据清理，将自动辞职。为按时完成，还对工作进行了详细分解，要求将进度落实到每一天，并对实施过程进行实时跟踪，要求在如期完成清理的同时，也不能清出差错。经过所有财务人员的努力，终于使 SAP 系统与业务系统在 5 月 1 日如期对接，段经理本人也获得了众人的认同。

(资料来源：邢运凯. 保险职业道德修养[M]. 北京：中国金融出版社，2008)

案例评析

要点：

1. 段女士作为一名保险财务管理人员，在工作中以公司为重，对自己要求严格，严格按行业、公司管理规定操作，最终获得了出色的业绩。

2. 此案例说明了个人坚持"合规"理念在保险财务管理实际工作中的重要性。

三、服务合规

(一) 承保理赔中的合规要求

(1) 收到被保险人的赔偿请求后，应当及时作出核定，对属于保险责任的，在与被保险人达成有关赔偿的协议后，十日内履行赔偿义务。

违规责任：不履行合同业务，滥赔、惜赔、错赔，需承担赔偿责任和民事责任。

(2) 应建立权责分明、分级负责、互相制约的承保、理赔业务管理制度。建立对核保核赔人员的考核、奖惩制度。

违规责任：没有建立分级负责、互相制约的承保、理赔业务管理制度、实行人员一人兼岗，责令改正。

(二) 客户服务管理的合规要求

(1) 应当设立专门的客户服务部门或者咨询投诉部门，并向社会公开咨询投诉电话和理赔程序。

违规责任：对客户服务不好，没有向社会公开咨询投诉电话和理赔程序，责令改正。

(2) 在与客户建立业务关系或者为客户提供理赔、退保等服务时，应当要求客户出示真实有效的身份证件或者其他身份证明文件，进行核对并登记。

违规责任：有下列行为之一的，监管机构依法责令金融机构对直接负责的董事、高级管理人员和其他直接责任人员给予纪律处分；未按照规定建立反洗钱内部控制制度的；未按照规定设立反洗钱专门机构或者指定内设机构负责反洗钱工作的；未按照规定对职工进行反洗钱培训的。

(3) 客户由他人代理办理业务的，应当同时对代理人和被代理人的身份证件或者其他身份证明文件进行核对并登记。不得为身份不明的客户提供服务或者与其进行交易。

违规责任：有下列行为之一的，处以 20 万元以上 50 万元以下罚款，并对直接负责的董事、高级管理人员和其他直接责任人员，处以 1 万元以上 5 万元以下罚款：未按照规定履行客户身份识别义务的；未按照规定保存客户身份资料和交易记录的；未按照规定报送大额交易报告或者可疑交易报告的；与身份不明的客户进行交易或者为客户开立匿名账户、假名账户的；违反保密规定，泄露有关信息的；拒绝、阻碍反洗钱检查、调查的；拒绝提供调查材料或者故意提供虚假材料的。有前科行为，致使洗钱后果发生的，处以 50 万元以上 500 万元以下罚款，并对直接负责的董事、高级管理人员和其他直接责任人员处以 5 万元以上 50 万元以下罚款；责令停业整顿或者吊销其经营许可证。

(4) 涉及退保、退费的批改，必须经过投保人的书面申请，并取得投保人及其委托人的身份证复印件与签章后，才可进行办理。不得以退费、退保等形式支付手续费。

违规责任：未经过投保人的书面申请，以退费、退保等形式变相支付手续费，虚增成本，处以 10 万元以上 50 万元以下罚款；并限制业务范围、责令停止接受新业务吊销许可证。

四、其他合规

(一) 员工行为的合规要求

(1) 在业务活动中必须遵守法律、行政法规，尊重社会公德，不得损害国家利益、社会公共利益。

违规责任：在业务活动中违规作业，违反社会公德，只顾小团体利益，责令停止违法违规活动，对责任人给予相应处罚；损害国家利益、社会公共利益严重的，监管机关可以实行接管。

(2) 忠实履行职务，维护公司利益，不得利用在公司的地位和职权为自己谋取私利。

违规责任：不能忠实履行职务、利用在公司的地位和职权为自己谋取私利，给予相应处罚。

(3) 应当在与客户的业务往来过程中遵循平等、自愿、公平和诚实信用的原则。不得从事不正当竞争。

违规责任：采用强迫、欺诈、利诱的手段招揽业务，或者以不正当手段排挤竞争对手，处以 5 万元以上 20 万元以下罚款。

(4) 应当按照国家有关规定保存财务会计报表、业务合同以及其他资料。

违规责任：私自销毁财务会计报表、业务合同以及其他资料，处以 10 万元以上 50 万元以下罚款。

(5) 不得利用职务上的便利，索取、收受贿赂或者违反国家规定收受各种名义的回扣、手续费。

违规责任：利用职务上的便利，索取、收受贿赂或者侵占公司财产，由公司给予处分。构成犯罪的，依法追究刑事责任。

(6) 不得利用职务上的便利，贪污、挪用、侵占公司或者客户的资金，不得以公司名誉对外提供任何担保。

违规责任：构成犯罪的，依法追究刑事责任；尚不构成犯罪的，给予纪律处分。提供担保造成损失的,应当承担全部或者部分赔偿责任。

延伸阅读 3-1

保险业务员串通数十名客户制造假病历骗取保险公司 20 余万

某保险公司业务员梁某的客户阿涛拿着看病花的 6 000 多元找到她,告知自己得了肺结核,梁某告诉阿涛肺结核不在理赔范围内,但她认识的一个人可以改写病例,这样就可以索赔了,但成功后得为她介绍一名客户。阿涛一口答应并交给梁某 3 000 元好处费,梁某随后找到徐某更改了病例,20 天后,阿涛收到 1.5 万元理赔款,并从中拿出 2 000 元为表姐办理了一份保险。

2008 年 6 月,梁某得知客户沈大娘的儿子得了口腔溃疡手术花了 5 000 多元,便向沈大娘介绍了自己的计划。没过几天,沈大娘的儿子信用卡上汇来 1.2 万元理赔款。2008 年年末,徐某找到梁某,称自己的好友得了重病,需要报销医药费,希望梁某能提供一些保户的投保资料。梁某觉得前几次都成功了,就将 3 名保户的投保资料取了出来。这样,徐某共骗取理赔款 7 万余元。

最终这件诈取保费案件的处理结果是:业务员梁某串通数十名客户制造假病历骗取理赔款 20 余万元,已经属于"数额特别巨大",涉嫌构成保险诈骗罪,要面临 10 年以上有期徒刑的惩罚,同时该案件中涉案的保险客户和医生也将面临"按照涉案金额的多少依法处理"。

(资料来源:东北网,2009-08-30,有修改)

(7) 不得在其他经济组织或中介公司兼职。

违规责任:私自到其他公司或中介公司兼职,给予纪律处分。

(8) 主动接受政府、监管机关和社会公众的监督。

违规责任:拒绝、妨碍或不配合监督检查,责令改正,并处以 10 万元以上 50 万元以下的罚款;情节严重的,限制业务范围、责令停止接受新业务或者吊销经营保险业务许可证。

(9) 不得泄露其在任职期间知悉的国家秘密、商业秘密。

违规责任:披露国家秘密,公司商业秘密,并造成不可挽回损失的;利用职权强制他人违反保密规定的;为境外的机构、组织、人员窃取、刺控、收买、非法提供国家秘密、公司商业秘密的,处以 1 万元以上 20 万元以下罚款,情节特别严重的,处以 3 年以上 7 年以下有期徒刑。

延伸阅读 3-2

周俊的懊悔

周俊在一家大公司就职,由于他能说会道,才华出众,所以很快就被提拔为技术部经理。他认为,更好的前途正在等着他。

一天,一位港商请周俊喝酒。席间,港商问:"最近我的公司和你们公司正在谈一个合作项目,如果你能把你手头的技术资料提供给我一份,将使我们公司在谈判中占据主动。"

"什么？你是说，让我做泄露机密的事？"周俊皱着眉道。

港商小声说："这事儿只有你知我知，不会影响你。"说着，将20万元的支票递给周俊。周俊心动了。

在谈判中，周俊的公司损失很大。事后，公司查明真相，辞退了周俊，还向法院对他提出诉讼。

这事真是赔了夫人又折兵，本可大展宏图的周俊不但因此失去了工作，就连那20万也被公司追回以赔偿损失。他懊悔不已，但为时已晚。

(资料来源：何语华. 优秀企业文化读本[M]. 苏州：苏州大学出版社，2012)

(10) 加强劳动保护，采取多种形式，进行职业教育和岗位培训。

违规责任：侵害劳动者合法权益，以暴力、威胁或者非法限制人身自由的手段强迫劳动；侮辱、体罚、殴打、非法搜查和拘禁劳动者，由劳动行政部门或者有关部门责令改正，并处以罚款；由公安机关对责任人员处以15日以下拘留、罚款或者警告。

(11) 严禁任何人以剽窃、窃取、篡改、假冒、泄露、非法占有、擅自转让、变相转让及许可使用或者以其他方式侵害公司知识产权。

违规责任：剽窃、窃取、篡改、假冒、泄露、非法占有、擅自转让、变相转让及许可使用侵害公司知识产权，处以3年以上7年以下有期徒刑，并处罚金。

(12) 所有员工有义务维护公司资产安全，避免发生丢失、毁损、盗用或者其他任何有损公司资产的情况。

违规责任：丢失、毁损、盗用公司资产，未授权的情况下赠送、销售各类公司资产给予处罚，构成犯罪的，依法追究法律责任。

(13) 不得擅自代表公司对外发表与公司有关的言论、接受采访，所有以个人身份发表的与公司业务相关的外部言论和出版物必须经过总公司办公室或者分公司办公室审核通过，并必须申明其内容不代表公司的观点。

违规责任：未经授权擅自代表公司对外发表与公司有关的言论，造成不良后果的人员，应视情节轻重给予调离岗位、警告、记过、记大过、降级、撤职和开除等处分。

(14) 以公开、透明的方式处理相关的利益冲突，解决问题的过程和结果要客观、公正、透明。员工个人不要试图自行解决利益冲突问题。

违规责任：以非法的手断聚众闹事，试图自行解决利益冲突问题致使工作无法正常开展，给予处罚；构成犯罪的，依法追究法律责任。

(15) 依法交纳税款，做好代扣税款工作。

违规责任：不缴或者少缴应纳税款，对代扣税款工作不积极不主动，给予处罚；构成犯罪的，依法追究法律责任。

(二) 保险公司日常经营活动管理的合规要求

(1) 应当在被核定的业务范围内从事保险经营活动。不得兼营法律、行政法规规定以外的业务。

违规责任：超出核定的业务范围或者兼营法规规定以外的业务，构成犯罪的，依法追究刑事责任；尚不构成犯罪的，由保险监管机构责令改正，责令退还收取的保险费，没收违法所得，并处以违法所得一倍以上五倍以下的罚款；没有违法所得或者违法所得不足10万元的，处以10万元以上50万元以下的罚款；逾期不改正或者造成严重后果的，责令停业整顿或者吊销经营保险业务许可证。

(2) 公司更改名称、章程、注册资本应报保监会批准，营业场所变更报保监局报备。

违规责任：未经批准擅自变更，营业场所变更没有及时报备，责令整改，处以1万元以上10万元以下的罚款。

(3) 严格履行保险合同，搞好保险服务，科学、合理、准确理赔。

违规责任：故意编造未曾发生的保险事故进行虚假理赔，骗取保险金，数额较大的，处以5年以下有期徒刑或拘役。

(4) 不得伪造、涂改、出租、出借、转让保险许可证。如丢失，应在10日内到中国保监会指定的报纸上声明作废，并同时向发证机关说明情况，重新申领。

违规责任：伪造、涂改、出租、出借、转让保险许可证，处以"责令停止接受新业务""限制业务范围""吊销经营保险业务许可证"等行政处罚。

(5) 应指定专人负责保险单证的管理，实行保险单证统一印制、统一编号、统一发放。在印制保险单证时，应统一格式和规格，采取严密的防伪措施。

违规责任：单证管理混乱、没有专人负责，私自印制单证，给公司造成损失，责令撤换高管人员，处以2万元以上10万元以下罚款。

(6) 各类印章应统一规格、统一刻制，明确各类印章的使用范围，建立严格的印章使用审批和登记制度，严防私刻、偷盖公司印章。

违规责任：印章管理混乱，印章使用没有经过审批和登记，私刻、偷盖公司印章，给公司造成损失，责令撤换高管人员，并处以2万元以上10万元以下罚款。

(7) 应定期对计算机系统安全问题进行检查。对系统数据资料采取加密措施，建立备份，异地存放。对计算机系统采取口令管理和权限管理，用户使用的密码和口令应定期更换。

违规责任：对计算机系统安全管理不到位，没有建立备份，没有异地存放，用户使用的密码和口令没有定期更换，造成泄密，业务数据与财务数据不一致，责令整改，并处以10万元以上50万元以下的罚款；情节严重的，限制业务范围、责令停止接受新业务或者吊销经营保险业务许可证。

(8) 应每年至少对系统进行一次全面的或专项的内部稽核审计，对审计发现的问题及时组织整改，并严格追究相关责任人的责任。

违规责任：拒绝提供资料或者提供虚假资料、打击报复或者陷害审计人员，不配合内部审计，公司应当及时制止，并严肃处理有关人员；涉嫌犯罪的，依法移交司法机关处理。

(9) 建立统一授权经营制度。对分支机构的授权应采取书面形式。

违规责任：构成贪污、挪用、贿赂、侵占、骗取保险金等犯罪，涉案金额100万元以上，人民法院已经作出生效判决的案件；因不遵守法律、法规和规章制度，造成国有机构发生重大案件，造成10～50万元损失给予警告、记过、记大过、降级处分；造成50万元以上损失的，给予降级、撤职、开除处分；构成犯罪的，移交司法机关处理。

(10) 应建立、健全决策系统，完善决策程序，对决策结果应有责任追究制度，避免、减少决策失误。

违规责任：严重失职，管理不力，致使内部控制制度和风险管理制度存在严重缺陷；因违反决策程序造成重大决策失误，导致保险资金发生损失，损失金额100万元以上，情节严重的给予降级、撤职、开除处分;构成犯罪的,移交司法机关处理,损失金额 200 万元以上,分管领导、主要负责人,给予降级、撤职、开除处分;构成犯罪的,移交司法机关处理。

(11) 加强对分支机构内控执行力的监管力度。

违规责任:对内控执行不力的分支机构,在机构设立和高级管理人员任职资格审批等行政许可工作中依法予以从严把握;有违法违规行为的,依法严肃处理有关的机构和责任人,同时追究上一级直至总公司的责任,并予以通报。

案例 3-2

合规操作,利己利人

某年夏季的一日,一位老客户给某保险公司营销员介绍了一位新顾客,这位客户是一名 40 岁的女性,家住在某市北郊的某居民小区。她主要想了解的险种是"大病"保险;营销员临行前整理好展业所需的资料、大病的条款及"计划书",将投保单带好,前往该居民小区,营销员家住在该市南郊,坐了两个多小时的车才来到客户家。

短暂的寒暄后立即转移到保险的话题上来,营销员开始给客户讲重大疾病的保险责任、病种、所保范围、费率及交费年限等问题,就在营销员还没讲完的时候,客户打断营销员的讲话,对营销员说:"您带来有关投保的手续了吗?"营销员回答都带来了。客户就迫不及待说现在就签单吧!营销员对客户说:"您都明白了吗?我再给您讲一下附加险,主、副险组合一下对您是有力的保障,会更全面。"客户说:"不用再讲了,现在就签单吧!"

根据多年从业保险的经验,客户太主动且急于购买保险,这种情况在展业中是极少见的。特别是近年客户都比较理性了,问的问题很多,不可能就这么草率决定签单。这时营销员脑海里第一个想法就是认为客户是否患有什么疾病,此时营销员又重新观察了一下客户,突然发现客户脸的颧骨部位有些发黑发黄的斑,不像健康女性的肌肤那么有光泽。营销员就问客户:"您身体情况怎么样,患过什么病吗?"客户回答没有病。又询问最近单位有没有体检,客户回答去年体检过,没什么大毛病,就是查出有子宫肌瘤,但也不影响上班,该干什么还干什么,还经常到楼下打羽毛球。听到客户所反映的情况,营销员觉得问题还是比较严重的。这时营销员认真对客户说:"投保对被保险人来说是需要严谨对待的事情,要本着如实告知的原则。为了确保您的利益,同时也是对保险公司负责,今天我建议这份保险先不签了,您明天去做个复查,没病是好事儿,有病就抓紧治疗。等检查结果出来后,根据情况再共同商量此事,您看可以吗?"在营销员的劝说下客户同意去做复查。

客户到了保险公司指定医院做了检查,结果是比以前更严重了,医生建议立即住院手术治疗。后来他们还通了电话,客户对营销员的工作态度及做法非常满意,同时也表示感谢。

(资料来源:邢运凯. 保险职业道德修养[M]. 北京:中国金融出版社,2008)

要点:

1. 保险营销员在工作中坚持合规操作,用爱心感动客户,用诚信服务客户,用专业经营客户,得到客户的肯定和信赖。

2. 为树立保险从业人员良好的职业形象，维护好保险业良好的市场秩序，促进保险业的健康发展，保险营销人员一定要坚持诚信为本合规经营，打造合规经营的理念。

第二节　保险中介公司合规实务

课堂导入

虎大王招守卫

虎大王的府邸需要一名守卫，虎大王决定采取公开招聘的办法确定守卫由谁来当。

有关招聘的通知发出以后，动物们纷纷报名。经过层层筛选，黄牛、狐狸、老鼠胜出，进入最后的选拔程序。这三名动物各有所长，且身手不凡。黄牛力大无穷，且忠心耿耿；狐狸聪明绝顶，行动敏捷；老鼠十分机警，并善于打洞。总之，谁都有能力胜任守卫一职。然而，守卫的名额只有一个，只能采取公平竞争的方式进行淘汰。

最后的选拔采取现场比赛的办法。比赛的内容是：三名竞聘者从山底出发奔向山顶那棵老松树，要求沿着山间那条羊肠小道奔向目标。

比赛开始了。狐狸沿着羊肠小道飞奔一阵后，心想，我能找到一百条通向山顶老松树的路，哪条路都比那条羊肠小道近。它向四周望了望，没有看到其他动物，于是迅速地离开羊肠小道，沿着一条捷径奔向山顶。老鼠沿着羊肠小道跑了一阵后，心想，傻瓜才按规定的路线跑呢。它很熟练地钻进路旁的一个地洞，这洞直通山顶。黄牛则不然，黄牛也能找到通往山顶的捷径，但它想，比赛规定是沿羊肠小道奔向山顶，如果走捷径那就是欺诈行为，而黄牛的处世原则是不欺诈。这个原则，黄牛在任何时候都不会放弃。

老鼠第一个到达老松树下，它的脸上露出得意的微笑，好像是在说，瞧我赢了。狐狸第二个到达目的地，它看到老鼠先到了，脸上露出不服气的神情。黄牛最后一个到达山顶，它看了看先到的老鼠和狐狸，心里很平静，它早已料到了这一结果。

虎大王早已等候在山顶。三名动物到达山顶后，它宣布比赛结果：黄牛胜利了，守卫一职由黄牛担当。

大家对此结果感到莫名其妙。

明明是黄牛落在后面，怎么能认定它赢了呢？

老鼠、狐狸都表示不服，在虎大王面前要讨个说法。

只见虎大王不紧不慢地说，这次比赛是规则测试，考的是谁能遵守规则，规则比速度更重要，你们懂吗？

（资料来源：http://hmxx.jbedu.net/newsInfo.aspx？pkId=2020）

一、保险代理合规实务

（一）业务开展合规要求

(1) 保险专业代理机构的经营范围不得超出核准的业务范围、经营区域从事业务活动。

违规责任：由中国保监会责令改正，给予警告，没有违法所得的，并处以 1 万元以下罚款，有违法所得的，处违法所得 3 倍以下的罚款，但最高不得超过 3 万元。

(2) 保险专业代理机构不得与非法从事保险业务或者保险中介业务的机构或者个人发生保险代理业务往来。

违规责任：由中国保监会责令改正，给予警告，没有违法所得的，并处以 1 万元以下罚款，有违法所得的，处违法所得 3 倍以下的罚款，但最高不得超过 3 万元。

(3) 保险专业代理机构应当妥善管理和使用被代理保险公司提供的各种单证、材料；代理关系终止后，应当在 30 日内将剩余的单证及材料交付被代理保险公司。

违规责任：由中国保监会责令改正，给予警告，没有违法所得的，并处以 1 万元以下罚款，有违法所得的，处违法所得 3 倍以下的罚款，但最高不得超过 3 万元。

(4) 保险专业代理机构应当制作规范的客户告知书，并在开展业务时向客户出示。

客户告知书至少应当包括保险专业代理机构以及被代理保险公司的名称、营业场所、业务范围、联系方式等基本事项。保险专业代理机构及其董事、高级管理人员与被代理保险公司或者相关中介机构存在关联关系的，应当在客户告知书中说明。保险专业代理机构应当向投保人明确提示保险合同中免除责任或者除外责任、退保及其他费用扣除、现金价值、犹豫期等条款。

违规责任：未按规定制作、出示客户告知书的，由中国保监会责令改正，给予警告，并处以 1 万元以下罚款；对该机构直接负责的主管人员和其他责任人员，给予警告，并处以 1 万元以下罚款。

(5) 保险专业代理机构及其从业人员在开展保险代理业务过程中，不得有欺骗投保人、被保险人、受益人或者保险公司的行为：隐瞒或者虚构与保险合同有关的重要情况；误导性销售；伪造、擅自变更保险合同，销售假保险单证，或者为保险合同当事人提供虚假证明材料；阻碍投保人履行如实告知义务或者诱导其不履行如实告知义务；虚构保险代理业务或者编造退保，套取保险佣金；虚假理赔；串通投保人、被保险人或者受益人骗取保险金；其他欺骗投保人、被保险人、受益人或者保险公司的行为。

保险专业代理机构及其从业人员在开展保险代理业务过程中，不得有下列行为：利用行政权力、股东优势地位或者职业便利以及其他不正当手段，强迫、引诱或者限制投保人订立保险合同或者限制其他保险中介机构正当的经营活动；挪用、截留、侵占保险费、退保金或者保险金；给予或者承诺给予保险公司及其工作人员、投保人、被保险人或者受益人合同约定以外的利益；利用业务便利为其他机构或者个人谋取不正当利益；泄露在经营过程中知悉的投保人、被保险人、受益人或者保险公司的商业秘密和个人隐私。

违规责任：有以上行为之一的，由中国保监会责令改正，并处以 5 万元以上 30 万元以下罚款；情节严重的，吊销许可证；对该机构直接负责的主管人员和其他责任人员，给予警告，并处以 3 万元以上 10 万元以下罚款。

(6) 保险专业代理机构不得以捏造、散布虚假事实等方式损害竞争对手的商业信誉，不得以虚假广告、虚假宣传或者其他不正当竞争行为扰乱保险市场秩序。

违规责任：由中国保监会给予警告，没有违法所得的，并处以 1 万元以下罚款，有违法所得的，处违法所得 3 倍以下的罚款，但最高不得超过 3 万元；对该机构直接负责的主管人员和其他责任人员，给予警告，并处以1万元以下罚款。

(7) 保险专业代理机构应当建立完整规范的业务档案，保险专业代理机构的记录应当真实、完整。

违规责任：由中国保监会责令改正，给予警告，没有违法所得的，并处以1万元以下罚款，有违法所得的，处违法所得3倍以下的罚款，但最高不得超过3万元；对该机构直接负责的主管人员和其他责任人员，给予警告，并处以1万元以下罚款。

(8) 保险专业代理机构不得代替投保人签订保险合同。

违规责任：由中国保监会责令改正，给予警告，没有违法所得的，并处以1万元以下罚款，有违法所得的，处违法所得3倍以下的罚款，但最高不得超过3万元；对该机构直接负责的主管人员和其他责任人员，给予警告，并处以1万元以下罚款。

(二) 财务管理合规要求

(1) 保险专业代理机构应当建立专门账簿，记录保险代理业务收支情况。

违规责任：由中国保监会责令改正，并处以2万元以上10万元以下罚款；情节严重的，责令停业整顿或者吊销许可证；对该机构直接负责的主管人员和其他责任人员，给予警告，并处以1万元以上10万元以下罚款。

(2) 保险专业代理机构不得坐扣保险佣金。

违规责任：由中国保监会责令改正，给予警告，没有违法所得的，并处以1万元以下罚款，有违法所得的，处违法所得3倍以下的罚款，但最高不得超过3万元；对该机构直接负责的主管人员和其他责任人员，给予警告，并处以1万元以下罚款。

(3) 保险专业代理机构代收保险费的，应当开立独立的代收保险费账户进行结算。

违规责任：由中国保监会责令改正，给予警告，没有违法所得的，并处以1万元以下罚款，有违法所得的，处违法所得3倍以下的罚款，但最高不得超过3万元；对该机构直接负责的主管人员和其他责任人员，给予警告，并处以1万元以下罚款。

(三) 其他管理合规要求

(1) 保险专业代理公司或分支机构的设立必须向保监会提出申请，保监会依法批准后，应向申请人颁发许可证。

违规责任：① 未经批准，擅自设立保险专业代理公司，或者未取得许可证，非法从事保险代理业务的，由中国保监会予以取缔，没收违法所得，并处违法所得1倍以上5倍以下罚款；没有违法所得或者违法所得不足5万元的，处以5万元以上30万元以下罚款。
② 行政许可申请人隐瞒有关情况或者提供虚假材料申请设立保险专业代理机构或者申请其他行政许可的，中国保监会不予受理或者不予批准，并给予警告，申请人在1年内不得再次申请该行政许可。
③ 被许可人通过欺骗、贿赂等不正当手段设立保险专业代理机构或者取得中国保监会行政许可的，由中国保监会依法予以撤销，对被许可人给予警告，并处以1万元罚款；申请人在3年内不得再次申请该行政许可。
④ 保险专业代理公司未经批准设立分支机构或者变更组织形式的，由中国保监会责

令改正,并处以 1 万元以上 5 万元以下罚款;对该机构直接负责的主管人员和其他责任人员,给予警告,并处以 1 万元以上 3 万元以下罚款。

延伸阅读 3-3

合规小故事

一天,六只猴子要过河去参加"森林运动会"。渡船的水獭对猴子们说:"我这只船小,规定每次只能坐三位乘客,你们分两次过河吧!"三只猴子上了船。第四只猴子偏偏不信,他满不在乎地说:"四位和三位不是差不多吗?你这个规定太死板了!""不行,不行,超载了船会沉的。"水獭连连摆手说。第五只猴子哈哈大笑说:"哪有这么巧的事情,我从来没见过船还会沉掉。"说着"嗵"一声跳上船去。在岸上的第六只猴子咕哝着:"大家都违反规则,难道让我自己在岸上做傻瓜吗?我才不干呢!"说着也跳上了船。原本只能承载三位乘客的小船,竟然上了六位乘客,结果会怎样?没过多久,船就沉了下去,船上所有的猴子都掉进了河里。

由此可见,不遵守规则,不仅害人,而且害己,危害的确很大。

(资料来源: http://www.99gs.net/html/134-3/3300.htm)

(2) 保险专业代理机构变更事项涉及许可证记载内容的,应书面报告中国保监会,交回原许可证,领取新许可证。

违规责任:未在发生之日起 5 日内书面报告中国保监会,或者保险专业代理机构未经批准合并、分立、解散的,由中国保监会责令改正,给予警告,没有违法所得的,并处以 1 万元以下罚款;有违法所得的,处违法所得 3 倍以下的罚款,但最高不得超过 3 万元。对该机构直接负责的主管人员和其他责任人员,给予警告,并处以 1 万元以下罚款。

(3) 保险专业代理机构高级管理人员应满足保监会规定的任职资格,保险专业代理机构从业人员应当符合中国保监会规定的条件,持有中国保监会规定的资格证书。

违规责任:保险专业代理机构聘任不具有任职资格、从业资格的人员的,由中国保监会责令改正,处以 2 万元以上 10 万元以下罚款;对该机构直接负责的主管人员和其他责任人员,给予警告,并处以 1 万元以上 5 万元以下罚款。

(4) 保险专业代理机构不得伪造、变造、出租、出借、转让许可证。

违规责任:保险专业代理机构出租、出借或者转让许可证的,由中国保监会责令改止,处以 1 万元以上 10 万元以下罚款;情节严重的,责令停业整顿或者吊销许可证;对该机构直接负责的主管人员和其他责任人员,给予警告,并处以 1 万元以上 5 万元以下罚款。

(5) 保险专业代理公司应当自办理工商登记之日起 20 日内投保职业责任保险或者缴存保证金。

违规责任:由中国保监会责令改正,处以 2 万元以上 10 万元以下罚款;情节严重的,责令停业整顿或者吊销许可证;对该机构直接负责的主管人员和其他责任人员,给予警告,并处以 1 万元以上 10 万元以下罚款。

(6) 保险专业代理机构不得以缴纳费用或者购买保险产品作为招聘业务人员的条件,

不得承诺不合理的高额回报,不得以直接或者间接发展人员的数量或者销售业绩作为从业人员计酬的主要依据。

违规责任:由中国保监会给予警告,并处以1万元罚款;对该机构直接负责的主管人员和其他责任人员,给予警告,处以1万元以下罚款。

(7) 保险专业代理机构应当依照中国保监会有关规定及时、准确、完整地报送有关报告、报表、文件和资料,并根据中国保监会要求提交相关的电子文本。

违规责任:保险专业代理机构未按本规定报送或者保管有关报告、报表、文件或者资料的,或者未按规定提供有关信息、资料的,由中国保监会责令限期改正;逾期不改正的,处以1万元以上10万元以下罚款;对该机构直接负责的主管人员和其他责任人员,给予警告,并处以1万元以上5万元以下罚款。

二、保险经纪合规实务

补充阅读 3-1

保险经纪机构

保险经纪机构是指符合国家保险监管部门规定的资格条件,经国家保险监管部门批准取得经营保险经纪业务许可证,经营保险经纪业务的单位。保险经纪业务人员是指保险经纪机构及其分支机构中,为投保人或者被保险人拟订投保方案、办理投保手续、协助索赔的人员,或者为委托人提供防灾防损、风险评估、风险管理咨询服务、从事再保险经纪业务的人员。

(一) 业务开展合规要求

(1) 保险经纪机构的经营范围为:为投保人拟订投保方案、选择保险公司以及办理投保手续;协助被保险人或者受益人进行索赔;再保险经纪业务;为委托人提供防灾、防损或者风险评估、风险管理咨询服务;中国保监会批准的其他业务。

违规责任:保险经纪机构超出核准的业务范围从事业务活动的,由中国保监会责令改正,给予警告,没有违法所得的,并处以1万元以下罚款,有违法所得的;处违法所得3倍以下罚款,但最高不得超过3万元。

(2) 保险经纪机构从事保险经纪业务不得超出承保公司的业务范围和经营区域。

违规责任:保险经纪机构超出核准的业务范围从事业务活动的,由中国保监会责令改正,给予警告,没有违法所得的,并处以1万元以下罚款;有违法所得的,处违法所得3倍以下罚款,但最高不得超过3万元。

(3) 保险经纪机构不得与非法从事保险业务或者保险中介业务的机构或者个人发生保险经纪业务往来。

违规责任:保险经纪机构超出核准的业务范围从事业务活动的,由中国保监会责令改正,给予警告,没有违法所得的,并处以1万元以下罚款,有违法所得的,处违法所得3倍以下罚款,但最高不得超过3万元。

抓螃蟹的故事

抓螃蟹的渔民往往会携带头小肚子大的竹篓。捉到第一只螃蟹后,他们会把盖子盖严,以防止螃蟹逃走。捉到第二只螃蟹以后,渔民就不再盖盖子了。

这是为什么?原来当有两只以上的螃蟹时,每一只都争先恐后地朝出口处拥去。但是,竹篓口很窄,只能允许一只蟹通过。于是当一只螃蟹爬到篓口时,其余的螃蟹就会用那同样威猛的大钳子抓住它,最终把它拖到下层,由另一只强大的蟹踩着它往上爬。尽管篓口一直敞开着,但仍没有一只螃蟹能够幸运地脱离牢笼。

这个故事告诉我们:竞争面前固然不必讲什么谦让,但竞争的规则不容随意践踏。如果破坏了共同遵守的竞争规则,有序变成了无序,竞争变成了乱争,那么在无规则的混乱状态下,每一个个体都会面对来自四面八方的不择手段的攻击,就会出现如螃蟹一样苦苦挣扎到篓口却又再度被拖回深渊的状况。规则是约束,更是保护。

(资料来源:青岛新闻网,2005-05-30)

(4) 保险经纪机构在开展业务过程中,应当制作规范的客户告知书。客户告知书至少应当包括保险经纪机构的名称、营业场所、业务范围、联系方式等基本内容。保险经纪机构及其董事、高级管理人员与经纪业务相关的保险公司、保险中介机构存在关联关系的,应当在客户告知书中说明。保险经纪从业人员开展业务,应当向客户出示客户告知书,并按客户要求说明佣金的收取方式和比例。保险经纪机构应当向客户说明保险产品的承保公司,应当对推荐的同类产品进行全面、公平的分析。

违规责任:未按规定制作、出示客户告知书的,由中国保监会责令改正,给予警告,并处以1万元以下罚款;对该机构直接负责的主管人员和其他责任人员,给予警告,并处以1万元以下罚款。

(5) 保险经纪机构及其从业人员在开展经纪业务过程中,不得有下列欺骗投保人、被保险人、受益人或者保险公司的行为:隐瞒或者虚构与保险合同有关的重要情况;误导性销售;伪造、擅自变更保险合同,销售假保险单证,或者为保险合同当事人提供虚假证明材料;阻碍投保人履行如实告知义务或者诱导其不履行如实告知义务;未取得投保人、被保险人的委托或者超出受托范围,擅自订立或者变更保险合同;虚构保险经纪业务或者编造退保,套取佣金;串通投保人、被保险人或者受益人骗取保险金;其他欺骗投保人、被保险人、受益人或者保险公司的行为。

违规责任:由中国保监会责令改正,处以5万元以上30万元以下罚款;情节严重的,吊销许可证;对该机构直接负责的主管人员和其他责任人员,给予警告,并处以3万元以上10万元以下罚款。

(6) 保险经纪机构及其从业人员在开展经纪业务过程中,不得有下列行为:利用行政权力、股东优势地位或者职业便利以及其他不正当手段强迫、引诱或者限制投保人订立保险合同或者限制其他保险中介机构正当的经营活动;挪用、截留、侵占保险费、退保金或者保险金;给予或者承诺给予保险公司及其工作人员、投保人、被保险人或者受益人合同约定以外的利益;利用业务便利为其他机构或者个人牟取不正当利益;泄露在经营过程中知悉的投保人、被保险人、受益人或者保险公司的商业秘密和个人隐私。

违规责任:由中国保监会责令改正,处5万元以上30万元以下罚款;情节严重的,吊销许可证;对该机构直接负责的主管人员和其他责任人员,给予警告,并处以3万元以上10万元以下罚款。

(7) 不得利用职务上的便利,索取、收受贿赂或者违反国家规定收受各种名义的回扣、手续费。

违规责任:保险经纪机构及其从业人员在开展保险经纪业务过程中,索取、收受保险公司及其工作人员给予的合同约定之外的酬金、其他财物的,或者利用执行保险经纪业务之便牟取其他非法利益的,由中国保监会给予警告,并处以1万元以下罚款。

(8) 保险经纪机构不得以捏造、散布虚假事实等方式损害竞争对手的商业信誉,不得以虚假广告、虚假宣传或者其他不正当竞争行为扰乱保险市场秩序。

违规责任:由中国保监会给予警告,没有违法所得的,并处以1万元以下罚款,有违法所得的,处违法所得3倍以下罚款,但最高不得超过3万元;对该机构直接负责的主管人员和其他责任人员,给予警告,并处以1万元以下罚款。

(9) 保险经纪机构不得以缴纳费用或者购买保险产品作为招聘业务人员的条件,不得承诺不合理的高额回报,不得以直接或者间接发展人员的数量或者销售业绩作为从业人员计酬的主要依据。

违规责任:由中国保监会给予警告,并处以1万元罚款;对该机构直接负责的主管人员和其他责任人员,给予警告,并处以1万元以下罚款。

(10) 保险经纪机构应当建立完整规范的业务档案,内容应当真实、完整。

违规责任:由中国保监会责令改正,给予警告,没有违法所得的,并处以1万元以下罚款;有违法所得的,处违法所得3倍以下罚款,但最高不得超过3万元;对该机构直接负责的主管人员和其他责任人员,给予警告,并处以1万元以下罚款。

延伸阅读3-5

华泰经纪两大违规遭保监会重罚,总经理被撤职

2011年9月6日,中国保监会网站公布了保监罚〔2011〕6号、7号、8号、9号共计4张罚单,接受处罚的均是中国再保险集团旗下的华泰保险经纪公司及其分支机构,其中,时任华泰保险经纪公司总经理的刘宽亮及总经理助理弥宏亮被撤销任职资格,处罚之严厉为近年来所罕见。保监会经检查发现,华泰保险经纪有限责任公司存在两大违法违规问题:一是给予投保人保险合同约定以外的利益约96万元(向其他单位和个人支付"咨询费""顾问费");二是财务、业务数据不真实(以会议费支出形式套取资金支付奖金、以虚假发票报销套取资金)。根据《保险法》,保监会决定对华泰保险经纪有限责任公司进行罚款,共计40万元人民币。此外,保监会决定对时任华泰经纪董事长刘建英警告并罚款5万元人民币、对时任华泰经纪总经理助理张红梅予以警告并罚款2万元人民币、对时任华泰经纪副董事长兼总经理的刘宽亮和总经理助理弥宏亮予以撤销任职资格的行政处罚。

(资料来源:渤海财产保险股份有限公司合规部资料)

(二) 财务管理合规要求

(1) 保险经纪机构应当建立专门账簿,记录保险经纪业务收支情况。

违规责任:由中国保监会责令改正,处以 2 万元以上 10 万元以下罚款;情节严重的,责令停业整顿或者吊销许可证;对该机构直接负责的主管人员和其他责任人员,给予警告,并处以 1 万元以上 10 万元以下罚款。

(2) 保险经纪机构应当开立独立的客户资金专用账户。投保人、被保险人支付给保险公司的保险费与为投保人、被保险人和受益人代领的退保金、保险金只能存放于客户资金专用账户。

违规责任:由中国保监会责令改正,给予警告,没有违法所得的,并处以 1 万元以下罚款;有违法所得的,处违法所得 3 倍以下罚款,但最高不得超过 3 万元;对该机构直接负责的主管人员和其他责任人员,给予警告,处 1 万元以下罚款。

(三) 其他管理合规要求

(1) 设立保险经纪公司及其分支机构包括分公司、营业部,在满足中国保监会规定的各项条件后,向中国保监会办理申请事宜。中国保监会依法批准设立保险经纪机构的,应当向申请人颁发许可证。申请人收到许可证后,应当按照有关规定办理工商登记,领取营业执照后方可开业。

违规责任:① 未经批准,擅自设立保险经纪公司或者未取得许可证,非法从事保险经纪业务的,由中国保监会予以取缔,没收违法所得,并处违法所得 1 倍以上 5 倍以下罚款;没有违法所得或者违法所得不足 5 万元的,处 5 万元以上 30 万元以下罚款。

② 行政许可申请人隐瞒有关情况或者提供虚假材料申请设立保险经纪机构或者申请其他行政许可的,中国保监会不予受理或者不予批准,并给予警告,申请人在 1 年内不得再次申请该行政许可。

③ 被许可人通过欺骗、贿赂等不正当手段设立保险经纪机构或者取得中国保监会行政许可的,由中国保监会依法予以撤销,对被许可人给予警告,并处以 1 万元罚款;申请人在 3 年内不得再次申请该行政许可。

④ 保险经纪公司未经批准设立分支机构或者变更组织形式的,由中国保监会责令改正,处 1 万元以上 5 万元以下罚款;对该机构直接负责的主管人员和其他责任人员,给予警告,并处 1 万元以上 3 万元以下罚款。

(2) 保险经纪公司分立、合并或者变更组织形式的,应当经中国保监会批准。

保险经纪机构有下列情形之一的,应当自事项发生之日起 5 日内,书面报告中国保监会:变更名称或者分支机构名称;变更住所或者分支机构营业场所;发起人、主要股东变更姓名或者名称;变更主要股东;变更注册资本;股权结构重大变更;修改公司章程;撤销分支机构。

违规责任:由中国保监会责令改正,给予警告,没有违法所得的,处 1 万元以下罚款,有违法所得的,处违法所得 3 倍以下罚款,但最高不得超过 3 万元;对该机构直接负责的主管人员和其他责任人员,给予警告,处 1 万元以下罚款。

(3) 保险经纪机构高级管理人员应满足保监会相关要求并报经中国保监会核准。

保险经纪机构从业人员应当符合中国保监会规定的条件，持有中国保监会规定的资格证书。

违规责任：保险经纪机构聘任不具有任职资格、从业资格的人员的，由中国保监会责令改正，处2万元以上10万元以下罚款；对该机构直接负责的主管人员和其他责任人员，给予警告，并处1万元以上5万元以下罚款。

(4) 保险经纪机构不得伪造、变造、出租、出借、转让许可证。

违规责任：保险经纪机构出租、出借或者转让许可证的，由中国保监会责令改正，处1万元以上10万元以下罚款；情节严重的，责令停业整顿或者吊销许可证；对该机构直接负责的主管人员和其他责任人员，给予警告，并处1万元以上5万元以下罚款。

保险经纪机构应当自办理工商登记之日起20日内投保职业责任保险或者缴存保证金。

(5) 保险经纪公司投保职业责任保险的，应当确保该保险持续有效。

违规责任：由中国保监会责令改正，处2万元以上10万元以下罚款；情节严重的，责令停业整顿或者吊销许可证；对该机构直接负责的主管人员和其他责任人员，给予警告，并处1万元以上10万元以下罚款。

(6) 保险经纪机构应当依照中国保监会有关规定及时、准确、完整地报送报表、报告、文件和资料，并根据中国保监会要求提交相关的电子文本。

违规责任：保险经纪机构未按本规定报送或者保管有关报告、报表、文件或者资料的，或者未按照规定提供有关信息、资料的，由中国保监会责令限期改正；逾期不改正的，处1万元以上10万元以下罚款；对该机构直接负责的主管人员和其他责任人员，给予警告，并处1万元以上5万元以下罚款。

(7) 保险经纪机构编制或者提供的报告、报表、文件或者资料应该真实有效，配合中国保监会的现场检查工作，不得拒绝、妨碍中国保监会依法进行监督检查。

违规责任：由中国保监会责令改正，处10万元以上50万元以下罚款；情节严重的，可以限制其业务范围、责令停止接受新业务或者吊销许可证；对该机构直接负责的主管人员和其他责任人员，给予警告，并处5万元以上10万元以下罚款。

(8) 保险经纪机构应当将许可证置于住所或者营业场所显著位置。

违规责任：由中国保监会责令改正，给予警告，没有违法所得的，处1万元以下罚款，有违法所得的，处违法所得3倍以下罚款，但最高不得超过3万元；对该机构直接负责的主管人员和其他责任人员，给予警告，处1万元以下罚款。

三、保险公估合规实务

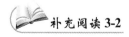
补充阅读3-2

保险公估机构

保险公估机构是指依照《保险法》等有关法律、行政法规以及本规定，经中国保险监督管理委员会(以下简称"中国保监会")批准设立的，接受保险当事人委托，专门从事保险标的的评估、勘验、鉴定、估损、理算等的单位。

(一) 业务开展合规要求

(1) 保险公估机构及其从业人员应当履行下列义务：遵守法律、行政法规及中国保监会规定，接受行业管理，维护行业声誉；遵守评估准则、职业道德和有关标准；对使用的有关文件、证明、资料的真伪进行查验；法律、行政法规和中国保监会规定的其他义务。

违规责任：由中国保监会责令改正，给予警告，没有违法所得的，处1万元以下罚款；有违法所得的，处违法所得3倍以下罚款，但最高不得超过3万元。

(2) 保险公估机构、保险公估分支机构及其从业人员与保险公估活动当事人一方有利害关系的，应当告知其他当事人。

违规责任：由中国保监会责令改正，给予警告，没有违法所得的，处1万元以下罚款；有违法所得的，处违法所得3倍以下罚款，但最高不得超过3万元。

(3) 保险公估机构、保险公估分支机构及其从业人员在开展公估业务过程中，应当勤勉尽职，保险公估报告不得存在重大遗漏。保险公估报告中涉及赔款金额的，应当指明该赔款金额所依据的相应保险条款。

违规责任：由中国保监会责令改正，给予警告，没有违法所得的，处1万元以下罚款；有违法所得的，处违法所得3倍以下罚款，但最高不得超过3万元。

(4) 保险公估从业人员不得以个人名义招揽、从事保险公估业务或者同时在两个以上保险公估机构中执业。

违规责任：由中国保监会责令改正，给予警告，没有违法所得的，处1万元以下罚款；有违法所得的，处违法所得3倍以下罚款，但最高不得超过3万元。

(5) 保险公估机构、保险公估分支机构及其从业人员在开展公估业务过程中，不得有下列欺骗投保人、被保险人、受益人或者保险公司的行为：向保险合同当事人出具虚假或者不公正的保险公估报告；隐瞒或者虚构与保险合同有关的重要情况；冒用其他机构名义或者允许其他机构以本机构名义执业；从业人员冒用他人名义或者允许他人以本人名义执业，或者代他人签署保险公估报告；串通投保人、被保险人或者受益人，骗取保险金；通过编造未曾发生的保险事故或者故意夸大已经发生保险事故的损失程度等进行虚假理赔；其他欺骗投保人、被保险人、受益人或者保险公司的行为。

违规责任：由中国保监会责令改正，给予警告，没有违法所得的，处1万元以下罚款；有违法所得的，处违法所得3倍以下罚款，但最高不得超过3万元。

(6) 保险公估机构、保险公估分支机构及其从业人员在开展公估业务过程中，不得有下列行为：虚假广告、虚假宣传；以捏造、散布虚假事实，利用行政处罚结果诋毁等方式损害其他保险中介机构的商业信誉，或者以其他不正当竞争行为扰乱市场秩序；利用行政权力、股东优势地位或者职业便利以及其他不正当手段强迫、引诱、限制投保人订立保险公估合同、接受保险公估结果或者限制其他保险中介机构正当的经营活动；给予或者承诺给予保险公司及其工作人员、投保人、被保险人或者受益人合同约定以外的其他利益；利用业务便利为其他机构或者个人牟取不正当利益；利用执行保险公估业务之便牟取其他非法利益；泄露在经营过程中知悉的投保人、被保险人、受益人或者保险公司的商业秘密及个人隐私；虚开发票、夸大公估费。

违规责任：由中国保监会责令改正，给予警告，没有违法所得的，处1万元以下罚款；有违法所得的，处违法所得3倍以下罚款，但最高不得超过3万元。

(7) 保险公估机构及其分支机构应当建立完整规范的业务档案，保险公估机构的记录应当完整、真实。

违规责任：由中国保监会责令改正，给予警告，并处以1万元以下罚款。

(8) 保险公估机构及其分支机构在开展业务过程中，应当制作规范的客户告知书，并在开展业务时向客户出示。客户告知书应当至少包括保险公估机构及其分支机构的名称、营业场所、联系方式、业务范围等基本内容。

保险公估机构及其董事、高级管理人员与公估业务相关的保险公司、保险中介机构存在关联关系的，应当在客户告知书中说明。

违规责任：由中国保监会责令改正，给予警告，并处以1万元以下罚款。

(9) 保险公估机构及其分支机构不得与非法从事保险业务或者保险中介业务的机构或者个人发生保险公估业务往来。

违规责任：由中国保监会责令改正，给予警告，并处以1万元以下罚款。

案例 3-3

台风突袭公估忙

2005年8月12日，当年第14号台风"云娜"在浙江登陆，正面袭击台州，此次台风历时长，中心风力12级以上，是台州几十年一遇的特大台风。给台州市带来巨大的损失，出险案件也接踵而至。为使企业尽快恢复生产，帮助灾区人民重建家园，受保险公司的委托，某公估行马上组织公估人员赶赴灾区一线，协助保险公司现场查勘核损。

受"云娜"强台风的影响，位于台州市路桥区的某灯饰厂的钢架工棚棚顶、厂房的铁皮瓦被大风掀起吹走，钢架经受不住狂风吹袭，整座钢架工棚倒塌。只剩下部分残墙断壁。由于倾倒墙壁及塌下的钢屋架的冲压，风雨吹淋，水浸，使部分机械设备和来不及抢运的扎灯、卷灯及其半成品、化工原料和包装材料被不同程度损坏，该厂报损金额为700多万元。

该公估行接到保险公司委托后，当天在保险人的带领下进入现场查勘。由于受损物品品种繁杂，数量多，清点难度高，工作量大，办案人员在被保险人的配合下，对受损物品进行了分类统计，衡定损失程度。使该案最终以人民币62.8万元顺利结案。

与此同时，位于黄岩地区的某广播电视网络线路受到大面积破坏，报损达700多万元。

受保险公司委托，某公估公司组织了三组公估人员，每组分别配备一名通信专家，奔赴出险现场。由于广播站多分布在山区、半山区、平原和山溪河流边等各种地形复杂地带，受损情况各有不同。公估人员不辞劳苦，跋山涉水，奔波于各灾害现场，终于对现场的损失情况作出了完整、客观的统计。

(资料来源：邢运凯. 保险职业道德修养[M]. 北京：中国金融出版社，2008)

案例评析

要点：

1. 保险公估人员现场查勘核损的专业态度和认真负责的精神，容易得到保险人和被保险人的认可，从而可以减少理赔纠纷，防止无休止的僵持或诉诸法律，实现尽快赔付，恢复生产与生活。

2. 以"裁判员"身份出现，专门从事保险标的的查勘、鉴定、估损的保险公估人员作为中介人，坚持保险公估工作过程中依法办事、以客观事实为依据，认真负责的态度体现了"合规"在保险公估展开业务中的重要性。

(二) 财务管理合规要求

保险公估机构及其分支机构应当建立专门账簿，记录保险公估业务收支情况。

违规责任：由中国保监会责令改正，给予警告，并处以 1 万元以下罚款。

(三) 其他管理合规要求

(1) 保险公估机构及其分公司、营业部的设立需向中国保监会申请，满足相关条件要求。中国保监会依法批准设立保险公估机构、保险公估分支机构的，应当向申请人颁发许可证。申请人收到许可证后，应当按照有关规定办理工商登记，领取营业执照后方可开业。依法设立的保险公估机构、保险公估分支机构，应当自领取营业执照之日起 20 日内，书面报告中国保监会。

违规责任：① 行政许可申请人隐瞒有关情况或者提供虚假材料申请设立保险公估机构或者申请其他行政许可的，中国保监会不予受理或者不予批准，并给予警告，申请人在 1 年内不得再次申请该行政许可。

② 被许可人通过欺骗、贿赂等不正当手段设立保险公估机构或者取得中国保监会行政许可的，由中国保监会依法予以撤销，对被许可人给予警告，并处以 1 万元罚款，申请人在 3 年内不得再次申请该行政许可。

③ 未经批准擅自设立保险公估机构或者保险公估分支机构，或者未取得许可证，擅自以保险公估机构名义从事保险公估业务的，由中国保监会责令改正，给予警告，没有违法所得的，并处 1 万元罚款；有违法所得的，并处违法所得 3 倍罚款，但最高不得超过 3 万元。

(2) 保险公估机构及其分支机构不得伪造、变造、出租、出借、转让许可证。

违规责任：伪造、变造、出租、出借或者转让许可证的，由中国保监会责令改正，给予警告，没有违法所得的，并处 1 万元罚款；有违法所得的，并处违法所得 3 倍罚款，但最高不得超过 3 万元。

(3) 保险公估机构高级管理人员应当具备相应条件，并报经中国保监会核准。保险公估机构及其分支机构的从业人员应当符合中国保监会规定的条件，持有中国保监会规定的资格证书。

违规责任：由中国保监会责令改正，给予警告，并处 1 万元罚款。

(4) 保险公估机构及其分支机构应当依照中国保监会有关规定及时、准确、完整地报

合规与道德

送报表、报告、文件和资料,并根据中国保监会要求提交相关的电子文本。中国保监会依法对保险公估机构及其分支机构进行现场检查。

违规责任:由中国保监会责令改正,给予警告,并处 1 万元罚款。

(5) 保险公估机构及其分支机构应当将许可证置于住所或者营业场所显著位置。

违规责任:由中国保监会责令改正,给予警告,处 1 万元以下罚款。

(6) 保险公估机构有下列情形之一的,应当自变更决议作出之日起 5 日内,书面报告中国保监会:变更名称或者分支机构名称;变更住所或者分支机构营业场所;发起人、主要股东或者出资人变更姓名或者名称;变更主要股东或者出资人;股权结构或者出资比例重大变更;变更注册资本或者出资;修改公司章程或者合伙协议;分立、合并、解散或者变更组织形式;撤销分支机构。

违规责任:由中国保监会责令改正,给予警告,处 1 万元以下罚款。

延伸阅读 3-6

2015 年 8 月 27 日,保监会主席办公会议审议通过了《中国保监会关于深化保险中介市场改革的意见》,规划了保险中介行业改革的任务书、路线图和时间表,明确了"支持什么、鼓励什么、限制什么",全面系统地回答了保险中介"路在何方"、"何去何从"的重大问题,是保监会关于保险中介市场发展和监管的纲领性文件。

十八届三中全会强调,要使市场在资源配置中起决定性作用和更好发挥政府作用。新一届政府成立伊始,开门办的第一件大事就是推进行政体制改革、转变政府职能,把简政放权、放管结合作为"先手棋"。国家商事制度正在发生颠覆性变革,就保险业而言,经过商事登记制度改革,保留的前置审批项目屈指可数,保险中介方面全部实行先照后证,这直接冲击原有的监管理念、监管模式。纵观保险中介监管的方方面面,管得过多、过杂而又管不住、管不好的现象普遍存在。比如监管基础还很欠缺,信息化手段远远不够,非现场监管不能实时反映行业发展动态和风险苗头;监管的规章制度不健全,在后端退出等方面监管缺位较为严重,行业缺少自我约束、自我促进的平台。比如监管效能难以提升,多年来,保险中介监管的最大头就是机构准入和人员资质审核等方面的审批,保监局中介处平均 5 到 6 个人,四分之三以上的人员忙于应对审批,耗费了大量的时间、人力、物力、财力,哪还有精力和热情去关注市场、关注风险?比如监管方向把握不准,过去保险中介监管往往集中于手续费高低等问题,动了很多脑子、费了很多心思、想了很多办法来管控中介手续费率,由于监管错位,管了不该管的事,其结果是效果不佳,还引发了不少问题。深化保险中介监管改革,就是要贯彻落实党中央国务院简政放权大政方针的内在要求,从过去的前端准入管理为主转变到后端过程管理为主,从过去的主要管机构转变到重点管业务,从过去的一家统管转变到协作共管,摆脱重前端审批、轻后端监管的思维误区和路径依赖,舍弃对微观主体经营行为干预过多、管得过死的做法,彻底从运动员、教练员变到裁判员、监督员,从好的保姆变到好的"看门神"。

《改革意见》按照党中央国务院简政放权,放管结合的精神要求,大胆放、放到位、放到底,减少对市场的行政管制,把经营自主权还给市场。一是尽力在市场准入管理上做减法,大力收窄许可范围,降低门槛,简化程序。比如对兼业代理机构,之前是一点一证,每个网点都要持有许可证,机构申领、换发许可证数量繁多,今后实行法人机构申报资格、法人持证、网点统一登记制度,可以为申请人提供极大便利。像邮储银行全国 3.9 万个网点,以前需要 3.9 万个兼业代理许可证,现在只需要总行领 1 个证,分支机构统一进行报备登记,全国都可以做了。这中间能节约多大的人力、物力、财力呢?又比如对个人代理人,取消资格管理,强化执业管理为主,大力推进独立个人代理人制度,鼓励个人代理人自主创业、独立发展。二是尽力在行业基础建设上做加法，加强行业基础建设，促进保险中介机构形成自我约束发展机制。如，强化保险专业中介机构自身的信息化建设等。三是尽力在强化后端监管上做乘法，强化后端监管硬约束。如，强化保险专业中介机构分类监管，完善保险中介机构市场退出制度等。四是尽力在支持鼓励创新上做除法，坚决破除阻碍保险中介机构创新发展的藩篱，让保险中介成为大众创业、万众创新的试验田。

(资料来源:《黄洪副主席在 2015 年全国保险中介监管工作暨深化改革动员会上的讲话》，2015 年 9 月 23 日)

本 章 小 结

在实务操作中，保险公司需在产品销售业务推广、营销员管理和产品管理等方面，达到业务合规的要求；在保险资金运用和保险财务管理方面，达到财务合规的要求；在承保理赔中和客户服务管理期间，达到服务合规的要求。另外，员工的行为、保险公司日常经营活动管理，也需要遵守一定的合规要求。

保险代理、保险经纪等保险中介公司的合规实务，也需从业务、财务、服务等方面开展，并由其各自的要求与违规责任。

知识与技能训练

1. 请问保险公司如何做到业务合规？
2. 保险公司如何做到服务合规？
3. 保险代理机构业务开展的合规要求是什么？
4. 保险业务经纪机构财务管理的合规要求是什么？

项目一：国内外保险企业合规管理体系异同分析

(一) 训练内容

1. 国内外企业除考虑保险企业，也应加入一定数量的保险中介企业，特别是保险经纪公司，通过互联网、科技论文等途径收集合规管理体系信息。
2. 通过公开的资料，绘制各企业合规管理体系组织机构图。
3. 比较保险企业之间的异同，重点比较保险公司与保险中介公司特别是保险经纪公司的异同。

(二) 注意事项

1. 每一个企业的合规管理体系都很庞大和复杂，引导学生抽取重点内容并适当简化。

2. 学生可以单独撰写论文，也可自行分组合作撰写论文。

3. 论文格式应符合国家标准 GB/T7713—1987《科学技术报告、学位论文和学术论文的编写格式》的要求，培养学生撰写符合规范的论文。

项目二：读懂合规文件

(一) 训练内容

1. 通过互联网下载、图书馆借阅等方式获得保险合规文件进行精读。

2. 对于合规文件中不懂的地方通过进一步查阅资料弄懂。

3. 如有可能，尽量搜集该合规文件出台的相关背景知识，有助于加深理解。

(二) 注意事项

1. 子曰："吾十有五而志于学，三十而立，四十而不惑，五十而知天命，六十而耳顺，七十而从心所欲，不逾矩。"合规的意思就是不逾矩，越早知道这个道理，对人生就越有帮助。请带着这个目的去读合规文件。

2. 学生可以单独撰写文章，也可自行分组合作撰写文章。

3. 对引用的内容应注明出处，可遵循 GB/T7714—2005《文后参考文献著录规则》进行标注。

第四章 道德概述

 **课前导读**

在阳光林苑小区院内，小区内住宅基本住满，但当时地下车库还没有启用，所以车位很紧张。大部分住户的车都停到了小区的园路两侧，那天艳阳高照，中午下班，我正要找个空当停车，只见前面有个人的车堵在那里，说自己的车子把别人的后视镜灯蹭坏了，可询问不到被蹭的车主，通知物业让协助找这个车主，半天也没有动静。这个人看上去三十来岁，文质彬彬的戴一副眼镜，又等了一会儿还是没找到车主，这个人就把自己的车开走了，我以为这就算完了，找不到被蹭车主能怎么着。我正想着，那个被蹭的人就自认倒霉吧。转眼间，只见这位大哥又回来了，写了个便签条贴到了那个车的玻璃上，留了自己的电话。有些人，如果遇到这样的情况肯定就溜之大吉了。

其实，在我们日常生活中，所有的人都应该这样做，但往往现实中，可能只有少数人才会这么做。一件小事体现素质，一件小事体现文明，每个市民文明了，我们的城市就能彰显文明。崇尚道德，从我做起。

 知识学习目标

1. 理解道德的内涵和内涵
2. 了解道德的功能和社会作用
3. 掌握社会主义职业道德规范

能力培养目标

1. 能够熟练将社会主义职业道德规范应用到工作中去
2. 能够理解道德、职业道德对行为规范的养成作用，并能够运用到实际工作中去

教学重点

1. 道德的特点

2. 职业道德的作用与意义
3. 社会主义职业道德规范

1. 道德的社会作用
2. 社会主义职业道德规范

第一节　道德的内涵

道德一词最早见于老子《道德经》一书。

"道生之，德蓄之，物形之，势成之，是以万物莫不尊道而贵德。道之尊，德之贵，夫莫之命而常自然。"行于万物为"道"通于天地为"德"。"道"是自然运行和人世共通的真理，而"德"则是品行、德行。道为"路"，德为"车"，"道德"合在一起，则为调节人同人及人同社会之间行为规范的总和。

一、道德的概念

道德是人们为了调整各种社会关系的利益冲突制定的，依靠内心信念、社会舆论和传统习惯所维系的行为规范的总和。道德是社会人伦秩序与个体品德修养二者的统一，包括规范准则、风俗习惯、品质修养、善恶评价等含义。

道德是社会调整体系中的一种调整形式，它是人们关于善与恶、美与丑、正义与非正义、光荣与耻辱、公正与偏私的感觉、观点、规范和原则的总和。道德是一定经济基础之上的上层建筑的一部分，它通过调整人们的内心意愿和外部行为，调整一定的利益关系，维护赖以存在的社会基础，主要是维护一定的经济基础。

在中国古代典籍中，道德最早是分开使用的两个概念。先秦思想史上，道主要是指一种支配自然和人类社会的规律。表示自然的运行规律称为天道，表示社会生活准则的称为人道。

道德一词，在汉语中可追溯到先秦思想家老子所著的《道德经》一书。老子认为：世界上的万物都是生于道的，然而又是受德养育；物体给予了他们的形态，器物给予了他们的职能。所以万物都无不尊重道和认为德是可贵的。道德尊重和道德尊贵，都是命运自然的形态。天道使他们生(出生、生存)，德行抚养了他们，外物使他们成长，形势使他们有成就。因此天下苍生没有不尊奉天道和德行的。

在伦理学意义上，道指做人之道，即人之所以为人必须共同遵守的普遍原则；德则指修道有德，即人遵循为人处事之道所具有的行为和品德。

延伸阅读 4-1

"道德"二字连用始于荀子《劝学》篇:"礼者,法之大分,类之纲纪也,故学至乎礼而止矣,夫是之谓道德之极。"(礼是封建规章制度的根本依据,是统治物类的主要纲纪,所以求学问以达到礼为止境,达到了礼也就达到了道德最高境界,这就是道德的极限了。)同时,赋予了它确定的意义:人们在各种伦常关系中表现的道德境界、道德品质和调整这种关系的原则和规范。

道德的概念包含以下三层含义。

第一,道德是由一定社会关系决定的思想关系。

道德作为一种特定的社会意识形态属于上层建筑范畴,最终由经济基础决定。

第二,道德是人类精神的自律。

马克思说过,"道德的基础是人类精神的自律,而宗教的基础则是人类精神的他律"。马克思在这里所说的"自律",是指人类依据自己制定的道德原则、道德规范对自己的言行加以指导和约束。"他律"则指人们的言行受超人类和社会之外的神的力量和神的意志的支配,而人类本身则丧失了对自己支配、控制的精神和能力。这样,马克思通过"自律"和"他律"把社会道德和宗教神学道德对人类精神的不同作用与方式区别开来。

第三,道德是社会中各种道德现象的总和。

主要包括三部分内容:一是道德活动,包括道德行为、道德教育、道德评价、道德修养等,即怎么做的问题;二是道德意识,包括道德观念、道德信念、道德意识、道德情感、道德理论等,即怎么看的问题;三是道德规范,即国家、阶级、社会要求人们怎么做的问题。

二、道德的特点

道德是一种社会意识形态,它与其他上层建筑的社会意识形态一样,都要由经济基础来决定,并且都要为其经济基础服务。道德和上层建筑中的每一个社会意识形态一样,有着自身的特点,发挥着作用。那么,道德具有哪些特点呢?

首先,道德具有特殊的规范性。道德反映社会存在,提出一系列的道德规范。因此,规范性是道德的一个极为重要的特点。所谓道德规范性,是说道德主要是要求人们按照一定的准则去行动。按照道德规范去做的行为就是道德的行为,就是善的行为。反之,不按照道德规范去做的行为,就是不道德的行为,就是恶的行为。

社会生活中,提出规范性要求的不仅是道德规范,还有政治规范、法律规范等,它们同样是规范,但道德规范具有其特殊性。它不是强制性的,而是靠人们自觉自愿地去遵守和执行。

其次,道德具有独特的多层次性。由于人们的社会关系、阶级关系是多种多样的,而且表现出多层次,因此,反映在道德要求上,也就有不同的层次要求。表现在道德规范体系中,就具有多层次结构的特点。例如,封建道德最根本的就是要维护封建宗法等级关系,根据这个总的要求,对不同的人和不同方面又提出不同的道德规范,如三纲五常、忠君孝亲，妇女还有三从四德等一系列的道德规范，体现出明显的多层次结构特点。在社会主义社会中，在集体主义道德基本原则要求下，有社会主义社会公德、社会主义人道主义、公共生活规则以及家庭道德、职业道德等规范和要求。因此，对人们的道德要求，应该因人而异，对不同对象提出不同要求，有的放矢地进行道德教育，使其逐步地达到更高的共产主义道德境界。

再次，道德具有更大的稳定性。主要表现在：道德的变化同经济关系的变化并不同步；道德相对独立地直接通过上层建筑的其他成分发生关作用；道德有它自己独立的发展历程。就是说在经济基础改变之后，原来的上层建筑落后于这种变化，会稳定地保留一个时期。但是道德，比起其他上层建筑变化速度更慢，具有更大的稳定性。

最后，道德具有广泛的社会性。第一，道德贯穿于人类社会的各个社会形态。道德是和人类社会并存的，是人类历史上存在时间最长的一种社会意识形态。道德是调整人与人之间关系的，只要人类社会存在，就会有道德。道德的产生要比法律早，只有在产生阶级，出现阶级社会之后，才有了法律，而道德在原始社会就产生了。第二，道德遍及社会各个领域。在经济领域、政治领域、文化领域、宗教领域等方面，都有道德问题。第三，道德渗透于各种社会关系之中。不同行业之间，不同的单位之间，不同的家庭之间，都有着道德问题，同事之间、家庭成员之间、朋友之间也存在着道德问题。总之，只要有人与人的关系存在，就需要有调整人与人之间关系的道德存在。

马克思主义道德观认为，道德作为一种特殊的社会意识形态，是由社会经济关系所决定的，是社会经济的反映。马克思主义认为，道德既是一个社会范畴，也是一个历史范畴。道德是运动、变化发展的，是随着社会发展而不断变化的历史范畴和动态体系，它的具体形态是和社会发展相一致的。

三、道德与法的关系

道德和法律都是社会生活中不可缺少的规范。但是二者有着根本不同的特点。法律的特点是强调强制和他律，道德的特点是强调自觉和自律。法律通过运用强制手段约束人的行为，道德通过运用教育的手段约束人的动机。

(一) 道德与法律的区别

第一，产生条件和发展趋势不同。从产生和发展来看，道德产生于原始社会，到将来共产主义社会还要存在，而法律只存在于阶级社会。在原始社会里，长时期形成的习俗足以调整人们的行为，道德起到维护整个社会秩序的职能。法律是统治阶级意志的体现，是随着阶级社会的出现而产生的。当社会发展到共产主义公有制阶段时，法律由于不再适应新的经济基础，因而将被废除并被其他规范所替代，这种规范实际上属于道德的范畴。共产主义道德将成为全民的道德，在调整人们行为和关系中起主导作用。

第二，依靠的力量不同。法律是以统治阶级政权机关的强制力量为前提的，法律的实行依靠权力机关的惩罚来保证。道德则是依靠社会舆论的力量，依靠人们的信念、习惯、传统和教育的力量来维持。人们以善和恶、正义和非正义、公正和偏私、诚实和虚伪等道德观念，来评价人们的行为，从而调整人们之间的关系。

第三，产生作用的范围不同。法律是统治阶级意志的表现，它是解决守法与违法，犯罪和非罪的问题。统治阶级总想把自己意志的权力伸向社会生活的每一个领域，使立法的对象既宽又广，以便加强和巩固自己的统治地位。道德发生作用的范围比法律更为广泛。在我国，受法律制裁的违法行为，道德都可以和应该谴责，而受道德谴责的一切行为并不一定都违法。

(二) 道德与法律的联系

第一，道德和法律在调节内容上相互渗透。在阶级社会中，统治阶级往往一方面把基本的道德规范写进法律条文，通过法律的力量推行道德规范；另一方面，又通过道德教育来维护法制。在社会主义社会，道德原则在社会生活中的作用日益增长，道德因素的作用范围日益扩大。我国宪法中所规定的公民权利和义务的条款，都是社会主义道德要求人们必须遵守的基本原则和道德义务；为人民服务是社会主义道德核心，而宪法也明文规定了对国家干部的要求。

第二，道德和法律在调节功能上相互补充。道德调节和法律调节各司其职，各显其能，相互补充、相互协调。对于一些不能或不宜用法律来调节的行为，就用道德来调节；对于道德调节不了的行为，就用法律来调节。

第三，道德和法律在调节的实施上相互支持。通过法律的作用，就可以有效地改善人们的道德面貌，并在提高道德素质的同时，增强遵纪守法的自觉性。道德观念和法制观念也是紧密联系的。当一个人具有明确的社会主义道德信念和道德理想时，他就不会明知故犯，以身试法，去触犯社会主义法律。而个人主义一旦膨胀，在道德上逐步堕落，他就不可避免地会走上触犯社会主义法律的道路，最终成为人民的罪人。

我们既要加强社会主义、共产主义道德教育，又要加强法制教育，这是建设社会主义现代化强国的极为重要的条件，二者不能偏废。

第二节 道德的功能与社会作用

一、道德的功能

道德的功能，是指道德作为社会意识的特殊形式对于社会发展所具有的功效与能力。在道德在功能系统中，主要的功能是认识功能、调节功能和教育功能。

(一) 道德的认识功能

道德的认识功能是指道德反映社会现实特别是反映社会经济关系的功效与能力。道德是人们认识和反映社会现实状况以及人与人之间关系的一种方式。道德引导人们追求至善，教导人们认识自己，对家庭、对他人、对社会、对国家应负的责任和应尽的义务，教导人们正确地认识社会道德生活的规律和原则，从而正确地选择自己的行为和生活道路。

(二) 道德的调节功能

道德的调节功能是指道德通过评价等方式，指导和纠正人们的行为和实践活动，协调人们之间关系的功效与能力。这是道德最突出也是最重要的社会功能。道德是公正的法官，道德评价是一种巨大的社会力量和人们内在的意志力量。人生活在社会中总要和自己的同类发生这样那样的关系。因此，不可避免地要发生各种矛盾，这就需要通过社会舆论、风俗习惯、内心信念等特有形式，以自己的善恶标准去调节社会上人们的行为，指导和纠正人们的行为，使人与人之间、个人与社会之间关系臻于完善与和谐。

(三) 道德的教育功能

道德是催人奋进的引路人。它培养人们良好的道德意识、道德品质和道德行为，树立正确的义务、荣誉、正义和幸福等观念，使受教育者成为道德纯洁、理想高尚的人。

另外，道德还具有一定的平衡功能，道德不仅调节人与人之间的关系，而且平衡人与自然之间的关系。它要求人们端正对自然的态度，调节自身的行为。环境道德是当代社会公德之一，它能教育人们应当以造福于而不贻祸于子孙后代的高度责任感，从社会的全局利益和长远利益出发，开发自然资源，发展社会生产，维持生态平衡，积极治理和防止对自然环境的人为性破坏，平衡人与自然之间的和谐关系。

延伸阅读4-2

诚信故事：季布"一诺千金"，免遭祸殃

秦末有个叫季布的人，一向说话算数，信誉非常高，许多人都同他建立起了浓厚的友情。当时甚至流传着这样的谚语："得黄金百斤，不如得季布一诺"(这就是成语"一诺千金"的由来)。后来，他得罪了汉高祖刘邦，被悬赏捉拿。结果他的旧日的朋友不仅不被重金所惑，而且冒着灭九族的危险来保护他，才使他免遭祸殃。一个人诚实有信，自然得道多助，能获得大家的尊重和友谊。反过来，如果贪图一时的安逸或小便宜，而失信于朋友，表面上是得到了"实惠"。但为了这点实惠他毁了自己的声誉而声誉相比于物质是重要得多的。所以，失信于朋友，无异于丢了西瓜捡芝麻，是得不偿失的。

(资料来源：沪江小学资源网)

二、道德的社会作用

所谓道德的社会作用，就是指道德的能动作用。具体地说，就是指道德作为上层建筑和社会意识形态对其赖以产生的经济基础以及社会生产力和科学技术的反作用。道德的社会作用主要表现在以下几个方面。

第一，道德对其赖以产生的经济基础的形成、巩固和发展具有促进作用。道德一经形成，就会对产生它的社会经济关系发生这样或那样的影响。在道德作用的性质上，有进步与反动、革命与保守之分。一般来说，凡是符合历史发展规律和社会前进方向，有利于解放和发展生产力的道德，其作用便是进步与革命的；相反，凡是违背历史发展规律和社会前进方向，阻碍和束缚生产力的道德，其作用便是反动或保守的。

第二，道德是影响社会生产力发展和科技进步的重要精神动力。人是生产力中最活跃的因素，是进行物质生产的主体。而人的活动总是要受一定的道德观念的支配。人的道德面貌和精神状态直接影响着人们的劳动态度、工作效率和生产积极性。在科技发展过程中，进步道德是科技人员团结协作、攻坚克难的凝聚力，它能激发科技人员的劳动热情和为真理而奋斗的勇气。纵观整个科技发展史，那些致力改革生产工具，在科学技术上作出重要贡献的人，一般都具有为人类服务的高尚道德品质和道德理想。

第三，在阶级社会里，道德是进行阶级斗争的重要武器。在阶级社会里，每个阶级都制定符合本阶级利益的道德原则和道德规范以此来约束本阶级的成员的行为，使本阶级内部达到团结，也对其他阶级进行道德上的影响，力图把其他阶级成员的思想和行为纳入本阶级的道德规范的轨道。

第四，道德对其他社会意识形态有重大影响。道德作为一种特殊的社会意识形态，既同其他社会意识形态相互区别，又相互联系与作用。道德对政治和法律起着重要的辅助作用。道德对艺术也起着重要作用。一定的道德为一定的阶级政治服务，道德影响也是最为广泛的，不仅和法律相互融合，还能对大量不违背政治和法律的行为进行评价，发挥其特有的功能，给予上层建筑深刻的影响，间接地反作用于经济基础。

第五，道德对社会稳定和人们日常生活及交往的正常进行具有重要的维护和保证作用。道德作为"起码的公共生活准则"，通过调整人们之间的关系，对维护整个社会的相对稳定，保证人们日常生活和交往的正常进行具有非常重要的作用。

第六，道德是提高人的精神境界，促进人的自我完善，推动人的全面发展的内在动力。

从道德的认识功能而言，人总是在一定的社会环境中成长起来的，长期处于这样的环境中，便会潜移默化地被打上特定的道德烙印，从而形成认知上的行为准则。由此可见，道德在人们的意识形态中发挥着知的作用，对人们的思维、行为等方面有所引导。

从道德的调节功能而言，道德通过指导纠正人们的行为和实践活动，协调人的全面发展。当一个人做错了事，一来，他将受到来自自身良心的谴责，以及自我道德认知上的心理自责；二来会受到来自社会舆论的谴责。在这种种道德压力下，犯错者自然会有所悔悟，端正自己的思想和行为，从而得到思想道德修养上的完善，个人素质得到全面提升。

一个人，在经受过道德的熏陶和润泽，能够将各种良好的认知内化为个人价值选择和价值判断的标准，不断丰富其精神世界，完善其人格和道德品质，促进其全面发展，不断成长成才。

第三节 职业道德

一、职业道德的概念

职业道德是指从业人员在职业活动中应当遵守的具有特定职业特征的道德准则和道德规范的总和，是一定社会的道德原则和道德规范在各种职业活动中的体现和延伸。由于职业分工的不同，在长期的职业实践中，人们往往形成了对职业整体利益的认识，以及对自身职责与社会责任的认识。这些非强制性的规约就是职业道德。可以说，职业道德既是社会道德在职业生活中的具体体现，又带着具体职业或行业活动的特点，是一般道德原则和道德规范的补充。

职业道德是职业品德、职业纪律、专业胜任能力及职业责任等的总称，属于自律范围，它通过公约、守则等对职业生活中的某些方面加以规范。

职业道德既是本行业人员在职业活动中的行为规范,又是行业对社会所负的道德责任和义务。

二、职业道德的作用与意义

职业道德是社会道德体系的重要组成部分,它一方面具有社会道德的一般作用;另一方面它又具有自身的特殊作用,具体表现在以下几个方面。

(一) 调节职业交往中从业人员内部以及从业人员与服务对象之间的关系

职业道德的基本职能是调节职能。它一方面可以调节从业人员内部的关系,即运用职业道德规范约束职业内部人员的行为,促进职业内部人员的团结与合作。如职业道德规范要求各行各业的从业人员,都要团结、互助、爱岗、敬业、齐心协力地为发展本行业、本职业服务。另一方面,职业道德又可以调节从业人员和服务对象之间的关系。如职业道德规定了制造产品的工人要怎样对用户负责;营销人员怎样对顾客负责;医生怎样对病人负责;教师怎样对学生负责;等等。

(二) 有助于维护和提高本行业的信誉

一个行业、一个企业的信誉,也就是它们的形象、信用和声誉,是指企业及其产品与服务在社会公众中的信任程度,提高企业的信誉主要靠产品的质量和服务质量,而从业人员职业道德水平高是产品质量和服务质量的有效保证。若从业人员职业道德水平不高,则很难生产出优质的产品和提供优质的服务。

(三) 促进本行业的发展

行业、企业的发展有赖于高的经济效益,而高的经济效益源于高的员工素质。员工素质主要包含知识、能力、责任心三个方面,其中责任心是最重要的。而职业道德水平高的从业人员其责任心是极强的,因此,职业道德能促进本行业的发展。

(四) 有助于提高全社会的道德水平

职业道德是整个社会道德的主要内容。职业道德一方面不仅涉及每个从业者如何对待职业以及如何对待工作,也是一个从业人员的生活态度、价值观念的表现;是一个人的道德意识、道德行为发展的成熟阶段,具有较强的稳定性和连续性。另一方面,职业道德也是一个职业集体,甚至一个行业全体人员的行为表现,如果每个行业,每个职业群体都具备优良的道德,对整个社会道德水平的提高肯定会发挥重要作用。

案例 4-1

教师职业道德

一名二年级的小学生,父母在建材城做石材生意,她在家里是老大,还有弟弟和妹妹,平时根本没人管她，一切靠自己。一年级时由于生病，歇了一个星期，再上学就跟不上了。后来学习成绩很差：语文不会拼音，数学上做计算题抠手指头，遇到应用题就更是一塌糊涂。一年级时的考试成绩语文刚刚及格，数学根本不及格。班上的孩子都用她家乡的话叫她"本汤"，意为笨蛋。当别人这么叫她的时候，她总是无奈地低着头，没有任何的反抗，一副很自卑的样子。

班主任张老师了解了情况以后，认为刚学了一年的知识，只要她肯学，一定能赶上其他同学。为了提高她的成绩，为了培养她的自信心，课上，张老师讲课的过程中，经常会用眼神关注她，目光碰撞在一起，让她知道她是一个很乖的孩子，从而使她渴望提高，渴望进步。在以后的学习中，就给予了她更多的关注。每当讲到某个知识点时，张老师会特意地看看她是不是会了，一些简单的问题就会请她来回答，回答对了，就给予及时的表扬和鼓励。同时让其他同学为她鼓掌祝贺。课后，她做作业时出现错题，张老师不会责备，更不会训斥，会和她一起找原因，一点一点地直到改对为止。渐渐地，她学习上有了积极性，上课特别认真地听讲，认真地写作业。课间经常不出去玩，还在认真地写。由于她的刻苦努力和她的付出，她取得了很大进步。虽然和别人还有差距，但这差距已经越来越小了。更可喜的是，她对学习很主动、很积极，体会到了学习的快乐。其他孩子也改变了对她的看法，再也不叫她"本汤"了。

元旦那天，小姑娘送给张老师一张贺卡，上面端端正正地写着：老师，我真希望您，能教我到六年级。看得出，她喜欢张老师。张老师也感受到了幸福，享受着这份快乐。

案例评析

教师的幸福感与教师的职业特性和劳动特点是紧密相关的。教育环境千变万化，每一位学生的个性特点都不尽相同。这就需要教师在教育活动中具有高超的教育艺术与教育智慧，善于抓住转瞬即逝的教育契机，创造性地解决问题。做一个有责任心的尽职尽责的人，也是我们能获得幸福感的途径。就像案例中的小姑娘，在师生的共同努力下，她进步了，她高兴，她的家人高兴，老师也体悟着学生的进步带给他的快乐。用老师的爱去温暖每一个孩子，就需要今天的我们在浮躁的社会当中把心静下来，静下心来备每一堂课，静下心来跟每一个孩子对话，静下心来研究学问，静下心来读几本书，静下心来反思，静下心来细细地品味跟学生在一起的时光，品尝其中的乐趣，品味其中的意义。

三、社会主义职业道德规范

社会主义职业道德是社会主义社会各行各业的劳动者在职业活动中必须共同遵守的基本行为准则。它是判断人们职业行为优劣的具体标准，也是社会主义道德在职业生活中的反映。

《中共中央关于加强社会主义精神文明建设若干问题的决议》规定了我们今天各行各业都应共同遵守的职业道德的五项基本规范，即"爱岗敬业、诚实守信、办事公道、服务群众、奉献社会"。其中，为人民服务是社会主义职业道德的核心规范，它是贯穿于全社会共同的职业道德之中的基本精神。社会主义职业道德的基本原则是集体主义。因为集体主义贯穿于社会主义职业道德规范的始终，是正确处理国家、集体、个人关系的最根本的准则，也是衡量个人职业行为和职业品质的基本准则，是社会主义社会的客观要求，是社会主义职业活动获得成功的保证。

(一) 爱岗敬业

爱岗敬业是社会主义职业道德最基本、最起码、最普通的要求。是职业道德的核心和基础，是社会主义主人翁精神的表现。爱岗，就是热爱自己的工作岗位，热爱自己的本职工作。敬业，就是以极端负责的态度对待自己工作。敬业的核心要求是严肃认真，一心一意，精益求精，尽职尽责。

(二) 诚实守信

诚实守信是做人的基本准则，也是社会道德和职业道德的一个基本规范。诚实就是表里如一，说老实话，办老实事，做老实人。守信就是信守诺言，讲信誉，重信用，忠实履行自己承担的义务。诚实守信是各行各业的行为准则，也是做人做事的基本准则，是社会主义最基本的道德规范之一。

(三) 办事公道

办事公道是指对于人和事的一种态度，也是千百年来人们所称道的职业道德。它要求人们待人处世要公正、公平。

(四) 服务群众

服务群众就是为人民群众服务，是社会全体从业者通过互相服务，促进社会发展、实现共同幸福。服务群众是一种现实的生活方式，也是职业道德要求的一个基本内容。

(五) 奉献社会

奉献社会就是积极自觉地为社会做贡献。这是社会主义职业道德的本质特征。奉献社会自始至终体现在爱岗敬业、诚实守信、办事公道和服务群众的各种要求之中。奉献社会并不意味着不要个人的正当利益，不要个人的幸福。恰恰相反，一个自觉奉献社会的人，他才真正找到了个人幸福的支撑点。因为奉献和个人利益是辩证统一的。

四、互联网下的职业道德

国际互联网的出现和飞速发展，正广泛而深刻地影响着人们的生活内容和生活方式。在网络强势进入人们的现实生活的同时，网络道德也以新的姿态随之而来。网络道德并不是游离于社会道德体之外的一种社会道德概念，它是社会发展历史进程中所出现的一种与新的社会生活方式相适应的阶段性或以后长期存在的一种道德形式。

网络作为新的技术平台，具有的交互性、即时性、便捷性、开放性等特点。但在为人们提供大量信息和便利条件的同时，有些人却利用网络这个平台做一些道德所不能容忍的事，甚至是犯罪。

现在法院受理的利用互联网从事犯罪活动的案件呈上升趋势，其中大多数作案人为高学历人员。仔细分析一些典型的案例会发现，大多数道德失范现象往往有着深厚的商业化、社会经济合理性的动机,与网络架构日益呈现出的社会合理化及社会自动化控制机制的同步发展有关,对网络弱势社群如未成年人、一般上网者的控制和损害的日益严重。

互联网下的职业道德主要体现在以下几个方面。

(一) 全民原则

网络道德的全民原则内容包含一切网络行为必须服从于网络社会的整体利益。个体利益服从整体利益;不得损害整个网络社会的整体利益,它还要求网络社会决策和网络运行方式必须以服务于社会一切成员为最终目的,不得以经济、文化、政治和意识形态等方面的差异为借口把网络仅仅建设成只满足社会一部分人需要的工具,并使这部分人成为网络社会新的统治者和社会资源的占有者。网络应该为一切愿意参与网络社会交往的成员提供平等交往的机会,它应该排除现有社会成员之间存在的政治、经济和文化差异,为所有成员所拥有并服务于社会全体成员。

(二) 兼容原则

网络道德的兼容原则认为,网络主体之间的行为方式应符合某种一致的、相互认同的规范和标准、个人的网络行为应该被他人及整个网络社会所接受,最终实现人们网际交往的行为规范化、语言可理解化和信息交流的无障碍化。其中最核心的内容就是要求消除网络社会由于各种原因造成的网络行为主体间的交往障碍。

(三) 互惠原则

网络道德的互惠原则表明,任何一个网络用户必须认识到,他(她)既是网络信息和网络服务的使用者和享受者,也是网络信息的生产者和提供者,网民们有网络社会交往的一切权利时,也应承担网络社会对其成员所要求的责任。信息交流和网络服务是双向的,网络主体间的关系是交互式的,用户如果从网络和其他网络用户得到什么利益和便利,也应同时给予网络和对方什么利益和便利。

 案例 4-2

秦火火事件

2011年7月23日,甬温铁路浙江省温州市相关路段发生特别重大铁路交通事故。在事故善后处理期间,被告人秦某某为了利用热点事件进行自我炒作,提高网络关注度,于2011年8月20日使用昵称为"中国秦火火_f92"的新浪微博账号编造并散布虚假信息,称原铁道部向动车事故中的外籍遇难旅客支付3 000万欧元高额赔偿金。该微博被转发11 000次,评论3 300余次,引发大量网民对国家机关公信力的质疑,原铁道部被迫于当夜辟谣。秦某某的行为对事故善后工作的开展造成了不良影响,被检察院以寻衅滋事罪提起公诉。

案例评析

互联网的发展使信息的传播速度加强，传播范围加大，一则消息甚至会引发社会公共秩序的混乱，这就要求我们要遵守网络秩序和网络道德，不能因为自我炒作等行为谋一己私利，给社会整体利益带来损害。

本章小结

道德是社会调整体系中的一种调整形式，它是人们关于善与恶、美与丑、正义与非正义、光荣与耻辱、公正与偏私的感觉、观点、规范和原则的总和。

道德是一种社会意识形态，它和其他上层建筑的社会意识形态一样都要受经济基础决定，并且都要为其经济基础服务。道德具有以下特点：特殊的规范性，独特的多层次性，更大的稳定性，广泛的社会性。总之，只要有人与人的关系存在，就需要有调整人与人之间关系的道德存在。

道德的功能，是指道德作为社会意识的特殊形式对于社会发展所具有的功效与能力。在道德功能系统中，主要功能是认识功能、调节功能和教育功能。

道德的社会作用，就是指道德的能动作用，具体地说，就是指道德作为上层建筑和社会意识形态对其赖以产生的经济基础以及社会生产力和科学技术的反作用。

职业道德是指从业人员在职业活动中应当遵守的具有特定职业特征的道德准则和道德规范的总和，是一定社会的道德原则和道德规范在各种职业活动中的体现和延伸。

社会主义职业道德是社会主义社会各行各业的劳动者在职业活动中必须共同遵守的基本行为准则。它是判断人们职业行为优劣的具体标准，也是社会主义道德在职业生活中的反映。社会主义职业道德规范包含五项基本规范，即"爱岗敬业、诚实守信、办事公道、服务群众、奉献社会"。

知识与技能训练

复习思考题

1. 道德的概念包含哪几层含义？
2. 道德具有哪些特点呢？
3. 道德的主要功能有哪些？
4. 概述职业道德的概念及其作用。

实训

项目一：体验诚实守信的道德品德的养成训练

(一) 训练内容

1. 自省自己是否一个诚实守信的人。练习职业道德修养的方法之一：自省法。从"他律"到"自律"，从"自律"到"自觉"的习惯培养。

2. 以小组为单位，找找生活中不够诚实守信的表现，并列举出它可能引发的不良后果，并用文字或图片的方式展示出来。

(二) 注意事项

1. 孔子云："吾一日三省"。反思自己时，一定要真实、诚恳，才能有利于个人道德品质的提高。

2. 老师可以根据情况，让自认为有不诚实表现的同学，把近期不诚实的事件列举出来但不公开，供自己反省。

项目训练二：课外训练任务：检查自己的日常行为，制订改进计划

(一) 训练目标：良好的习惯是职业道德修养的抓手，自我测试自己的日常行为规范，制订有针对性的改进计划。

(二) 训练任务与要求

1. 根据前面讲述的日常行为规范，对照自己在这方面的优、缺点，然后制定相应的改进措施。

2. 能否实现改进的目标，除了措施是否合理意外，影响最大的就是个人的习惯问题。请列出自己的好习惯和坏习惯，并安排培养好习惯和坏习惯的时间表。

(三) 成果检测

教师根据每个学生完成的表 4-1 和 4-2 进行评分。

表 4-1　学生优、缺点及改进措施表

优点	
缺点	
改进措施	

表 4-2　学生习惯及改正时间表

好习惯	

 合规与道德

续表

坏习惯	
培养好习惯和改变坏习惯的时间表	

第五章　保险职业道德

诚信是保险行业的灵魂。丁一从事保险业务十年，他在工作的过程中，真正体会到诚信带来的力量和财富。

十多年的从业经历，"做保险，首先是做人"的观念早已根植于丁一的内心深处。他常常告诫自己要有一颗"为别人多想想"的心。每天面对形形色色的车险客户，他耐心而又诚恳，条款的介绍，保单的填写，他不厌其烦。今年2月的一天，朋友为他介绍了一位家住偏远山区的客户，投保车险。客户因是新车投保，对条款不明白，他开车几小时上门为客户介绍条款，虽然仅仅几千元的保费，但他认为，客户明明白白买保险是做好客户服务的第一步。

"宁肯我吃亏，也不能让客户的利益受损"，这是丁一开展业务的基本原则。诚信为本，善待客户，用真情换得客户的信任，是丁一的奋斗目标。有一位车险客户，汽车肇事没及时报案，事后到保险公司索赔，公司根据条款给予打折赔付，客户对保险公司有了看法。丁一得知后，一方面给这位客户讲道理，另一方面自己掏腰包补足了差额的赔款。当时客户既感到意外，又感到很过意不去，不肯收这笔钱。第二天，客户想明白了，打电话对他说："这不是你的错，是我自己没有及时报案，没明白条款，你的心意我领了，有你这么敬业的业务员，我对保险放心了。"这件事一传十，十传百，很快就在周围的群众中传开了，就这样，丁一又赢得了更多的客户。

在公司的经验交流会上，丁一说：作为一名保险人，首先要讲忠贞，拒绝见异思迁；要讲奉献，拒绝沽名钓誉；要讲勤劳，拒绝虚华浮躁；要讲进取，拒绝自我满足；要讲勇气，拒绝怯懦推诿；而最重要的是要讲诚信，拒绝投机取巧。只有建立在诚信基础上的业务，才能与客户心手相牵。

点评：①丁一作为一名保险业务员的职场经历，体现了他能以客户利益为重，诚信为本的原则。②丁一品质为先，以真情换得客户的信任，这是他取得出色业绩的根本原因。③说明了以诚取信的基本职业道德理念在实际工作中的重要作用和价值。

知识学习目标

1. 理解保险职业道德的内涵
2. 树立正确的行业价值观
3. 掌握保险保险职业道德的基本理念

能力培养目标

1. 能够理解职业道德对行为规范的养成作用，并能够运用到实际工作中去
2. 正确理解诚信原则、以和为贵的原则

教学重点

1. 保险职业道德的内涵
2. 诚实守信为保险的立业之本

保险职业道德的基本理念及其运用

第一节 保险职业道德含义

保险职业道德是一门实践性学科，它既来自职业实践的需要，也要指导保险从业人员的职业活动，因而，它以保险从业人员的行为及其道德标准作为研究的要义。保险职业道德规范体系的论证与构建，是保险职业道德理论的核心内容，一方面，它要从哲学高度论证保险职业道德的基本理念；另一方面，它也提供具体的行为规范和标准，以约束和指导保险从业人员的道德实践。

保险职业道德的基本理念体现了保险职业活动中最基本的伦理关系，具有普遍的指导性和约束性，因而是整个道德体系的核心。

一、保险职业道德的内涵

保险职业道德，是指在长期的保险职业活动中逐渐形成的并适应保险职业活动的需要，从事保险行业的工作者在其职业活动中应当遵循的行为规范和行为准则。保险职业道德是以一种超越具体利益的方式调整保险职业当事人各方面的关系，从而保证保险工作顺

利完成的重要手段,也保证了当事人各方根本利益的实现。保险职业道德是保险从业人员在其业务活动中应当遵循的行为规范和准则。保险职业道德的基本要求:爱岗敬业、诚实守信、办事公道、服务群众、奉献社会。

保险职业道德与道德、职业道德是特殊与一般、个性与共性的关系。

保险职业道德是公民职业道德建设的一个重要着力点。

保险职业道德的内涵包括三个层次,第一层次是保险从业人员在处理职业活动各种利益冲突时应当遵循的基本理念及规范体系;第二层次是保险业内部不同领域的特殊道德要求;第三层次包括为保证保险职业道德能有效实现而制定的实施、评价、监督等机制。在这里,重点讲述保险职业道德的第一个层次:保险从业人员在处理职业活动各种利益冲突时应当遵循的基本理念和规范体系。保险职业道德的基本理念包括以人为本的基本理念、以诚取信的基本理念、以和为贵的基本理念。

二、保险职业道德的客观依据

人类在长期与灾难斗争的社会实践中,逐渐形成了人与人之间的合作共赢关系,并最终催生了独立的保险业。正是与各种各样的灾害和灾难长期的斗争,保险业基本的道德理念才得以形成。而保险道德基本理念是由保险业自身内生的基本理念,它既有历史的根据,也有现实的根据;既是保险业繁荣之必需,也是保险业发展之必需。

(一) 保险职业道德确立的历史依据

1. 西方保险业历史中所蕴含的基本理念

西方保险业的历史最早可以追溯到公元前3000多年以前。到了公元前2250年左右,出现了古巴比伦的《汉谟拉比法典》。公元前916年的《罗地安海商法》规定:"凡因减轻船舶载重而投弃大海的货物,如为全体利益而损失的,须由全体来分担。"这就是著名的"共同海损"分担原则。公元前3500年左右,在古埃及从事金字塔修建工作的石匠中有一种互助基金,由该基金组织的会员(石匠)平时缴纳积累而成。当会员因意外事故而死亡后,其丧葬费用从基金中支付。公元前100年左右,以色列国王所罗门曾经对海外贸易的商人征收税金,用以对在经商中遭受海难的人进行补偿。古罗马时期,士兵中也曾出现过丧葬互助会,用平时收取的费用支付安葬费或其家属的抚恤费用。这在一定程度上体现了对人的重视。中世纪的西欧,曾经盛行过一种"基尔特"行会制度。相同职业者组成行会,行会成员共同出资,用以救助本行会成员的病残、失窃、火灾、死亡等人身财产损失。其中还规定了一些不予求助和担保的损失。这实际上就是原始的合作保险方式。

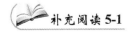

保险故事:文明古国沙漠商旅的保险雏形

人类社会从开始就面临着自然灾害和意外事故的侵扰,在与大自然抗争的过程中,古代人们就萌生了对付灾害事故的保险思想和原始形态的保险方法。保险思想发源于经济贸易往来频繁的地中海沿岸诸文明古国(古巴比伦、古埃及、古罗马和古希腊)。约在公元前3000年前，在巴比伦的法典中就有冒险借贷的规定。《汉谟拉比法典》规定，凡是沙漠商队运输货物途中，如果马匹死亡、货物被劫或发生其他损失，经当事人宣誓并被证实无纵容或过失行为后，可免除其个人的责任，由商队全体给予补偿。古代埃及，在横越沙漠的犹太商队之间，对丢失骆驼的损失，采用互助共济的方式进行补偿。在古罗马的历史上，也有过类似于现代养老保险的丧葬互助会组织"拉努维莫"。在古希腊，曾盛行过一种团体，即组织有相同政治、哲学观点或宗教信仰的人或同一行业的工匠入会，每月交付一定的会费，当入会者遭遇意外事故或自然灾害造成经济损失时，由该团体给予救济。

在古代中国，积粮备荒如"委积"制度和"平籴"思想、仓储制如"义仓"等使得中国成为传统保险思想的发祥地之一。传说，早在3000多年以前，即商朝末周朝初，有一位在长江上做生意的四川商人名叫刘牧，提出要改变过去那种把货物集中装载在一条船上的做法，而把货物分装在不同的船上。开始时，很多商人都反对这种做法，因为如果采取这种做法，就要与别的商人打交道，还增加了货物装卸工作量。但经过努力说服，刘牧成功了。采取这种办法后的第一次航行，果然发生了事故，船队中有一艘船沉没了。但由于采取了分装法，使损失分摊到每个商人头上后，损失就变得小了，大家都避过了灭顶之灾。这种分散风险的方法在长江运输货物的商人们中被广泛地接受，进而得到了发展。

(资料来源：王稳，李宏宇. 保险发展历程[N]. 经济参考报，2007.09.14)

随着近代资本主义的崛起，真正意义上的保险业出现了。在意大利出现了书面形式的保险单，使保险真正按照契约的方式进行。在1468年，威尼斯制定了法令，以保证保单实施，防止欺诈。履行契约或合同的最高原则就是信用。契约信用关系到订立契约的双方的利益，关系到保险业能否持续发展下去，因此，确保保单的实施，确保保险合同的信用，必须要有法律作为后盾。后来西方各国所制定的关于保险的法律法规，无不把建立诚信的职业道德思想置于最重要的地位。

2. 中国保险业历史中所蕴含的基本理念

中国古代一直是一个以农为本的国家，中国古代比较重视社会保险性质的赈济事宜，设有"义仓"。在中国古代，社会上还有一种武装押运组织——镖局。镖局的业务是为货主押送物品，在一定的时间内要平安地把货物送到目的地。由于当时社会动乱，社会治安不好，且交通也不甚便利，故而沿途要冒货物被劫、遗失和变质等风险。货主按押运物品的价值付给镖局一定的费用作为押运货物的报酬。双方协商妥当后，签字画押，买卖成交。如果镖局在押运货物时失镖，则要赔偿货主损失。无论押运货物是否成交，之后是追加足押镖费用还是赔偿货主损失，其根本的一条就在于双方的信用。真正商业性的保险则十分落后，直至"洋务运动"之时才有真正意义上的保险业出现。虽然中国的保险发展史一直没有明确的法律规定，但其经营思想中也将诚信的职业道德作为执业的首要标准。

(二) 保险职业道德确立的现实依据

1. 当代保险业发展的客观要求

据统计，目前全球人身保险业务已经占到全部保险业务的50%以上，在日本则高达70%以上。随着人们经济生活水平和精神生活水平的进一步提高，人身保障的问题必将

第五章 保险职业道德

更加受到重视,人身保险业务在全部保险业务中的份额必将进一步攀升。保险业必须树立起以人为本的职业道德理念,才能赢得人们的信赖,才能真正赢得市场,才能保持繁荣和发展。

2. 世界各国保险业从业守则的基本道德指向

保险业作为一种世界性的行业,其职业道德的基本理念也是世界性的。这在世界各国保险业机构或行业所订立的从业守则中有相当鲜明的体现。

3. 中国保险业政策法规的内在伦理精神

《中华人民共和国保险法》是从事保险活动的准绳。该法第二条规定:"本法所称保险,是指投保人根据合同约定,向保险人支付保险费,保险人对于合同约定的可能发生的事故因其发生所造成的财产损失承担赔偿保险金责任,或者当被保险人死亡、伤残、疾病或者达到合同约定的年龄、期限时承担给付保险金责任的商业保险行为。"这条关于保险的法律规定,从道德的角度进行解析,包含着这样一个基本的原则,那就是信守合同约定的原则。在该法的第五条得以进一步明确的重申:"保险活动当事人行使权利、履行义务应当遵循诚实信用原则。"《中华人民共和国保险法》第四条规定:"从事保险活动必须遵守法律、行政法规,尊重社会公德,遵循自愿原则。"本条法律规定的道德含量很高,它强调了从事保险活动要尊重社会公德,遵循自愿原则。《中华人民共和国保险法》第十一条规定:"投保人和保险人订立保险合同,应当遵循公平互利、协商一致、自愿、订立的原则,不得损害社会公共利益。"从道德上解析,本条规定也包含了两个方面的意思:其一,投保人和保险人之间的和谐。这种和谐是建立在"公平互利、协商一致、自愿订立"的基础之上的。其二,从事保险活动的人与非从事保险活动的人之间的和谐。这种和谐是建立在从事保险活动的人"不得损害社会公共利益"的基础之上的,因为利己而损害公共利益是不能与社会和谐的。由此看来,提倡建立在法律和道德基础上的以和为贵的精神,也是《中华人民共和国保险法》所提倡的。

补充阅读 5-2

保险故事:伊丽莎白一世女王颁布世界第一部保险法

1575年,英国女王特许在皇家交易所内设立保险商会以办理保险单的登记等业务,英国确立了海上保险保单的标准和条款。

1601年,参照安特卫普市颁布的规定保险单内容和格式的法令,伊丽莎白一世女王颁布了第一部有关海上保险的法律《涉及保险单的立法》,并批准在保险商会内设立仲裁庭以解决海上保险相关的纠纷案件。

1756—1778年,英国上院首席法官曼斯菲尔德收集了大量的海上保险案例,编制了一部海上保险法案,随后以此为基础的《海上保险法案》于1906年获得英国国会的通过,并且后来成为世界各国保险法的范本。

随着海上保险业务在英国的兴盛和发展,为海上贸易提供了强有力的保障,英国打开了通向世界各地的海上通道，英国商人把他们的保险理念用贸易和殖民方式传播到世界各地，英国成为当时的"日不落"帝国。

(资料来源：王稳，李宏宇. 保险发展历程[N]. 经济参考报，2007.09.14)

(三) 保险职业道德确立的理论依据

1. 保险学理论对保险职业道德基本理念的支持

保险本质是损失分担，其方法是以确定的小损失(缴纳的保费)取代不确定的大损失。人生总是面临各种各样的危险。有朝一日，当不幸降临到某一个人身上时，单靠他个人的力量是难以抵御的。保险学就是利用人们趋利避害的生存本能，从人的社会生活需要出发，运用经济的手段和机制，使投保人平时支付小额保费，来换取未来发生不幸时可以得到的较大的经济补偿，使保险人通过收取保费和资金管理而获得赢利，而同时也要担负投保人的损失赔偿。保险人虽然是为了赢利而从事保险活动，但这个目的要服从保险业的根本目的。保险业虽然不是慈善业，但它的设立从根本上说是慈善的。如果保险业不能为投保人分忧，那么它根本就不可能生存下去。也就是说，保险业必须以人为本，解决人生存中的问题，它自己才能生存下去。这也是保险学告诉我们的最基本的道理。

2. 伦理学理论对保险职业道德基本理念的支持

伦理学的宗旨在于使社会中的每个个体处于善的生存状态，使整个社会处于善的生存状态。要实现这个宗旨，就必须要有技术、机制的支持。保险职业道德把以人为本作为自己的基本理念，解决人的生存焦虑问题，可以说是"安人"的善业。这与伦理学的追求是完全一致的。

人应当效法于天，故在人与人之间的交往中，诚信也应是最基础的道德之一。诚信不仅是个人的品德和人格最基本的规定，也是团体和组织道德的最基本的规定。在己为诚，对人为信。内无诚，则外无信。

伦理学还是关于人的社会关系及其调解的学问。伦理学主张，除了阶级社会中不可调和的阶级冲突之外，人际关系的调解主要应诉诸人与人之间的沟通、理解、互助和宽容。在社会主义条件下，伦理学把"和"看成人际关系协调的最佳状态。以和为贵本来就是伦理学的命题。当然，人际之和并非是不分是非、一团和气，而是要建立在正义的基础之上，符合道义的要求。这与保险职业道德所讲的和要以合同为根据、以法律为准绳也是完全一致的。

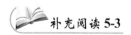
补充阅读 5-3

保险职业道德面面观

日本和美国同属于发达国家，也是世界保险大国。值得研究的是，这两个国家地理位置分属于东、西两个半球，文化道德传统有着明显的东、西差异。所以，他们除了共同具备发达国家保险职业道德的原则特征之外，又受各自不同的东西方传统文化的影响，有着鲜明的个性特征。

第五章 保险职业道德

一、日本保险职业的道德特征

日本的保险业起始于明治维新以后,虽然它的国土不过"弹丸之地",第二次世界大战又因侵略扩张而战败,但它国内的经济制度却延续了百年之久,保险业也从未中断。加之日本民族受中国传统文化的影响,又善于改造利用,其保险职业道德既有典型的东方文化内涵,又表现了日本民族的自我特征。

1. 强烈的敬业精神。

在日本人的道德观念中,恪尽职守、敬业守诚是人生的立身之本,也是强者立业的根本规范。日本保险公司从上层管理人员到基层职工,从公司老板到普通雇员,都把公司当作自己的家,倍加爱惜和呵护,工作起来一丝不苟,废寝忘食。就连公司对高级管理人员的选拔任命,也十分注重爱岗敬业,强调"经理就是吃苦的人",是"猛干主义者"。所以,许多人把"工作的报酬是工作"作为自己的座右铭,矢志不渝地与企业共存亡。美国人曾经评论说,日本员工是住在"兔子窝"里的"工作狂"。日本人民的敬业精神由此可见一斑。

2. 可敬的团队意识。

日本人自古就有一种自尊自强的民族意识,信仰武士道这一文化传统增强了日本人民的凝聚力,反映到企业文化和职业道德上,就是团队精神。在公司内部,无论经营者还是员工,对公司的事业都有着宗教般的执着与追求,一致认为公司的发展与成就,是众人的事业,是民族的光荣。所以,他们把"产业报国"作为激励员工的有效手段,非常重视"为团队援助同事",强调"成功者是善用团队精神、团队智慧、团队优势的公司",形成了上下一致的职业理念。

3. 融洽的亲和关系。

日本人在家庭和社会关系上历来崇尚温情气氛,这种道德文化同样也反映到保险职业活动中。他们在内部关系上主张"和为贵,忠诚为先"。所谓"亲",就是亲情般的人际关系。所谓"和",既强调珍惜和谐、协调一致,又主张克己忍耐、相互礼让。说到底,也就是我们今天提倡的"以人为本","尊重人、关心人、爱护人"。只不过日本企业家不仅以此作为员工个人的行为准则,而且将它的内涵进一步扩大为一种管理道德,用以作为调整内部与外部各方面之间的行为规范。

4. 精到的效率观念。

日本人的工作最讲效率,这是全球工人的事实。中国保险届人士在接待日方同行时常常见到,日本人从其国内启程之日到返回之时,每天的工作都是预先计划周详的,在中国工作的日程排得满满的,即使工作做不完需要推迟返程,也必须提前请示,征得国内公司的批准方可。利用工作之便游山玩水,偷闲访友,更是不可能的事。这种效率观念,造就了日本许多一流企业在全世界的领先地位,同时又通过这种环境陶冶,培养出更多讲求工作高效率的职业人士。所以,日本自第二次世界大战以来,保险行业和其他经济成就在世界上迅速崛起就不足为奇了。

二、美国保险职业道德特征

美国是市场经济最发达的国家,但美国的企业管理和经营道德是从自己的竞争对手那里得到启发并逐步个性化的。经过长时间的学习、引进、消化,而后探索创新,美国人在很短的时间里,便创立了自己的职业道德体系。

1. 尊重个性发展。

美国人标榜"人权至上",他们浓厚的人权意识体现在经营管理上,突出个人奋斗,尊重个人价值,则是人所共知的。正因为重视人的因素,突出个人奋斗,从业者在市场经济中便敢于开拓,勇于冒险,特别是善于创造。在保险经营行业,他们便提出了许多创造性的经营理念,如"新哈佛价值观"提倡企业文化,强调管理道德,创造了管理。在为客户服务上,设计了"产品形象、员工形象、环境形象、服务形象"四项配套理念,用以指导企业员工的行为规范。进入20世纪90年代,又推出了经营方略,即"客户满意度"的道德评价体系,开辟了公司经营的新视野、新观念、新道德,并力荐此举为"企业最重要的资产"。

2. 强调重才尚实。

在美国，正因为重视个人价值，有才能的人便众望所归。美国的企业经营者有一句名言，即"认识最重要的资产"，认为企业的生命不在权力者手中掌握，而在对科技人才的运筹帷幄。在他们的道德观念中有个著名的公式，就是说，科技人才把他们的理念转化为物质，其价值大于书面理论。正因为如此，美国人一旦投入到职业岗位，从时间到精力都是全身心的投入，聊天、闲逛、无所事事的现象难以寻觅，借工作之便者更是凤毛麟角，他们评价一个人职业道德素质的标准就是是否"会干和肯干"。

3. 崇尚互利互惠。

"君子不言利"，这是中国儒教的道德观念。在美国，"言利"的正是君子。他们认为，做保险、办企业、追求利润是天经地义的事，不仅"言利"而且追求最大的利润值。在美国企业家和从业人员中，"互惠互利"被看作是人际交往的良好道德和情操，是正当的谋生尺度。

(资料来源：何厚发. 国外保险职业道德探微[J]. 中国保险管理干部学院学报. 2000年第2期.)

三、保险职业道德的意义

(一) 保险职业道德与法律

保险是对未来风险提供保障的行业，对公共利益具有重大的影响作用，所以从其建立之初，国家就制定了相应的法律政策保障其正当运行。这些法律政策也是保险职业道德建立的依据，道德不能超越法律政策的界限。

1. 保险职业道德的法律依据

1995年第八届全国人民代表大会常务委员会第十四次会议通过，根据2002年第九届全国人民代表大会常务委员会第三十次会议《关于修改〈中华人民共和国保险法〉的决定》修正的《中华人民共和国保险法》总则第四条规定"从事保险活动必须遵守法律、行政法规，尊重社会公德，遵循自愿原则"；第五条规定"保险活动当事人行使权利、履行义务应当遵循诚实信用原则"；第八条规定"保险公司开展业务，应当遵循公平竞争的原则，不得从事不正当竞争"。新《保险法》规定了保险从业人员在职业活动中除了遵守法律之外，也要尊重社会公德，遵循诚实守信原则，遵循公平竞争原则。违反这两个原则就是既违反道德，也违反法律，从而为保险职业道德的制定提供了法律依据。另外，《中华人民共和国合同法》也规定当事人应当遵守公平的原则，凡是假借订立合同，恶意进行磋商；故意隐瞒与订立合同有关的重要事实或者提供虚假情况；有其他违背诚实信用原则的行为给对方造成损失的，应当承担损害赔偿责任。

2. 保险职业道德的政策依据

1996年中国人民银行公布《保险管理暂行规定》，第一条表明了规定的宗旨："为加强对保险业的监督管理，促进保险事业健康发展，根据《中华人民共和国保险法》(以下简称《保险法》)，特制定本规定。"第五十三条规定了"保险公司开展经营活动应坚持公平、公正、合理、竞争的原则"；第五十五条规定了"保险公司及其职员不得向投保人及被保险人、受益人提供保险合同规定以外的保险费回扣或其他利益"。第六十条规定"保险公司故意不确定或不支付赔偿或给付保险金最低金额者，应赔偿被保险人或受益人由此造成的经济损失"。

全国人民代表大会常务委员会1995年通过《关于惩治破坏金融秩序犯罪的决定》,其中第十六条规定:"保险事故的鉴定人、证明人、财产评估人故意提供虚假的证明文件,为他人诈骗提供条件的,以保险诈骗的共犯论处。"第十七条规定:"保险公司的工作人员利用职务上的便利,故意编造未曾发生的保险事故进行虚假理赔,骗取保险金的,分别依照全国人民代表大会常务委员会《关于惩治贪污罪贿赂罪的补充规定》和《关于惩治违反公司法的犯罪的决定》的有关规定处罚。"

保险法律、政策所依据的原则或基本规定符合道德的根本要求,也为保险职业道德的制定提供了依据。

(二) 职业道德在企业文化中的作用

职业道德是企业文化的重要组成部分,属于企业文化的核心层。职业道德是企业文化在每个职工岗位上的进一步具体化和深化。员工的职业道德水平影响企业文化,向企业文化同样影响员工的道德水平。一个好的企业除了要有好的企业文化,还要有一批具有与此文化相应道德水平的员工。

企业文化往往与管理人员的道德水平存在着十分密切的关系。好的企业文化的第一要素,就是企业员工要具备职业化的素质,简单地说,就是企业的员工知道他应该认真把他承担的职责做好。所以说,员工的道德水平是好的企业文化的决定因素之一。

首先,在内容方面,职业道德总是要鲜明地表达职业义务、职业责任以及职业行为上的道德准则。它不是一般地反映社会道德和阶级道德的要求,而是要反映职业、行业以及产业特殊利益的要求;它不是在一般意义上的社会实践基础上形成的,而是在特定的职业实践的基础上形成的,因而它往往表现为某一职业特有的道德传统和道德习惯,表现为从事某一职业的人们所特有道德心理和道德品质。甚至造成从事不同职业的人们在道德品貌上的差异。如人们常说,某人有"军人作风""工人性格""农民意识""干部派头""学生味""商人习气"等。而这些往往就会反映在企业文化上,因为企业文化有向导作用。企业文化的向导作用是指企业成为由共同价值观念、共同理想追求、共同精神状态而聚焦起来的稳定企业。一个企业内部有军人的作风,是一批人有军人作风,并带动一批人,慢慢形成了习惯,由习惯形成了作风,由作风形成了文化。

其次,在表现形式方面,职业道德往往比较具体、灵活、多样。它总是从本职业的交流活动的实际出发,采用制度、守则、公约、承诺、誓言、条例以及标语口号等形式,这些灵活的形式既易于为从业人员所接受和实行,而且易于形成一种道德习惯。企业文化有规范作用,企业文化规范作用指人或群体在各自行为规范和道德标准下活动。可以说职业道德的表现形式是通过企业文化有规范作用来表现的,有时又反过来决定企业文化。

再次,从调节的范围来看,职业道德一方面是用来调节从业人员内部关系,加强职业、行业内部人员的凝聚力;另一方面,它也是调节从业人员与其服务对象之间的关系,用来塑造本职业从业人员的形象。企业文化有融合作用,企业文化的融合作用是指对一定范围内(比如企业)的人来说不会感到文化强制,但对范围以外的人来说就会感到文化的强制。职业道德从调节范围来看,属于企业文化,有融合作用。

最后,从产生的效果来看,职业道德既能使一定的社会或阶级的道德原则和规范职业化,又使个人道德品质成熟化。职业道德虽然是在特定的职业生活中形成的,但它绝不是

合规与道德

离开阶级道德或社会道德而独立存在的道德类型。在阶级社会里，职业道德始终是在阶级道德和社会道德的制约和影响下存在和发展的；职业道德和阶级道德或社会道德之间的关系，就是一般与特殊、共性与个性之间的关系。任何一种形式的职业道德，都在不同程度上体现着阶级道德或社会道德的要求。同样，阶级道德或社会道德，在很大范围上都是通过具体的职业道德形式表现出来的。同时，职业道德主要表现在实际从事一定职业的成人的意识和行为中，是道德意识和道德行为成熟的阶段。职业道德与各种职业要求和职业生活相结合，具有较强的稳定性和连续性，形成比较稳定的职业心理和职业习惯，以致在很大程度上改变人们在学校生活阶段和少年生活阶段所形成的品行，影响道德主体的道德风貌。企业文化的产生也是如此，同样与社会背景和人文文化息息相关，在这里二者是一致的。

(三) 职业道德与行为规范

职业道德是从事一定职业的人们，在其特定的工作中所形成的行为规范的综合。行为规范是指人们在日常生活和工作中的所作所为，必须符合一定的规矩，约束在一定的范围之内。企业员工行为规范是员工在职业活动过程中，为了实现企业目标、维护企业利益、履行企业职责、严守职业道德，从思想认识到日常行为应遵守的职业纪律。

职业道德规范体系由道德基本理念、规范和特殊领域的道德要求组成，而行为规范则是在职业道德的指导下，为从业人员提供的具体行为要求，体现了职业道德身体力行的特点。

职业道德与行为规范二者之间有统一性，也有差异性。

职业道德与行为规范的一致性体现为保险行为规范是对保险职业道德的贯彻，是保险职业道德知行合一的体现。比如，保险职业道德行为规范的制定，从不同角度体现"以人为本""以诚取信"及"以和为贵"的基本理念。保险的目的就是为人所遭遇的危险提供经济保障，如果不能为投保人服务，不能将客户的合法利益看得至高无上，保险就失去了存在的价值。

第二节　保险职业道德的基本理念

课堂导入

一信字是立身之本，所以人不可以无也；一恕字是接物之要，所以终身可行也。

——清·王永彬《围炉夜话》

译文：一个信字，是为人立身处世的根本，一个人如果失去信用，任何人都不会接受他，所以人不可以没有信用。一个恕字，是与别人交往的重要品德。因为恕即是推己及人，因此不会做出任何对不起别人的事，于己于人皆有益，所以值得终身奉行。

古人云："正事之谓业。"凡是正义、正道之事业，必有自己的基本的道德理念以及在这种基本道德理念支配下的道德规范。保险业作为千百种事业中的一种，当然也不例外。保险职业道德的基本理念有三条，即"以人为本"的基本理念、"以诚取信"的基本理念，以及"以和为贵"的基本理念。这三个基本的职业道德理念不是人们外加给保险业的，而是保险业自身内生的基本理念。它既有历史的根据，也有现实的根据；既是保险业繁荣之必需，也是保险业发展之必需。如果失去了这三个基本理念，保险业将无法存在下去，更谈不上繁荣和发展。因此，很好地学习、理解并实践保险职业道德的基本理念，具有十分重要的意义。

一、"以人为本"的基本理念

就现存文献而言，最早提出或明确主张"以民为本"的不是孔孟大儒，而是其他学派的思想家。《老子·三十九章》的"贵以贱为本"显然是统治者以臣民为本的高度概括，它使以民为本的思想高度哲理化。属于法家文献的《管子·霸言》有"以人为本"说。《吕氏春秋·务本》有宗庙之本在于民之说。由此可见，当时的思想家普遍主张以民为本。

企业文化建设要将"以人为本"作为出发点和落脚点，要做到"为了人、依靠人、属于人"。对内依靠员工办企业，切实保证员工在企业中的主人翁地位，做到情、理、法相结合，责、权、利相统一，培养和造就德才兼备的优秀企业家和"四有"职工队伍。增强企业的凝聚力，对外才能依靠信誉赢得广大客户的信任和支持。

春秋时期的齐国名相管仲，他认为"夫霸王之所始也，以人为本。本理则国固，本乱则国危"。保险企业属于金融服务业，提供服务与享受服务的双方都超不出一个"人"的范畴。

保险从业人员大都明白这么一句话："我为人人，人人为我。"这既是保险功用的精髓，也是保险这个职业引以为豪的使命。保险本来就是人对于未来风险的预计和规避。以人为本，即是保险的哲学实质。

(一) 人与风险

在日常生活中，人们每天会遇到许多不确定的事，这许多不确定的事件，往往会给人们的日常生活造成很多难以预测的损失或破坏，而损失或破坏的程度往往不尽相同，这些损失或破坏打破了人们原本平静的生活状态，危及人们正常的生活秩序，增加了社会的不和谐、不安定因素。通常我们将这些不确定的损失或破坏事件，称为风险。

风险是指在某一特定环境下，在某一特定时间段内，某种损失发生的可能性。风险是由风险因素、风险事故和风险损失等要素组成。换句话说，是在某一个特定时间段里，人们所期望达到的目标与实际出现的结果之间产生的距离称之为风险。

延伸阅读 5-1

"风险"一词的由来，最为普遍的一种说法是，在远古时期，以打鱼捕捞为生的渔民们，每次出海前都要祈祷，祈求神灵保佑自己能够平安归来，其中主要的祈祷内容就是让神灵保佑自己在出海时能够风平浪静、满载而归。他们在长期的捕捞实践中，深深地体会到"风"给他们带来的无法预测、无法确定的危险。他们认识到，在出海捕捞打鱼的生活中，"风"即意味着"险"，因此有了"风险"一词的由来。

风险有两种定义：一种定义强调了风险表现为不确定性；另一种定义则强调风险表现为损失的不确定性。

那么，保险业经营的本质是什么呢？我们知道，生、老、病、死、财产损失，这是构成人类社会主体要素的所有自然人在整个生命过程中都无法回避的严酷事实(见表5-1)。如果没有完备的应对制度，人类的自然生命过程就是悲催的，人类社会发展进步的道路就会更加泥泞。而保险就是这样一项伟大的制度，它具有直面不幸、雪中送炭、改变厄运、保障社会稳定、推动社会进步的积极作用，它是人类社会迄今为止完美地彰显了人类生命价值意义的一项制度安排。

表5-1 风险概率统计数据

大概率风险		小概率风险	
受伤风险概率	1/3	中风风险概率	1/1 700
难产风险概率	1/6	乳腺癌风险概率	1/2 500
车祸风险概率	1/12	死于突发事件风险概率	1/2 900
突发心脏病风险概率	1/77	死于溺水风险概率	1/5 000
在家中受伤的风险概率	1/80	死于肺癌风险概率	1/60 000

延伸阅读5-2

国学大师胡适先生谈起保险时曾说过，"保险的意义，只是今天做明天的准备；生时做死时的准备；父母做儿女的准备；儿女幼时做儿女长大时的准备，如此而已。今天预备明天，这是真稳健；生时预备死时，这是真豁达；父母预备儿女，这是真慈爱。能做到这三步的人，才能算作现代人。"现代保险是市场经济条件下风险管理的基本手段，是经济社会的重要组成部分。

(二) 人与保险保障

保险就其自然属性而言，可以概括为：保险是集合具有同类风险的众多单位和个人，以合理计算风险分担金的形式，向少数因该风险事故发生而受到经济损失的成员提供保险经济保障的一种行为。

保障功能是保险业的立业之基。最能体现保险业的特色和核心竞争力。保险保障功能具体表现为财产保险的补偿功能和人身保险的给付功能。

1. 财产保险的补偿

保险是在特定灾害事故发生时，在保险的有效期和保险合同约定的责任范围以及保险金额内，按其实际损失金额给予补偿。通过补偿使得已经存在的社会财富因灾害事故所致的实际损失在价值上得到了补偿，在使用价值上得以恢复，从而使社会再生产过程得以连续进行。保险的这种补偿既包括对被保险人因自然灾害或意外事故造成的经济损失的补偿，也包括对被保险人依法应对第三者承担的经济赔偿责任的经济补偿，还包括对商业信用中违约行为造成的经济损失的补偿。

2. 人身保险的给付

人身保险是与财产保险完全不同性质的两种保险。由于人的生命价值不能用货币来计价，所以，人身保险的保险金额是由投保人根据被保险人对人身保险的需要程度和投保人的交费能力，在法律允许的范围与条件下，与保险人协商约定后确定的。因此，在保险合同约定的保险事故发生或者约定的年龄到达或者约定的期限届满时，保险人须按照约定进行保险金的给付。

平安保险"客户至上，服务至上"服务理念的实施

小李夫妇结婚后想为供房所需的首期付款存钱，在他们搬进租住的公寓后不久，小偷便闯入他们的公寓并偷走了他们的现金、电视、音响、摄像机和珠宝，损失共计六万元，但他们没买保险，结果他们积累首期付款供房的目标遭受严重的挫折。什么地方出了问题？夫妇俩犯了一个常识性错误，那就是他们的财务计划没有给予风险和保险足够的关注。

(三) 人民为本

现在流行的管理思想，都是为了组织协调人力物力，完成一定的生产、经营任务。人只是管理的对象，人的成长不在管理目标的范围之内。孔子为政思想的最大特点，也是它的最大优点，就在于它不是把人仅仅看成对象，而是把人的成长当作主要目标；他立志于"安人""安百姓"，追求"老者安之，朋友信之，少者怀之"，他为政的全部主张都是围绕着提高人的素质和使人们有安定和谐的生活。这是一种不同于其他所有管理思想的，真正以人为本的管理思想。

把孔子管理思想用于企业文化建设，就要改变观念，树立以人为本的思想，不只以完成生产、经营任务和赢利为目标，而且把人的成长也列入管理的目标。人的成长，是指人的全面素质的提高，包括其思想道德品格的提高和业务、技术知识、能力的提高。现在一些企业也有对员工的培训，有的也给予了相当的重视。不过，在以任务为本的管理思想下，培训只是为完成任务而采取的必要措施；员工知识、技能的培训只是手段，而不是目的。而在以人为本的思想下，人的成长本身就是目的。或者准确一点说，它既是手段，也是目的。从保证生产、经营任务的完成这一点看，提高人的素质是手段；从人的成长是我们一切工作的最终目标看，人的提高就是目的，而且是最重要的目的。

党的十八大提出的"促进人的全面发展"是从传统的民本思想到现代的人本思想的飞跃，是对企业文化中传统民本思想的纠正，从根本上确立了以人为本企业文化的核心地位。

补充阅读 5-4

山西商人非常重视人才和培养人才，主张"事在人为，得人者兴，失人者衰"(李宏龄《同舟忠告》)。可谓是"内举不避亲，外举不避仇"。采用"本地人"策略，不仅加强了乡人之间的亲情关系，同时也建立一套严格的激励监督机制。

山西商人对于掌柜的训诫上很注重用人策略。"做掌柜、大伙计虽不可自抬身价，而目中无人，即或东家有诸事，下等人一要图活通融，倘要不是处，亦以理而剖之，则上下欢心，无不服你，你若自己以尊贵，自夸岂能，狂然自大，目中无人，行出坐坛，遣将之势，众不但不服你，还要留下唾骂，做大伙计者不得不思也。"

晋商尤其擅于用人管理之道，因此也形成了具有凝聚力的企业文化。晋商非常重视人才，东家与掌柜分离，"用人不疑，疑人不用"。正是由于这样的"怀柔"政策笼络人心，使得上到掌柜，下到学徒，都一心为主，忠贞不二。

延伸阅读 5-4

以北京市企业文化建设协会为代表提出来的"一本三涵"模式，即"以人为本"。它体现了现代企业文化管理的主旨；"讲求经营之道"，强调了企业理念与经营战略相结合；"培育企业精神"，涵盖了企业规章制度、企业作风和企业道德的建设内容；"塑造企业形象"，综合了产品形象、服务形象和员工形象等的建设发展要求。

二、"以诚取信"的基本理念

在我国，诚信的道德观念和思想渊远而流长，是中华民族自古以来的传统美德。

(一) 诚实守信为保险立业之本

诚信，就是诚实守信，是指人际关系中的诚实不欺。诚是人内在心灵的德行、精神和心理状态；信就是信用、信义、信誉，是诚的外在表现。诚于中，必信于外。诚与信联结为一个词，表述的是人们诚实无妄、信守诺言、言行一致的美德。诚与信也可以结合起来作为一个道德规范，它要求人们诚实无伪、言而有信。

因为保险是一种信用行为，是以一纸合同的形式联结和调整当事人利益关系的，诚实、信用非常重要。忠诚信约是保险立业之本，是保险从业人员最基本的道德标准。从经济学的意义讲，保险活动是投保人和保险人之间的利益交换活动。而讲平等、讲自由、讲法制、讲规则、讲信用，是市场经济的基本特点。投保人之所以肯把自己的钱拿出来缴纳给保险人，完全是因为他可以预期在他所保的标的遭受到实际的危险之后可以获得保险人的赔偿。而这个预期则是由保险人给他的，保险人之所以收缴投保人的保费，并且允诺在什么情况下给予投保人以什么样的赔偿，是因为他相信他的计算能力和管理才能，除了赔偿投保人的损失之外还会有盈余。投保人是平时花小钱而在发生风险时保大钱，保险人是在花大钱支付损失赔偿，而收集更多的小钱，双方均感满足而成就合作共赢的信用关系。投保人和保险人的信用合作关系的依据是双方自愿订立的保险合同。因此，这就要求保险从业人员应当客观、全面、准确地向客户提供有关保险产品与服务的信息，不得夸大保障范围和保障功能；并应向客户介绍市场上相关的保险产品，并按照客户的需求制定保险方案，提出保险建议。对于有关保险人责任免除、投保人和被保险人应履行的义务以及退保的法律法规和保险条款，应当向客户做出详细说明。信用是保险业的生命之本。

补充阅读5-5

保险人要如实告知。向客户声明所属机构的名称、性质和业务范围，并主动出示《保险代理从业人员展业证书》或《保险代理从业人员执业证书》。如果客户要求，保险代理从业人员应当向客户说明如何得知该客户的名称(姓名)、联系方式等信息。当客户拟购买的保险产品不适合客户的需要时，应主动指出并给予合适的建议。应当客观、全面、准确地向客户提供有关保险产品与服务的信息，不得夸大保障范围和保障功能；对于有关保险人责任免除、投保人和被保险人应履行的义务以及退保的法律法规和保险条款，应当向客户做出详细说明。应当向客户特别指明各种产品的不同特性。将客户的如实告知义务以及违反义务可能造成的后果明确告知客户。应当将所知道的与投保有关的客户信息如实告知所属机构。此外，还要确保机构与客户之间信息、保险单据和文件传递的及时性和准确性。在信用关系建立之后的诚信，表现为及时、周到的售后服务。这就是与客户保持适当的联系，及时解答客户提出的有关问题，应客户要求办理变更保单信息等，保险期届满以前及时通知客户续保并应客户要求协助办理，当客户提出退保时提醒客户注意保单中有关退保的条款以及可能引致的财务损失和所面临的风险，应当按照所属机构要求协助客户做好防灾防损工作。应当在所属机构授权的范围内办理理赔查勘事宜，不唆使、引诱或串通客户，向保险人进行欺诈性索赔，也不得以任何方式协助或参与欺诈性索赔。

(资料来源：吴定富. 保险职业道德教育读本[M]. 北京：人民出版社，2006)

(二) 以诚换信，不诚无信

只有以诚信严肃、真实无妄的精神和心理状态为客户着想，才能取得客户的真正信任。如果缺乏一颗真诚的心，不把客户的要求和利益放在心上，就不能给客户提出最好的建议，因而也就难以取得客户的信任。《保险代理从业人员执业行为守则》第十四条规定："保险代理从业人员在向客户提供保险建议前，应深入了解和分析客户需求，不得强迫或诱骗客户购买保险产品。当客户拟购买的保险产品不适合客户需要时，应主动指出并给予合适的建议。"第十六条规定："保险代理从业人员应当客观、全面、准确地向客户提供有关保险产品与服务的信息，不得夸大保障范围和保障功能；对于有关保险人责任免除、投保人和被保险人应履行的义务以及退保的法律法规和保险条款，应当向客户做出详细说明。"本守则所提及的强迫、诱骗、提供不完全信息、夸大保障范围以及知客户购买不适当保险产品而不告知，均属不诚行为。这些行为都会导致客户利益的损失，对于保险业的形象和荣誉都是一种伤害。

保险业是一个最应当讲良心的行业，这是由保险业的基本特点所决定的。客户为了使自己最看重的东西在未来可能遭受风险时不致血本无归，而愿意在平时付出一定的代价为其投保。保险业靠收取保费为生，那么保证客户的投保预期届时能够实现则是天经地义的事。因此重诚信，履行合同约定，依约理赔，是保险业不能动摇的第一行为原则。相反，如果只收保费而不依约理赔，或者保险从业人员以个人名义收取保费，或将收取的保费存入个人账户,侵占、截留、滞留或挪用客户缴纳的保费,从而致使公司不给担保人赔偿,那就背离了保险业的职业良心。相反,如果保险人因私而使保险公司赔偿不该赔偿的标的,或者进行过度赔偿,就损害了保险公司的利益。如果达到一定的程度,就削弱了保险业的理赔能力,在实质上是对其他投保人利益的损害。保险从业人员偏袒客户或唆使、串通客户向保险人进行欺诈性索赔,同样也是违背职业道德的。

此外,保守秘密也是保险职业道德要求的重要方面。对投保人来说,投保标的无疑是重要的,否则他就不会去投保。保险从业人员因工作关系而得知客户的秘密,如果泄露这一秘密,或者利用客户的秘密从事不利于客户的活动,也是有违保险职业道德的。因此,保监会制定的从业人员三大守则都明确地规定:保险代理、经纪和公估从业人员"应当对有关客户的信息、向所属机构以外的其他机构和个人保密","应当保守所属机构的商业秘密"。

(三) 以信守约

客户与保险人因投保和保险交易而形成一种具有多重的规定信用关系。

其一,经济信用关系。投保人为投保标的而缴纳保费,保险人也因接受标的保险而收受保费,这自然地就形成了投保和保险之间的经济信用。这种经济信用是通过经济的手段来实现的。

其二,法律信用关系。这种关系因为牵涉利益,所以不能完全依赖保险人的觉悟和道德良心,而必须对双方加以法的制约。《中华人民共和国保险法》第十七条规定:"订立保险合同,保险人应当向投保人说明保险合同的条款内容,并可以就保险标的或者被保险人的有关情况提出询问,投保人应当如实告知。投保人故意隐瞒事实,不履行如实告知义务的,或者因过失未履行如实告知义务,足以影响保险人决定是否同意承保或者提高保险费率的,保险人有权解除保险合同。投保人故意不履行如实告知义务的,保险人对于保险合同解除前发生的保险事故,不承担赔偿或者给付保险金的责任,并不退还保险费。"此外,欺骗投保人、被保险人或者受益人,对投保人隐瞒与保险合同有关的重要情况,阻碍投保人履行本法规定的如实告知义务,或者诱导其不履行本法规定的如实告知义务,承诺向投保人、被保险人或者受益人给予保险合同规定以外的保险费回扣或者其他利益,故意编造未曾发生的保险事故进行虚假理赔,骗取保险金,都是法律所禁止的。

其三,道德信用关系。凡是发生人际交往的社会领域和社会行为,因为涉及其他人或公共利益,故而都可以按照社会道德的标准进行道德评价。

在投保人和保险人信用关系的建立的过程中,诚信是双方合作的最重要的基础。讲诚信不仅仅是在建立关系之初或者合同签订之后,而应当贯穿于双方建立关系的全过程之中。信用关系建立之前的诚信,表现为如实告知;在理赔过程中的诚信,表现为按规定办理相关事宜。

诚信对于保险业来说是极端重要的,不能完全依赖保险人的道德的自觉性和职业责任感。还需要诚信的监管,包括客户对保险从业人员的监督和保险从业人员的相互监督,机构对所属从业人员的监管,保监会对于保险机构以及全体从业人员的监管,还要动用国家法律的力量对于一切相关人员和机构进行的最后监管,也是保险诚信的最终保障。

 **案例 5-1**

诚信面临挑战

2008年4月，36岁的投保人王某因罹患"原发性肝癌"，向所投保的保险公司提出索赔请求，理赔调查人员在核实疾病过程中，发现病人提供的病史资料与疾病的发展过程不是很符合。为了弄清病情的真实过程，调查人员走访了当地的多家医院，在当地的一家医院找到了病人的原始诊断记录。原来，在2007年11月7日，34岁的王某在该医院被B超诊断为：原发性肝癌。2007年11月9日在当地另外一家医院的复查结果CT报告又是：肝癌伴门静脉右支癌栓形成。

后经了解，王某曾于2006年4月份，投保了10万元保额的两全保险。在被确诊原发性肝癌的当月，他又联系保险公司的业务员刘某，要求投保10万元保额的重大疾病保险，业务员刘某虽然从其他途径了解到陈氏的病况，但为了赚取手续费，仍为其代理了该项业务。为了得到10万元的保险赔款，客户王某说了谎话，隐瞒了自己的病情，业务员刘某也说了谎话，故意装不知道客户的病情，隐瞒了事实。按照保险合同的约定，投保后3个月发现恶性肿瘤，公司是要承担保险责任的。

其家人在向保险公司索赔时，也得到保险公司两个截然不同的理赔决定。罹患疾病前选择的保险获得了1.3万元的赔款，同时，对被诊断为恶性肿瘤后再投保的保险，保险公司作出了不返还8 000多元保费、不承担保险责任的决定。

 **案例评析**

要点：

1. 王某病人选择保险的过程是社会上骗赔的手段之一，王某为了转嫁自己的经济损失，违背诚信原则，欺骗保险公司。客户在投保时，应该体现出诚信的原则，应如实地向保险公司和代理人反映真实情况。

2. 业务员在知道实情后故作不知，为了提取佣金，依然为其代理业务，违反了保险行业和公司的法律、法规，违背诚信和以实相告的原则。有损于公司的形象和利益。业务员在受理案件时不应偏袒任何一方，应做到客观、公开、公平、公正。

3. 投保人、保险代理人和保险人都应该明明白白地买卖保险，要以信义、公正为基础。只有这样，才能建设社会主义的和谐社会。

三、"以和为贵"的基本理念

保险业是通过一件件赔偿案例对投保人实施救助。保险业终日都与"危险""损失""赔偿"等打交道，处理的事情相当多地涉及官司。保险业的这一特点决定了它的"以和为贵"的职业道德理念。

(一) 保险业排忧解难的社会功能

保险业具有四个方面的社会职能：第一，保险具有分担危险和补偿损失的职能。它实际上是把一部分人的危险分派给大家共同承担，使人们提高对于风险和危险的承受能力。

这种损失分担，互助供给的机制和功能，体现了人的社会性，体现了集体观念的优越性。第二，保险具有融资职能。保险机构通过收取保费而将社会闲散资金集中起来，将其中的一部分用于补偿投保人的损失，而将另一部分闲置资金投入社会的再生产之中，以获取更高的收益。当然这部分资金最终还要用于保险赔偿。第三，保险具有防灾防损的职能。保险业是围绕着危险做文章的。社会上的危险和灾难发生越少，赔偿也就越少，保险业的利益也就越多。因此，保险部门对于防灾防损方面的投资具有天然的积极性。第四，保险具有社会再分配的职能。保险业收取保费，实际上是把具有闲置资金的人的钱拿走一部分。保险业对于受灾者实施经济赔偿，实际上是把具有闲置资金的人的钱分给受灾之后变得生活困难的人。这是一种社会财富由高到低、由富到贫的流动，社会保险尤其如此。

一个社会的稳定与否取决于很多方面，造成人们生活和心态不安定的主要原因，就是种种不幸和危险。这方面问题的解决，是个巨大的社会工程，需要作出多方面的努力。保险业所具有的分担危险和补偿损失职能以及社会再分配职能，使得社会上相当一部分人生活的安定得到了保障，使得未遭受风险的投保人排除了精神上的忧虑和紧张，同时也使社会财富的分配向公平的方面流动。在客观上起到了排政府之忧、解公民之难、消解人际矛盾、和谐社会的作用。因此说保险业具有"社会稳定器"的作用。

在这里特别值得提出的是，上述保险的积极作用是就规范管理、良性运行和发展的保险业来说的。如果保险业管理不善，或者保险机构被唯利是图、轻视法律的冒险家所操纵，形成投保人与保险人广泛对立和冲突的局面，那它就会向反面转化，不仅不是社会的稳定器，反而成为社会动乱的催化剂了。这一点应该引起保险监管者和国家管理者的高度警惕。

(二) 贵在和谐，以和为贵

在一种社会组织中，有不同的人、不同的分工、不同的工作岗位、不同的责任，这是异；但所有的人都要服从共同的奋斗目标，要服从共同的准则，要服从统一的指挥，这是同。在一个团体或组织内部，"和"的意义尤为重要，事业的成功靠的就是内部的团结和和谐。

就保险业来说，"和"包括保险人与投保人之间的和谐，保险机构内部员工的和谐，保险代理、保险经纪、保险公估三个部门中从业人员之间的和谐，保险业与其他金融行业之间的和谐，保险业与整个社会之间的和谐。树立起以和为贵的职业道德理念，动员全体保险人为之努力奋斗，对于保险业的繁荣与发展，对于我国和谐社会的构建，都具有重要的意义。

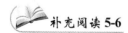
补充阅读 5-6

"和"是中国古代的哲学、伦理学的一个重要范畴。和有以下两个含义。

其一，符合节度之义。古人说：喜怒哀乐之未发，谓之中；发而皆中节，谓之和。意思是说，喜怒哀乐的情感在没有外物刺激时，没有任何的发作，是喜是怒、是哀是乐都看不出来，这就是一种没有具体表现的"中"的状态。受到外在因素的感染，发出了喜怒哀乐的情感，而喜怒哀乐的情感都表现得恰到好处，没有一点点过分，也没有一点点不及，符合节度和规范，这就是"和"的状态。在音乐中，几个人唱歌,一个人指挥打拍子,唱歌的都能与打拍子的合上,这就是"中节",就是"和"。同样,一个人的行为符合规范,事事都能符合要求,这也是"和"。

其二,不同因素按照一定的方式和谐配合、优势互补之义。比如做饭,只有把不同种类的食物和佐料按照一定的比例、规则、先后顺序放在一起,才能做出美味佳肴。比如音乐,把不同的乐器按照一定的次序组合起来,使它们分别奏出高低、强弱、快慢、长短、清浊的音色,彼此间能够相和,才能形成美妙的乐章。在社会生活中,人的脾气、才能、习性、意见等都是不一样的,但能够按照一定的规则和谐相处,各尽其责,就可以优势互补,组成一个和谐的社会。

因此,古人提出了"和为贵"的思想。与其攻城略地,不如不战而屈人之兵。兵乃不祥之器,不得已而用之。

(资料来源:吴定富.保险职业道德教育读本[M].北京:人民出版社,2006)

和谐的人际关系的建立,要靠每个人的实际行动。行动都是由心灵支配的,因而人的心灵状态如何对于和谐人际关系的建立具有决定性的意义。

在保险关系的处理中,需要的是对投保人耐心周到的服务热情,需要的是对于生命财产遭受危险的客户的仁慈和同情。保险人只有具备一种与投保人相和的心态,才能做好服务。

这种和的心态,就是要求保险人把投保人看成兄弟一般,把保险组织内部的其他人看成兄弟一般;以友善的态度,以随时助人的心情,来处理相关事务和人际关系。这样就不会产生对立的情境和局面。心和则事和,事和则人和。

(三) 求和之道

保险人所面对的第一种重要的人际关系是与投保人之间的关系。要能与投保人之间有和谐的关系,就要坚持信义的原则,以信义求和,以坚持正义的精神去解决矛盾和纠纷,对于不义之事不能做无原则的让步。保险人在与投保人交往的全过程中都要做到诚信客观、公正的,减少矛盾,形成和谐的人际关系。

保险人与本部门同事以及与其他部门同事之间要做到以尽职求和。要恰当处理好保险从行业人之间的互助合作的关系和竞争的关系。

要保持好与本部门机构及同事之间的和谐关系,应该做到以下几点:第一,应当忠诚服务于所属机构,接受所属机构的业务管理,切实履行对所属机构的责任和义务,不侵害所属机构利益;第二,不擅自超越自己的权限或授权范围;第三,要发挥自己的主观能动性,创造性地开展工作,把自己的工作做得尽善尽美。能够做到尽职尽责,一方面在与同事的工作配合中不会在自己这方面出问题;另一方面也不会在竞争中被淘汰。

在与其他部门同志的关系方面,最重要的是不搞不正当的竞争。一是不借助非正当手段进行执业活动;二是不诋毁、贬低或负面评价其他保险机构及其从业人员。做到各尽其职,各安其事。

和谐的人际关系是事业繁荣和发展的前提条件。每个从业人要坚持以和为贵的职业道德理念,通过每个人的努力,形成一个既有统一意志又有个人心情舒畅的团结、友善、协作的局面。

合规与道德

 案例5-2

及时认错，勇于承担经济损失

经过几次真诚的拜访，精心的准备，保险从业人小王根据张女士的经济条件和需求，为张女士未满周岁的男孩设计了一份20万元保额的保单，健康险和教育险各10万元保额。双方交谈很满意，很快就签好了保单。

半个多月以后，小王接到张女士打来的电话："小王，我给儿子做的保险教育险是选择了在18～21岁返款的B款，可这保单上写的是在25岁一次性返款的A款，弄错了啊。"小王及时地赶到了张女士家，拿出保单一看，正如张女士所说。教育险的选项清楚地写着返款期限为25岁返款的A款。很明了，由于自己的疏忽或者是匆忙之中误将B款写成A款。面对如此的差错，小王经过片刻的停顿，然后充满歉意地对张女士说："真的很抱歉，对不起，这是我的疏忽，请您谅解。不过我会在最短的时间内给您一个满意的结果。"

小王整晚的时间都是在懊恼、自责中度过。她无法原谅自己的失误。特别是在客户面前。

次日，早会结束后，小王主动给公司主管说，我决定将张女士的保单退掉，然后重新按正确的B款投保。主管说："那不是要损失不少钱啊，人家能同意吗？"小王说："怎么能让人家承担损失，是我自己搞错了，责任在我，我来承担损失。"

"张姐，真对不起，出了这么大的差错，实在不应该，我今天是来纠正这张错单的。"小王真诚地向客户道歉，"我要履行我对客户的承诺，第一，无论对方是否签单，都不能因为自己的原因给对方带来不愉快。第二，为客户推荐需求的产品。第三，如果由于自己的过失给对方造成的损失，由我自己承担。我们把这张错单退单，按照您要求的B款重新投保。"

张女士看着一脸真诚的业务员小王，被她的积极、热情、勇于追求自己事业的精神所感染了。张女士说："算了，不退了，不就是返款时间由18岁推迟到25岁吗，其他也没什么不同。"就这样，客户的理解与信任，业务员的真诚和勇于承担责任的品质，避免了由于错单带来的不愉快。而且，双方也由此加深了了解，增进了客户与业务员之间的友谊。

(资料来源：邢运凯. 保险职业道德修养[M]. 北京：中国金融出版社，2008)

 案例评析

要点：

1. 真诚的爱与崇高的责任感是事业成功的基石。小王及时认错，勇于承担责任，巧妙、平和地化解了一处工作中的失误，赢得了客户的信任和认可。

2. 真诚、博爱，对客户认真负责，怀着一颗关爱的心，从客户的需求客户的利益出发，才能赢得客户。

3. 保险行业是播撒爱的种子，客户的信任和认可，是这个行业从业人员热情永不衰竭的原动力。只要怀着一颗关爱的心，从客户的需求客户的利益出发，就会把博爱传达给更多的人。

第五章 保险职业道德

本章小结

保险职业道德，是指在长期的保险职业活动中逐渐形成的并适应保险职业活动的需要，从事保险行业的工作者在其职业活动中应当遵循的行为规范和行为准则。

西方保险业历史中所蕴含的基本理念，中国保险业历史中所蕴含的基本理念；保险职业道德确立的理论依据：保险学理论对保险职业道德基本理念的支持，伦理学理论对保险职业道德基本理念的支持。

保险职业道德的基本理念包括以人为本的基本理念、以诚取信的基本理念、以和为贵的基本理念。诚实守信为保险立业之本，以诚换信，不诚无信，以信守约；贵在和谐，以和为贵。

法律政策也是保险职业道德建立的依据，道德不能超越法律政策的界限。

知识与技能训练

1. 保险职业道德的内涵是什么？
2. 试述保险职业道德与行为规范之间的关系。
3. 试述"以人为本"的保险职业道德理念。
4. 试述"以诚取信"的保险职业道德理念。
5. 试述"以和为贵"的保险职业道德理念。

项目一：以和为贵的角色扮演训练、保险职业礼仪训练

（一）模拟场景

模拟保险理赔现场的纠纷解决。

（二）训练内容

组织模拟保险理赔现场的纠纷解决场景。把学生分为两组，每组抽调2~3名同学扮演保险业务员和客户。两组的客户方都扮演为刁钻的客户，其中一组在业务本着"以和为贵"的原则展开业务；另一组的业务员扮演者与客户针锋相对，产生争执。

（三）注意事项

1. 扮演业务员的同学注意服装、仪容仪表、职业礼仪规范等。
2. 让学生真切感受"以和为贵"在化解纠纷过程中的好处。

项目二：宣传和培养风险意识，对客户进行风险教育

(一) 训练内容

1. 很多人认为"风险无处不在，只要自己小心，风险是可以避免的。购买保险不吉利"。对于这种观点，你有什么意见？

2. 以小组为单位，分析讨论人们衣食住行的生活中会遇到哪些风险。

3. 生活中哪些风险是可以规避的？哪些风险是难以规避的，可以通过什么险种达到保险保障的目的？

(二) 注意事项

1. 列举风险时要全面，符合实际情况。

2. 培养安全意识。

3. 让学生意识到保险在保险保障方面的巨大作用。

第六章 保险职业道德实务

"人无信而不立,有诚信才能成人。"这句格言是某人寿保险公司某分公司邱经理总结了六年寿险业务经验的心得。她常说,诚信是她与客户交流的基础和桥梁,是与团队友爱共进的基石。诚信不但使她成就了今天的辉煌,更重要的是她得到了客户的支持和认可,客户不仅把她当做保险代理人员,更把她当做一生的朋友。

邱经理经常利用周末时间举办客户联谊会,这是她认为最值得骄傲的事。通过联谊会的举办,客户不断反馈服务的需求,使她的服务更加专业、到位,也因此得到了大量的转介绍客户。

职业的性质使邱经理交际广泛。当客户遇到生活中的困难时,她总是主动伸出援助之手。客户没有工作,她会帮忙联系工作;客户生病了,她会帮忙找医生,办理理赔事项。无论客户遇到什么困难,她都能在第一时间,尽自己最大的努力去帮助他们,她的爱在江南大地无所不在。

五月的一天深夜里,经过一整天的辛劳奔波,邱经理已经酣然入睡。忽然,一阵急促的电话铃声吵醒了她。她接起电话,一位姓夏的客户在家中出现急性胃出血,希望她能过去。她急忙穿好衣服,这时她的爱人也被惊醒,并心疼地说:"客户出险,你明天去公司报案不就行了,半夜三更的你去干吗?"她说:"不行,客户的老公这段时间出差不在家,家里只有孩子和她自己,我要过去把她送到医院,顺便了解一下情况。"话音未落,她就匆忙赶出去了。她把客户从家送到公司的定点医院,安顿好后已接近凌晨3点,客户的孩子看到她累得满头大汗,很感激地说:"阿姨,谢谢您了,您回去休息吧!明天还要上班呢!"她说:"没关系,你先回家,别耽误了明天上课,你妈这儿有我在,不用担心。"就这样她在急诊室外一直守到第二天早上。一大早她就去了公司,并向运营部的理赔人员报了案。在夏某住院期间,她每天都要去看望,并打电话到夏某家中询问孩子的学习情况。

由于邱经理给客户设计的险种合理、保障齐全、提供的客户资料真实、准确,公司的理赔工作很快就结案了。当运营部经理和邱经理一起把理赔款送到夏某手中时,客户感动得流下了眼泪,哽咽地说:"感谢邱经理为我所做的服务,保险给我带来了安心。"在场的护士、医生也被深深地感动了,因为他们一直以为邱经理和夏某是亲戚关系。这件事在医

合规与道德

院里很快就传开了，很多想了解保险的医务人员也向夏某打听邱经理的电话号码，并主动提出找她做保险代理。

"诚信"是做人的最基本品德，更是保险从业人员的生存之本。诚信可以表现在很多方面，对客户、对公司、对自己……当利益与道德发生冲突时，当诱惑与规则无法统一时，"诚信"是最好的解决方法，也是保险从业人员必须坚守到底的职业准则。邱经理正是因为这样用心地经营、诚信服务，所以在行业内的口碑人人皆知，也为她的事业打下坚实的基础。作为寿险代理人，真诚服务、用心经营是最重要的做事态度，也是我们应该坚守的经营理念。而每一位代理人坚守诚信的原则，才能为构建诚信社会添砖加瓦，使得社会早日形成完善的信用机制。

 知识学习目标

通过本章的学习，掌握保险从业人员基本的行为准则、保险中介从业人员的行为准则，熟悉保险机构高级管理人员的行为规范，熟知保险从业人员的服务规范；掌握有效的沟通技巧，学会控制情绪；深入领会保险业的核心价值观。

 能力培养目标

能够熟记并深刻理解保险从业人员的基本行为准则，用准则对照自己的日常生活行为习惯和工作行为习惯，把诚实守信、爱岗敬业、保守秘密、公平竞争等准则落实到行动上，不断提高自己的觉悟认知和行为习惯，不断提高自己的业务素质和服务能力，提高沟通能力和情绪控制能力。

 教学重点

1. 保险从业人员的六大基本行为准则
2. 三大保险中介从业人员的行为准则
3. 保险从业人员的服务规范

 教学难点

1. 保险从业人员基本行为准则如何内化于心并落实到工作过程中
2. 保险中介从业人员在遵守行为准则的同时，如何灵活处理与保险机构和客户的关系

第一节 保险从业人员基本行为准则

课堂导入

公元前6世纪的中国古代兵书《孙子兵法·计》中,就有"将者,智、信、仁、勇、严也"的记载。智、信、仁、勇、严这"五德"被中国古代兵家称为将之德。

明代兵部尚书于清端提出的封建官吏道德修养的六条标准,被称为"亲民官自省六戒",其内容有"勤抚恤、慎刑法、绝贿赂、杜私派、严征收、崇节俭"。

中国古代的医生,在长期的医疗实践中形成了优良的医德传统。"疾小不可云大,事易不可云难,贫富用心皆一,贵贱使药无别",是医界长期流传的医德格言。

各种职业集团,为了维护职业利益和信誉,适应社会的需要,从而在职业实践中,根据一般社会道德的基本要求,逐渐形成了职业道德规范。为了增强竞争能力,增加利润,职业集团纷纷提倡职业道德,以提高职业信誉。在许多国家和地区,还成立了职业协会,制定协会章程,规定职业宗旨和职业道德规范。从而促进了职业道德的普及和发展。

保险职业道德的基本规范是保险从业人员在职业活动中应当遵守的行为标准的总和,它包括十一条要求:遵纪守法、诚实守信、专业胜任、客户至上、公平竞争、勤勉尽责、保守秘密、团结互助、文明礼貌、爱岗敬业和开拓创新。保险职业道德的基本规范是保险职业道德基本理念的具体化,并体现了保险职业道德基本理念的要求。它是社会为保险从业人员确立的行为尺度,也是保险从业人员对社会或他人所应尽的道德义务。

中国保监会为了规范保险从业人员职业行为,下发了《保险从业人员行为准则》(保监发〔2009〕24号)。

一、依法合规

法律是以国家的名义制定或认可,并由国家强制实施,反映统治阶级意志的行为规范。依法合规是指遵守国家的法律、法规、部门规章、行业公约、行业纪律、企业纪律等。依法合规不仅是公民的基本义务,而且是保险从业人员的基本职业道德。中国保监会在《关于发布保险中介从业人员职业道德指引的通知》中规定:以《中华人民共和国保险法》为行为准绳,遵守有关法律和行政法规,遵守社会公德;遵守保险监管部门的相关规章和规范性文件,服从保险监管部门的监督与管理;遵守保险行业自律组织的规则;遵守所属机构的管理规定。因此,依法合规是保险职业道德的基本规范之一。

(一) 依法合规的意义

1. 是对所有保险从业人员的基本要求

依法合规是维护社会主义法的权威、贯彻社会主义法制原则的基本要求。对于保险监管部门来说,其作为重要的执法部门,承担着促进社会主义市场经济建设健康发展的重要职责,该部门的工作人员,只有依法合规、严格按法律的规定行使法定职权,才能将监管纳入法治的轨道，从而为建设法制社会贡献力量；对于保险公司来说，严格遵守保险法规，依法合规经营，有利于维护保险市场的正常秩序和保户的合法权益、防范经营风险；对于保险中介人员来说，依法合规、规范展业，有利于杜绝欺诈和误导客户的行为，营造诚实守信的经营氛围，树立民族保险业的良好形象。

2. 有利于提高保险从业人员个人素质

保险从业人员个人素质包括专业技能、职业道德、行为规范等诸多方面，其中依法合规是从业人员个人素质的基本体现。它凸显了一个保险从业人员的法制观念和法律意识，不是以言代法、以权代法、知法犯法，而是自觉用法律法规约束自己的行为。这不仅是对自己的行为负责，也是对消费者负责。保险从业人员在从业过程中严格依法合规，不仅能树立良好的从业人员形象，取得保险产品消费者的信任，而且能够以身作则，起到模范带头的作用，使依法合规成为人们共同信守的契约，形成全社会对法律正义的信仰，从而最终使社会在一个共同规则下和谐运转。

3. 有利于保险从业人员权利义务统一

我国宪法规定，任何公民在享有宪法和法律规定的权利的同时，必须履行宪法和法律规定的义务，一切违反宪法和法律的行为，必须予以追究。依法合规既是人民当家做主的自觉行为，也是每个公民必须承担的法定义务。在我国，人民当家做主享受各种民主权利和自由，而依法合规是实现民主权利和自由的重要保障。要享有民主权利，其中重要的一条，就是必须承担依法合规的义务。对于保险从业人员同样如此，只有依法合规，才能够维护其自身和所属组织的利益、保证工作正常进行；同时只有在自己的岗位上自觉遵守各项法律法规，才能避免对他人权益的侵害。

(二) 依法合规的要点

依法合规是对各类工作人员的普遍要求，保险从业人员依法合规具体来说表现在以下四个方面。

1. 遵守国家制定的法律法规

保险从业人员要以国家各项法律法规为行为准绳，遵守社会公德。《保险法》是为了规范保险活动、保护保险活动当事人的合法权益、加强对保险业的监督管理、促进保险事业的健康发展而制定的，是规范我国保险业经营和保险活动的基本法律，是保险从业人员开展业务活动的行为准绳。除了保险法之外，保险从业人员还要遵守与其业务活动相关的其他法律法规，如《民法通则》《合同法》等。

2. 遵守保险监管部门的规章

保险从业人员要遵守保险监管部门的相关规章和规范性文件，服从保险监管部门的监督与管理。中国保监会是我国保险业的行业监管部门，保监会所制定的各项保险规章和规范性文件，是依据国家的相关法律法规，并根据行业管理的需要而制定的。目前我国已经颁发的与保险业相关的监管规章与规范性文件主要包括《保险公司管理规定》《保险经纪机构管理规定》《保险代理机构管理规定》《保险公估机构管理规定》和《保险中介从业人员职业道德指引》等，保险从业人员必须认真遵守。

3．遵守行业自律组织的规范

保险从业人员要遵守保险行业自律组织的规范。保险行业自律组织是各保险机构自愿组成的自律性社团组织，包括中国保险行业协会、各地方保险行业协会以及保险行业学会等。随着我国社会主义市场经济体制的完善和政府职能的转变，保险行业自律组织在我国保险业发展中将发挥越来越重要的作用。行业自律组织制定的规则，对从业人员具有实质性的指导与规范作用。

4．遵守所属机构的管理制度

保险从业人员还要遵守所属保险机构的管理。保险从业人员在其日常具体工作中，应当认真履行所属保险经营机构制定的各项劳动纪律、技术规范、服务质量规程等各项内部管理制度。

二、诚实守信

诚实守信是指保险从业人员在从事保险活动中，应当讲究信用，严守诺言，不把自己利益的获得建立在损害国家、社会和他人利益的基础之上。

（一）诚实守信的意义

1．有利于保险业的持续健康发展

诚信原则是保险法的基本原则，诚实守信是保险从业人员应当遵从的基本道德。修改后的《保险法》强化了对诚信原则的运用和保护，除在总则部分新增条款将其确定为基本原则外，还对投保诚信原则、承保经营诚信原则、索赔诚信原则、理赔诚信原则和对违背诚信原则的惩治等方面都做出了明确的规定，从而为营造良好的信用环境，确保我国保险业健康发展提供了法律保障。我国新修改的《保险法》的重要特点之一，就是突出了诚信原则的核心地位，加大了对违背诚信原则行为的惩处力度。诚实守信作为中华民族的传统美德，在今天不仅是我国公民道德建设的重要内容，更是市场经济条件下保险业健康发展的必要条件。保险业作为经营危险和信用的特殊行业，对诚信的要求更为严格。如果社会信用缺失和法制不健全，造成保险领域发生违背诚信原则的情况，将不仅会干扰保险市场的健康发展，而且会危及社会大局的稳定，因此在保险业大力倡导诚实守信不仅是保险业健康、稳定、可持续发展的必要条件，对于提升国民素质、构造和谐社会也是不无裨益的。

2．有利于维护被保险人的根本利益

诚实守信是做人的品质。在保险业，应做到诚实守信，忠实于自己承担的义务。《保险法》第一百〇六条、第一百三十一条均做出明确规定：保险公司及其工作人员、保险代理人、保险经纪人在办理保险业务活动中应自觉遵守诚信原则，不得欺骗保险人、投保人、被保险人或者受益人；不得对投保人隐瞒与保险合同有关的重要情况，否则将受到相应的惩罚，这样的规定无疑有利于维护被保险人的根本利益。

在保险业务中的很多领域的情况较为复杂、专业性较强，一般的投保人或被保险人不易理解和掌握，如保险费率是否合理、承保条件及赔偿方式是否苛刻等，在一定程度上是由保险人决定的。这就要求保险从业人员在面对客户时，一定要履行如实告知的义务，应将保险合同内容特别是免责条款向投保人详细解说，以免投保人想转嫁的风险得不到真正的保障，避免客户的利益受到损害。

3. 有利于保险机构的规范化经营

人无信无以立，在市场经济条件下，遵守契约、言而有信，是每一个经济主体在市场竞争中立足的基本条件。信誉是保险经营机构的立足之根本，因而要做到诚实守信，必须规范保险经营行为。从这个意义上讲，保险诚信原则也是对保险人的一种约束。在保险实务中，《保险法》对保险人诚实守信的要求主要包括以下两个方面：一是对客户如实告知的义务。为保证保险合同的公平、有效，在保险合同订立前，保险人切不可误导客户；相反，有义务向处于劣势的投保人准确披露信息，提供最合适的险种。二是对保险合同内容如实说明、解释的义务。在目前的保险实务中，诚信原则是通过保险从业人员的各项活动来实现的，所以，在保险经营的各个环节都要注意规范化，才能在市场竞争中立于不败之地。

(二) 诚实守信的要点

保险从业人员应在其执业活动的各个方面和各个环节恪守诚实守信的原则。

1. 培育保险诚信文化

在保险业培育一种文化，就是要培育保险活动中的诚信文化。广大保险从业人员要大力宣传、倡导诚信观念，加强诚信教育，普及信用知识。使市场上的各类行为主体都充分认识到诚信的价值，认识到诚信对企业和个人发展的重要意义，把诚信变成一种自觉行为；要倡导各保险公司把诚信作为企业文化建设的重要内容加以重视，自觉把诚信建设贯穿到企业经营和管理的各个环节，特别是加强对代理人的管理，防止因管理不到位而影响公司的信誉，自觉加强对从业人员在法律、政策、专业技能、职业道德等方面的培训，提高从业人员的诚信道德水平；要倡导各公司增强行业发展的责任感，为塑造保险业良好的社会形象而共同努力。

2. 履行如实告知义务

保险从业人员的告知是指保险从业人员必须尽职尽责地履行被保险人与保险人双方信息交换中介的功能，客观、准确、如实地传递自身业务的服务信息，并对由自身所引起的任何信息误导、误传承担责任。具体来说，保险从业人员要做到：

在执业过程中应主动出示法定执业证件，向客户如实告知所属机构名称、营业场所、性质和业务范围等；向客户介绍的有关保险产品与服务的信息应客观、全面、准确，不得夸大保障范围和保障功能；对于保险合同载明和相关法律法规规定的责任免除，应向客户做出详细说明；应客观公正地向客户介绍不同保险人的不同产品的区别与特点；若向客户介绍或推荐的保险产品的提供者与保险从业人员所在保险机构存在关联方关系时，应向客户如实披露该关联方关系的性质与内容。

3. 避免对客户的误导

保险从业人员在办理保险业务时，必须采用合法正当的手段，不能采用不正当的手段进行业务竞争，应尽力为客户争取以最低的价格获得最优的保险服务。

保险从业人员应明确告知投保人，其对保险公司的如实告知义务以及违反告知义务的可能后果，并将客户的投保信息迅速准确地提供给保险人；应告知客户可以采取的保费支付方式及其区别，并应告知客户不按时支付保费可能导致的后果；为了最大限度地维护客户利益，保险从业人员应如实向保险机构披露与投保有关的客户信息；在保险合同有效期内，保险从业人员应与保险公司和客户保持联系，在保险标的发生改变危险程度减少或增加、保险合同内容发生变更、保险事故发生等情况时，应及时通知保险合同应知情的另一方。

三、爱岗敬业

爱岗，就是热爱自己的工作岗位，热爱保险工作，这是对保险从业人员工作态度的一种普遍要求。敬业，就是保险从业人员基于对保险工作的热爱而产生的神圣感、使命感、责任感和勤勉努力的行为倾向。爱岗和敬业，互为前提，互相支持，相辅相成。爱岗敬业是为人民服务和集体主义精神的具体体现，也是保险职业道德基本规范的基础。

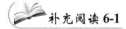

补充阅读6-1

如果你是一滴水，你是否滋润了一寸土地？如果你是一线阳光，你是否照亮了一分黑暗？如果你是一粒粮食，你是否哺育了有用的生命？如果你是最小的一颗螺丝钉，你是否永远坚守你生活的岗位？

——雷锋日记

(一) 爱岗敬业的意义

1. 体现中华民族的传统美德

保险从业人员踏上工作岗位以后，碰到的第一个问题，就是职业态度问题。所谓职业态度是指人们在职业地位、思想觉悟、道德品质、价值目标影响下形成的对自己所从事工作的认识及其劳动态度。中华民族是一个具有优秀职业道德传统的民族。自春秋战国以来，先贤们指出了一系列职业道德规范，并且大力倡导爱岗敬业的职业态度。在中国历史上，第一个提出爱岗敬业的是孔子。他认为，无论为人还是做事，都应该"敬事而信"。《礼记•学记》则明确提出了"敬业乐群"这一概念。这里的"敬事""敬业"都是指在工作中要聚精会神、全心全意。敬业和爱岗是相互联系的，俗话说：热爱是最好的老师，人只有对自己的工作注入无限热爱，才能做好本职工作，敬业也才有了心理基础和依托。因此可以说，爱岗是敬业的感情铺垫，敬业是爱岗的逻辑推演。

2. 有利于构建现代企业精神

目前，国内外许多现代化企业都把对员工进行爱岗敬业教育作为一项企业精神来建设。这不仅能够合理开发企业的人力资源，还会大大提高企业在市场中的总体竞争能力。

保险从业人员爱岗敬业，保险行业才能充满活力，才能创新，具有竞争力和成功的希望。以培养员工的职业道德为内容之一的人力资源管理就是把企业的员工当作一种能使企业在激烈竞争中生存和发展、始终充满生机和活力的特殊资源，进行刻意的挖掘和科学的管理。这种从强调对物的管理到强调对人的管理的转化，是管理领域一个划时代的进步，这种培养和调动企业员工爱岗敬业精神的企业文化建设是由传统管理向现代管理转变的一个重要表征。

3. 有利于维护保险行业形象

保险从业人员形成爱岗敬业的观念，就会忠于职守，刻苦钻研业务知识，不断提高服务水平和服务质量，为客户提供最满意的服务，以真诚和热情服务客户，回馈社会，从而赢得全社会对保险业的信任和好评。相反，如果没有形成爱岗敬业的观念，不珍惜自己的职业声誉，不忠于职守，甚至于私欲膨胀，就可能无视国家和本行业的利益，以不正当竞争的手段争揽同行业务，贬低、毁损其他保险从业人员，欺骗投保人、被保险人或受益人，骗取保险金，这一系列的行为将会给社会经济生活和保险行业的形象及声誉带来破坏性的影响。

(二) 爱岗敬业的要点

保险从业人员的职业化、专业化，是保险业发展的必然趋势。保险从业人员要爱岗敬业，以客户利益为最高利益，自觉摆正客户、公司和个人的关系，认真执行保险行业自律公约，树立诚信服务、规范经营的社会形象，开展公平公正的市场竞争，共同维护好保险市场秩序。这就要求广大的保险从业人员做到以下几点。

1. 树立崇高职业理想

职业理想是从业人员的精神支柱、奋斗目标和前进动力，也是从业人员成就事业的前提，是敬业精神的灵魂。保险从业人员只有树立了崇高的职业理想，才会产生爱岗敬业的情怀。职业理想是人的社会化过程的反映，也是人的身心发展的必然结果。人类个体在环境和教育的影响下，随着知识水平和爱好兴趣的发展，会逐步培养起对某种职业的爱好，并在此基础上形成一定的职业理想。职业理想具有初级、中级和高级三个层次。初级层次职业理想即通过从事某项职业维持自己和家庭的生存，过安定的生活；中级层次职业理想即寻求和从事能够发挥专长的职业；高级层次职业理想即通过社会分工把自己的职业同为社会、为他人服务联系起来，同人类的前途和命运联系起来。一般来说，人们职业理想的层次越高，他就越能发挥自己的主观能动性，他对社会的贡献就越大。相反，一个人只停留于谋生的职业理想，他就越不容易激发起积极性和创造性，那么，他对社会的贡献就相对要小些。目前，有低层职业理想和中层职业理想的保险从业人员比较普遍，而具有高层职业理想的人还只是少数。因此在肯定前两个层次职业理想的前提下，应鼓励和倡导人们树立高层次的职业理想，尤其是为人民服务的职业理想。

2. 强化保险职业责任

职业责任是指人们在一定职业活动中所承担的特定的职责，它包括人们应该做的工作以及应该承担的义务。职业活动是人一生中最基本的社会活动，凡是社会所需要的职业，

第六章 保险职业道德实务

社会都给它规定了具体的职业要求即职业责任,因此不存在没有责任的职业。职业责任是由社会分工决定的,是职业活动的中心,也是构成特定职业的基础,它往往通过行政的甚至法律的方式加以确认和维护。从事保险活动的当事人是否履行自己的职业责任,是这个保险从业人员是否称职、是否胜任工作的尺度。职业责任是保险从业人员安身立命的根本,因此应该强化职业责任。对于保险公司来说,应该以质量观念促责任意识,特别是对国家、集体和人民群众的责任心,同时完善各项岗位规章制度,使员工职责明确;对于保险监督管理机构来说,建立健全监督、考核及评价机制,对保险从业人员进行监督和评价;对于保险从业人员个人来说,应不断学习与自己工作有关的各项岗位责任规章制度,理解它们存在的合理性和正确性,并领会它们的精神实质,在内心形成一定的责任目标,在职业实践中不断比照特定的责任规定对自己的思想和行为进行反省和检查,进行自我剖析和自我批评,不断矫正自己的职业行为偏差,排除一切干扰,将正确的尽职尽责的行为不懈地坚持下去,使之变成一种职业道德行为习惯,最终转化为内在的、稳定的、长期起作用的职业道德品质。

3. 提高保险职业技能

职业技能也称职业能力,是人们进行职业活动、履行职业责任的能力和手段。它包括从业人员的实际操作能力、业务处理能力、技术技能以及与职业有关的理论知识等。职业技能由体力、智力、知识、技术等因素构成,它的形成是一个长期的过程,通常要经过相当长时间的学习以及一定的实践活动才能完成。努力提高自己的职业技能是爱岗敬业的题中之意。这是因为,没有相应的职业技能,就不可能履行自己的职业责任,实现自己的职业理想,"爱岗敬业"也就成了一句空话。

保险从业人员职业技能的形成通常要具备以下三个条件,即先天生理条件、职业活动实践和职业教育。保险从业人员的职业技能水平如何,直接关系到其从业活动的质量和效率,关系到其对国家和人民贡献的大小,决定着其人生价值实现的程度。因此,职业技能是发展自己和服务人民的基本条件,提高自己的职业技能是爱岗敬业的具体表现。从业人员仅有为人民服务的认识和热情是远远不够的,只有在此基础上掌握熟练的职业技能,才能胜任自己的工作,更好地为人民服务。

案例 6-1

敬业、勤恳,赢得客户的尊重

古交市距离太原市区 50 公里,山路崎岖,交通十分不便。每月平均 280 件应缴保单,1/3 是孤儿单。其中娄烦县(距离古交市 45 公里,距离太原市 95 公里)全部是孤儿单,每月有 20 多件保单。县城内没有与分公司合作转账的工商银行和中国银行,全部续期保费需要人工收取,然后将现金带回古交市,到工商银行交费,再到娄烦县给客户送收据。娄烦县周边有三个矿区,保单较多:尖山矿区,距离娄烦县 10 公里,每月约 5 件保单;马兰矿区,距离娄烦县 10 公里,每月约 20 件保单,全部是孤儿单;镇城底矿,距离娄烦县 8 公里,每月约 30 件保单。在这片贫瘠的土地上,小耿赢得了客户和业务员的"啧啧"称赞。

小耿每个星期都要去一次娄烦县。山路崎岖，经常堵车，上午9点乘坐从太原发车途经古交市再到娄烦县的长途车，晚上8点才能回到家。7月份，曾经有这样一个客户，家在娄烦县偏远的一个小山村里，为孩子投保1万元寿险，保费502元。了解到当初投保是人情单后，小耿从应缴日开始就一直追踪，客户却百般推诿迟迟不交费。终于和客户约好再次上门时，因为下雨，山路泥泞，搭乘拉煤车是不可能了。在营业部开完晨会后，小耿准备租车去娄烦县。业务员纷纷劝说不要去了，有的说：天气恶劣不安全，不就500元保费吗，收不回来，也就是达成率降低不到一个点！而小耿还是毅然自费打车出发了。大雨加上路况不好，车几次陷到沟里，小耿和司机一起奋力推车继续前进，45公里的路走了3个小时。当满身满脸都分不清是雨水还是汗水的小耿出现在客户面前时，客户十分惊讶，他没想到这样的天气还会有保全专员来收费，交了保费后真诚地说了一句："我买××公司的保险没有错。"小耿开心地笑了。还有一次，一位私营企业老板，2 000多元的保费，约好8点在工商银行见面，结果没见到人。小耿找到客户家时，发现客户已经出门走了。晚上电话约访，第二天继续在工行等候。从早上9点等到12点，客户还是没有来。又打一次电话后，5分钟后客户开车来了，一见面就说要退保，此时的小耿并没有垂头丧气。由于经常在工行办理交费，小耿与工行的职员都比较熟悉，他马上请工行的一位柜员给这位客户讲解保险的意义。这一招还真灵，客户说要回去和爱人商量一下。下午4点，小耿再一次和客户在工行见面，收到了保费。小耿用了一天半的时间在工行等候，2 000多元的保费终于到账了。

小耿不善言谈，但他业绩追踪、活动日志、未收件管理等细节性工作始终井井有条、一丝不苟。古交市分公司只有一个营业部，也只有小耿一名保全员，平时的差勤管理基本靠自觉，但他从不迟到早退，自立自强。营业部的大姐都说他热心服务，是"大家的好后勤"。

本案例中的小耿，一个平凡而执着的保全员，虽然只是一项平凡的工作，但凭着对岗位的热爱和执着，在平凡的岗位上创造了不平凡的事迹。正是因为有这许许多多的平平凡凡的人、平平凡凡的岗位、平平凡凡的工作，才能让客户切切实实感受到保险机构真诚的服务。

四、专业胜任

专业胜任指保险从业人员通过不断加强学习、更新、充实专业知识，提高专业执业水平和保持优质执业水准。具体包括执业前取得法定资格并具备足够的专业知识与能力；在执业活动中加强业务学习，不断提高业务技能。保险从业人员应参加保险监管部门组织的职业资格考试，取得职业资格，并在执业过程中继续接受保险行业自律组织或其所属机构的持续教育，使自身能够不断适应保险市场的发展。

(一) 专业胜任的意义

1. 有利于保证从业人员的素质

随着我国保险业快速发展，保险业增长方式由粗放型向集约型转变，保险业的发展越来越依赖于高素质的人员。提倡专业胜任，首先要建设数量充足、结构合理的保险业人才队伍，既要培养专业化的精算、核保、理赔、投资等人才，也要培养复合型人才；既要促进东部沿海地区保险人才的建设，也要做好中西部和广大农村地区保险业人才的培养。其次要建设适应国际化趋势要求的保险业人才队伍，培养具有国际意识和国际经营能力的保险从业人员。再次要培养具有创新精神和良好职业素养的保险业人才队伍。保险业人才队伍是否具有创新精神，是衡量保险业人才工作的重要指标，是保险业核心竞争力的决定因素。最后，要通过大力倡导诚信观念，提高保险从业人员的职业道德水平，使诚实守信成为保险从业人员的自觉行动。通过上述措施，树立保险业高技术含量和讲诚信的良好行业形象，保证从业人员的基本素质和职业道德水平。

2. 有利于树立落实科学发展观

科学发展观即以人为本，全面、协调、可持续的发展观。"以人为本"是贯穿科学发展观的一根红线，要求保险从业人员专业胜任，本身就是"以人为本"科学发展观的生动体现。同时只有保险从业人员专业胜任，才能提供满足各界保险需求的保险产品，才能提供高水平、高质量的服务，才能为保险行业赢得信任和认可，促使保险业更快更好地发展，真正发挥保险业在国民经济中的作用。同时专业胜任要求建立以公开、平等、竞争、择优为导向，有利于保险优秀人才脱颖而出、充分施展才能的人才选拔机制，努力做到人尽其才、才尽其用、用当其时。专业胜任还要求改善人才培养环境，努力营造有利于保险优秀人才大量涌现、健康成长的良好氛围。这无疑有利于树立科学的人才观，从而真正落实科学发展观。

3. 有利于做大做强中国保险业

保险业的竞争最终是人才的竞争。人才是保险业发展的第一资源，起着基础性、战略性、决定性作用。我国保险业的人才资源作为支撑保险业改革发展的基础力量，在自身建设方面获得了长足发展，表现在保险业人才队伍不断发展壮大、人才管理制度不断健全、人才流动性加大、人才教育培训工作不断加强等。但是当前人才队伍建设中还存在一些矛盾和问题，要实现保险业做大做强的目标，必须把保险人才工作纳入保险业改革发展的总体规划，要用"三个代表"重要思想统领保险人才工作，把促进发展作为保险人才工作的根本出发点。只有保险从业人员专业胜任，才能让一切有利于保险业快速发展的资本、知识、技术和管理等生产要素充分发挥作用，才能适应我国保险业不断开放和快速发展的需要，才能大力提升我国保险业的核心竞争力和整体实力，为加快保险业发展、实现保险业做大做强，提供坚强的人才保证和广泛的智力支持。

(二) 专业胜任的要点

保险业务活动具有很强的专业性，其技术密集性与知识密集性特征显著。因此，保险从业人员必须具有过硬的经济学基础知识、风险管理知识、保险销售等保险专业知识，只有这样，才能为客户提供高质量的专业服务。专业胜任对保险从业人员的要求具体包括以下三个方面。

1. 在执业前取得法定资格和专业能力

目前世界上许多国家都规定，保险从业人员必须取得法定的从业资格，方能从事保险业务，这是实现专业胜任的一种有效途径。以保险经纪人员为例，按照我国的相关规定，保险经纪从业人员在执业前必须参加并通过保险经纪从业人员资格考试，取得由中国保监会核发的《保险经纪人员资格证书》；已取得资格证书的个人，必须接受保险经纪机构的聘用，并由保险经纪机构代其申请获得《保险经纪人执业证书》后，方可从事保险经纪活动。

2. 在执业中加强学习并提高业务技能

随着保险业的不断发展，对保险从业人员专业技能的要求也日益提高。21世纪是物质资本和智力资本结合的世纪，体制、机制、管理手段、观念、思维方法都要有大的变化，保险从业人员必须在获得法定执业资格的基础上，不断地加强学习、提高自身的专业知识和业务技能，才能为客户提供高质量的专业服务，才能为客户提供更好的保险产品和服务。

3. 参加各类专业考试并接受持续教育

保险从业人员要积极参加保险监管部门、保险行业自律组织和所属保险机构组织的考试和持续教育，使自身能够不断适应保险市场的发展。我国保险市场正处于一个迅速发展的时期，为了使保险从业人员能够适应市场的发展变化，我国的保险监管部门、保险行业自律组织都有意识地加强了对保险从业人员的持续教育。对于保险从业人员来说，积极参加持续教育和有关考试，有利于提高自身的专业水平和素质，也有利于为客户提供高质量的服务。

案例 6-2

一位来自北京的中高端客户对给他推销保险的业务员的评价是："他也不管我怎么想，翻来覆去就是讲那个产品怎么好，不停地让我买，这让我很反感。"另一位客户说："我找了几家保险公司的业务员帮我比较，产品一样，结论不一样，我越比越糊涂，越比越不敢买。"而一位来自广州的中高端客户则说："能够真正站在我的角度为我考虑的业务员才是真正好的业务员。"

有一位高端客户叫姚先生，他是IT公司的CEO，年收入过百万，是一个三口之家的家庭支柱。姚先生是一位非常具有保险意识的优秀客户，他曾经先后接触过多家保险公司的代理人，并且先后购买了多达7个保险产品，年交保费数万元。而当专业保险咨询顾问对姚先生购买的保险进行诊断后，发现：首先是产品结构方面不合理，表现在重要保障额度不够，同时产品之间保障功能重叠严重；其次是具体的产品选择方面也不合理，表现在产品的保障功能不满足需要或者性价比不是最优。姚先生说："我知道自己需要保险，所以找了不少业务员，也买了不少产品，可是到底买得好不好、够不够？我一直搞不清楚。现在看起来，我花了很多钱，但没买到最需要、最适合自己的保险。"

案例评析

尽管保险对我们每个家庭的意义重大，但是在目前的中国市场上，购买保险并不是一件容易的事。作为消费者的我们，在考虑购买保险的时候，会产生各种各样的困惑：保险公司数量多，谁最好？保险产品种类繁多，该买什么？代理人各说各话，该相信谁？保险条款复杂烦琐，该如何解读？产品费率计算复杂，怎么买才合算？如何确定需要多少保障，怎么计算？等等。

绝大部分的代理人销售队伍平均只熟悉2~3个保险产品，专业素质的不足使代理人在销售过程中存在一定的误导和欺骗行为，采取利益驱动、产品导向的推销方式，而不是客户需求导向的销售方式，这种做法使消费者产生了普遍的不满和信任危机。

五、保守秘密

保守秘密指保险机构及其从业人员应当依法或依约对国家秘密或商业秘密进行保护的行为。保守秘密是国家法律的基本要求，也有利于实现保险市场公平竞争，保证保险市场的健康有序发展。

(一) 保守秘密的意义

1. 是国家法律的基本要求

保守秘密要求保险机构及其从业人员要对有关客户的信息向所属机构以外的其他机构或个人保密，并对客户与投保无关的信息向所属机构保密。保守秘密是我国保险机构及其从业人员的基本义务。保监会在《关于发布保险中介从业人员职业道德指引的通知》中有保险人和保险中介及其从业人员要保守秘密的要求。保守秘密一方面意味着要保护国家秘密，最大限度地保护国家和人民的利益；另一方面还意味着对他人隐私及其利益的尊重，是我国法律的基本要求。法律明确规定保险机构及其从业人员的保密义务，有利于增强被保险人对保险市场的信心，有利于我国保险市场的发展壮大；另外，保守秘密还有利于各保险机构及其从业人员着眼于自身专业技能和服务质量的提高，避免其利用客户信息不当获利，有利于维护公平、有活力的竞争环境，做大、做强中国保险业。

2. 有利于市场的公平竞争

保守秘密要求保险机构及其从业人员对其业务过程中获知的保险客户信息保密，避免信息泄露给客户造成损失。保守秘密的规定防止了保险机构及其从业人员利用他们所掌握的保险信息来进行不正当竞争，极大地减少了保险公司或保险中介机构的逆向选择和道德风险，客观上有利于减少保险市场的交易成本，增强被保险人对保险市场的信心。通过在保险从业人员中提倡保守秘密，促使保险从业人员选择提升专业技能和服务质量等其他的正当竞争方式来争取客户，保证市场持续健康有序的发展。

(二) 保守秘密的要点

1. 保守国家秘密

国家秘密是指关系国家的安全和利益，依照法定程序确定，在一定时间内只限一定范围的人员知悉的事项。按照国家有关保密规定，一切国家机关、武装力量、政党、社会团体、企业事业单位和公民都有保守国家秘密的义务。保守国家秘密的工作，要实行积极防范、突出重点，既确保国家秘密又便利各项工作的方针。经管国家秘密人员包括保密员、机要员、党委秘书和领导秘书等，必须做到如下要求：不泄露自己知悉的党和国家秘密；不在无保密保障的场所阅办秘密文件、资料；不使用无保密保障的电信通信传输党和国家秘密；不在家属、亲友、熟人和其他无关人员面前谈论党和国家的秘密；不在私人通信及公开发表的文章、著述中涉及党和国家秘密；不在社交活动中携带秘密文件资料，特殊情况确需携带的，应当由本人或指定专人严格保管；不在出国访问、考察等外事活动中携带秘密文件、资料，因工作确需携带的，应采取严密的防范措施；不在接受记者采访中涉及党和国家秘密，经批准的除外；不将阅办完毕的秘密文件、资料私自留存而不及时按规定清退、归档；不擅自复制或销毁秘密文件、资料。

2. 保守客户秘密

保险从业人员在安排保险业务事宜过程中，必须深入接触其服务的客户，了解并掌握客户经营行为、业务特征、风险控制等许多内部情况，这样才能对症下药，为客户设计出最佳的保险方案。在这一过程中，保险从业人员可能会接触到客户的大量商业机密，保险从业人员对此负有严格的保密义务。反映在日常具体业务活动中，则必须与客户签署保密协议，同时针对客户的业务活动，把握好对每一环节的授权管理及相应的保密措施，真正做到将保守客户的商业机密落实在每一步工作中。

3. 保守商业秘密

除了保守客户秘密之外，保险从业人员还应该保守所属保险机构的商业秘密。在从事业务活动的过程中，从业人员也可能接触到所属机构的一些商业秘密，如客户信息、重要的内部文件等。保险从业人员对这些信息也负有严格的保密义务。

一般来说，保险从业人员在进入所属保险机构工作时，劳动合同中会有相应的保密条款，具体规定从业人员应负的保密义务。同时，在从事保险业务的过程中，保险机构也应该与客户签署保险协议，规定双方的保密义务。保险从业人员应该积极地促成和完成相关保密条款和保密协议的签署，并认真遵守。

六、公平竞争

公平竞争指保险机构及其从业人员之间要采取合法、正当的手段展开竞争。具体指要尊重竞争对手，不恶意诋毁、贬低或负面评价其他保险机构及其从业人员，要依靠专业的技能和服务质量展开竞争，通过加强与同业之间的交流与合作，相互学习，实现共同进步。

(一) 公平竞争的意义

1. 有利于遵循自愿的市场原则

我国《保险法》第四条规定："从事保险活动必须遵守法律、行政法规，尊重社会公德，遵循自愿原则。"所有的保险人根据自己的经营状况、被保险人的实际情况和现有保险市场的实际形势，科学决定按照什么样的费率承保；各保险中介机构要根据保险市场实际情况，按照委托人的意愿，采取最适合的行为；投保人则根据自己的承受能力及需求大小决定所选用保险产品和保险额度。保险合同双方遵循公平互利、协商一致、自愿订立的原则，订立保险合同。

公平竞争对保险从业机构的竞争手段进行了定性的限制，客观上有利于保险各方根据自己的意愿，共同协商，选择最适合的保险合同，有利于自愿的市场原则的贯彻，有利于保险市场持续健康的发展。

第六章 保险职业道德实务

2. 有利于遵循公平的市场原则

公平竞争要求保险从业机构及其人员要尊重竞争对手，不得恶意诋毁、贬低或负面评价其他保险同行，不得依靠行政力量或其他不当手段开展保险业务，不得向客户给予或承诺给予保险合同以外的保险利益。我国《保险法》第十一条规定："投保人和保险人订立保险合同，应当遵循公平互利、协商一致、自愿订立的原则，不得损害社会公共利益。除法律、行政法规规定必须保险的以外，保险公司和其他单位不得强制他人订立保险合同。"

公平竞争限定了保险从业机构只能从自身专业技能、服务质量方面展开竞争。客观上有利于形成公平、合理、有序的竞争环境，有利于贯彻平等、公平的市场交易原则，有利于维护保险合同相关各方的平等地位，有利于保险市场持续稳定的运行。

3. 有利于遵循诚信的市场原则

我国《保险法》第五条规定："保险活动当事人行使权力、履行义务应当遵循诚实信用原则。"诚信原则是在整个保险从业过程中所必须遵守的一项基本原则。诚信原则可以确保市场的公平，维护保险当事人的利益。由于保险经营的特殊性，保险市场属于典型的信息不对称市场，存在着大量的逆向选择和道德风险。交易成本的增加将使得保险市场无法持续有效运转。因而保险市场的良性运行需要各市场主体秉持最大诚信进行交易。

公平竞争要求各保险从业机构根据专业技能和服务质量展开竞争，排除了不正当的竞争行为，有利于各保险从业机构着眼于自身素质的提高，有利于诚实信用的市场交易原则的施行，有利于降低保险市场信息不对称带来的交易成本，有利于中国保险业的发展壮大。

4. 有利于遵守公认的商业道德

公认的商业道德是指在长期的市场交易活动中形成的，为社会所普遍承认和遵守的商事行为准则，包括各种具体的商业惯例。遵守公认的商业道德，对于发挥商业道德的规范作用、保证市场持续健康发展具有十分重要的意义。公认的商业道德，一般是指忠于职守、诚信无欺、公平竞争、文明经商、礼貌待客等。保险是提供经济保障的一种商业活动，保险从业人员应该也必须在遵守公认的商业道德的前提下完成工作，而公平竞争是遵守商业道德的基本前提。因为只有保险公司公平竞争，市场经济的优胜劣汰机制才能有效运行，市场才能保持生机和活力，健康持续地发展。坚持公平竞争，杜绝利用行政力量或其他不正当手段进行竞争，维护公平的竞争环境，有利于市场上供需的持续和动态平衡，有利于我国保险市场的成熟发展。

(二) 公平竞争的要点

我国《保险法》第八条明确规定："保险公司开展业务，应当遵循公平竞争的原则，不得从事不正当竞争。"这是对广大保险从业人员从事业务活动的基本要求。

具体来说，保险从业人员在业务活动中要注意以下两个方面的内容。

1. 尊重竞争对手

要尊重竞争对手，不诋毁、贬低或负面评价保险公司、其他保险中介机构及其从业人员。为维护保险市场的规范发展，促进保险市场总体资源配置的最大化，公平竞争原则要求保险从业人员在市场交易中应当遵循自愿、平等、公平的原则，互相尊重，遵守公认的商业道德。从自愿性角度看，它表现为保险从业人员具有参与市场交易活动的自由，在满足最基本的市场准入资格条件下，可以自由与保险机构进行双向选择，并通过协商一致建立彼此的劳动工作关系，任何一方都不能把自己的意愿强加于对方；从平等性角度看，保险从业人员与其他保险相关人在市场交易中的法律地位是平等的，都平等地享有权利、承担义务。他们在交易服务过程中，可能会扮演不同角色与身份，比如以代理人身份、咨询顾问等方式，无论选择哪种具体的职业角色，都要切实地履行其根据法律关系所对应的权利与义务，在法律规定范围内，自主地开展相关业务，取得委托人的信任，竭力为委托人的利益服务；同时要注重对自身及社会权益的维护，不能因为受托中的利害关系缘由而损害自身职业形象乃至社会的稳定。公平性的含义则是指保险从业人员在参与市场竞争的机会均等，无正当理由不能排斥其他经营者；在业务关系中所确认的权利和义务不能显失公平，即任何一方当事人都不能利用优势或利用对方没有经验，致使交易双方的权利、义务明显违反公平、等价有偿原则。

2. 遵守商业道德

要依靠专业技能和服务质量展开竞争，竞争手段正当、合规、合法，不借助行政力量或其他非正当手段开展业务，不向客户给予或承诺给予保险合同以外的经济利益。保险从业人员在竞争中应恪守同一规则，不能采取非法或不道德的手段获得竞争优势。保险从业人员竞争手段的合法、合规、正当与否直接关系到保险市场的规范发展，是维护广大保险当事人利益，实现保险机构以及保险从业人员社会价值及自身利益最大化的必要保证。尤其在中国入世之后，外国保险机构进入我国保险市场，其从业人员在管理理念、运营技术、客户服务等方面无不贯彻着以质量取胜、以效益取胜的鲜明特征，这一形势强化了我国保险从业人员必须不断提高自身素质，保持有序竞争局面的重要性。

保险业务自出现至今一直保持着非常悠久的商业道德，其惯例与做法在国际经济活动中具有举足轻重的影响，因此保险从业人员必须时刻遵守这一行业所公认的商业道德，创造和维护公开、公平、公正的竞争格局。

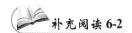

补充阅读 6-2

保险行业恶性竞争加剧

1. 给投保人回扣被罚 12.5 万

因涉嫌给予投保人保险合同约定以外的保险费回扣，阳光财产保险股份有限公司重庆市南岸支公司(以下简称"阳光产险南岸支公司")被重庆保监局处罚款 12.5 万元。阳光产险南岸支公司经理刘某负有直接责任，被警告并处罚款 3.7 万元。

2012 年上半年，阳光产险南岸支公司在承保重庆泰源汽车运输有限公司的 44 笔车险业务过程中，承诺给予保险费回扣。其操作方式为先将 44 笔车险业务虚构为两家保险兼业代理单位的代理业务计提手续费，两家保险兼业代理单位分别留存 10%作为经手费用，实际支付重庆泰源公司 50 667.41 元。重庆保监局调查认为，阳光产险南岸支公司上述行为，违反了《保险法》第一百一十六条第(四)项的规定。

2. 虚构中介业务被罚 24.5 万

为了套取费用，保险公司不仅编制虚假资料，还利用保险代理人从事以虚构保险中介业务，市内一财险公司合川支公司因此领到了本轮最大的一笔罚单，罚款总额达到了 24.5 万元。

重庆保监局的调查显示，2011 年，该公司虚列费用 106 988.5 元。2011 年 1 月至 2012 年 3 月期间，有 276 笔直销业务虚构成中介业务套取手续费 221 356.61 元，用于招待客户单位用餐及旅游等事项。重庆保监局调查认为，这家保险公司不仅存在编制虚假资料行为，还有利用保险代理人从事以虚构保险中介业务套取费用行为，均违反了《保险法》的相关规定。

3. 擅自变更条款被罚 10 万

除了虚构保险中介业务套取费用外，还有的保险公司采取擅自变动保险条款，并虚构团体和被保险人的方式来进行费用的套取。市内另一家财产保险股份有限公司黔江支公司擅自变动保险条款，并虚构团体和被保险人，遭行政罚款 10 万元。

2011 年，市内某财险黔江支公司在承保黔江区行政事业单位公务用车车辆保险时，使用团体意外险代替车上人员责任险，共涉及机动车 153 辆，保费 72 000 元。重庆保监局认为，这家公司在使用团体意外险时，用特别约定方式对团体意外险的保险责任作了重大改变，并虚构团体和被保险人，属于不按规定使用备案保险条款，违反了《保险法》的规定。

(资料来源：保险行业竞争的加剧 5 险企恶性竞争被罚 101 万，凤凰网，2012)

第二节　保险中介从业人员行为准则

课堂导入

在保险行业的产业链上，保险中介一端连着消费者，另一端连着保险公司，是保险市场不可或缺的重要组成部分。

近年来，由于保险中介行业不断扩容与发展，保险中介经营规范度参差不齐，风险隐患时有暴露。目前最常见的问题主要有保险中介机构误导消费者、聘任不具有任职资格人员、未按规定出示客户告知书，一些保险中介非法销售非保险理财产品，还有些中介机构很容易出现一些地下保单以及一些假保单等。

比如，保险中介的销售人员流动性比较大，很多保险中介招聘没有达到相应标准的业务员，敷衍了事地培训一下，就让他做业务。这些没有经过保险公司严格培训的业务员一定会遗留很多问题，比如销售误导等。

那么，目前保监部门采取对保险中介清理整顿是否能够彻底解决这些乱象？

为加强保险中介从业人员职业道德建设，提高保险中介队伍的素质，中国保监会结合保险中介从业人员的职业特点，制定了《保险代理从业人员职业道德指引》《保险经纪从业人员职业道德指引》和《保险公估从业人员职业道德指引》。

一、保险代理人行为准则

保险代理人是指根据保险人的委托，在保险人授权的范围内代为办理保险业务，并依法向保险人收取代理手续费的单位或者个人。保险代理是代理行为的一种，属于民事法律行为。保险代理人是受保险人委托而存在的，是保险环节中关键的一环。

纵观西方发达国家保险业的发展史，保险代理人在其中扮演了重要的角色。他们为保险市场的开拓、保险业务的发展起到了功不可没的作用。例如，在英、美、日等国，约有80%以上的保险业务是通过保险代理人和经纪人招揽的。

保险代理从业人员在执业活动中应当做到：守法遵规、诚实信用、专业胜任、客户至上、勤勉尽责、公平竞争、保守秘密。

(一) 守法遵规

(1) 以《中华人民共和国保险法》为行为准绳，遵守有关法律和行政法规，遵守社会公德。
(2) 遵守保险监管部门的相关规章和规范性文件，服从保险监管部门的监督与管理。
(3) 遵守保险行业自律组织的规则。
(4) 遵守所属机构的管理规定。

(二) 诚实信用

(1) 在执业活动的各个方面和各个环节中恪守诚实信用的原则。
(2) 在执业活动中主动出示法定执业证件并将本人或所属机构与保险公司的关系如实告知客户。
(3) 客观、全面地向客户介绍有关保险产品与服务的信息，不误导客户；如实告知所属机构与投保有关的客户信息。
(4) 向客户推荐的保险产品应符合客户的需求，不强迫或诱骗客户购买保险产品。当客户拟购买的保险产品不适合客户需要时，应主动提示并给予适当的建议。

(三) 专业胜任

(1) 执业前取得法定资格并具备足够的专业知识与能力。
(2) 在执业活动中加强业务学习，不断提高业务技能。
(3) 参加保险监管部门、保险行业自律组织和所属机构组织的考试和持续教育，使自身能够不断适应保险市场的发展。

(四) 客户至上

(1) 为客户提供热情、周到和优质的专业服务。
(2) 不影响客户的正常生活和工作，言谈举止文明礼貌，时刻维护职业形象。
(3) 在执业活动中主动避免利益冲突。不能避免时，应向客户或所属机构作出说明，并确保客户和所属机构的利益不受损害。

(五) 勤勉尽责

(1) 秉持勤勉的工作态度，努力避免执业活动中的失误。

(2) 忠诚服务，不侵害所属机构利益；切实履行对所属机构的责任和义务，接受所属机构的管理。

(3) 不挪用、侵占保费，不擅自超越代理合同的代理权限或所属机构授权。

(六) 公平竞争

(1) 尊重竞争对手，不诋毁、贬低或负面评价保险公司、其他保险中介机构及其从业人员。

(2) 依靠专业技能和服务质量展开竞争，竞争手段正当、合规、合法，不借助行政力量或其他非正当手段开展业务，不向客户给予或承诺给予保险合同以外的经济利益。

(3) 加强同业人员之间的交流与合作，实现优势互补、共同进步。

(七) 保守秘密

对客户和所属机构负有保密义务。

二、保险经纪人行为准则

我国《保险法》第一百一十八条规定：保险经纪人是基于投保人的利益，为投保人与保险人订立保险合同提供中介服务，并依法收取佣金的机构。

保险经纪人应当具有较高的业务素质，国际上对它都规定有严格的资格要求。在我国设立保险经纪人必须报经中国保监会审批，从事保险经纪业务的人员必须参加保险经纪人资格考试，并获得资格证书。

保险经纪人的岗位职责是：

(1) 发现潜在客户的保险需求，争取成为客户认可的保险经纪人。

(2) 对客户面临的风险进行调研、查勘，提供风险评估报告。

(3) 针对客户面临的风险制定风险管理方案，其核心为保险方案。

(4) 协助或代表客户进行保险采购，选择合适的保险人和保险方案。

(5) 协助客户办理投保、缴费等手续。

(6) 审核保险协议、保险合同、保险单等技术文件。

(7) 对客户保险相关人员进行保险培训，告知保险方案内容、被保险人义务、保险报案方式、保险公司及经纪公司联系人等重要保险事宜。

(8) 发生保险事故后，协助客户报案、收集报案材料、查勘现场、代表客户与保险公司谈判等。

(9) 日常联系、定期报送保险服务情况等其他工作。

保险经纪从业人员在执业活动中应当做到：守法遵规、诚实信用、专业胜任、勤勉尽责、友好合作、公平竞争、保守秘密。

(一) 守法遵规

(1) 以《中华人民共和国保险法》为行为准绳，遵守有关法律和行政法规，遵守社会公德。

(2) 遵守保险监管部门的相关规章和规范性文件，服从保险监管部门的监督与管理。
(3) 遵守保险行业自律组织的规则。
(4) 遵守所属保险经纪机构的管理规定。

(二) 诚实信用

(1) 在执业活动的各个方面和各个环节中恪守诚实信用原则。
(2) 在执业活动中主动出示法定执业证件并将本人或所属保险经纪机构与保险公司的关系如实告知客户。
(3) 客观、全面地向客户介绍有关保险产品与服务的信息；如实向保险公司披露与投保有关的客户信息。

(三) 专业胜任

(1) 执业前取得法定资格并具备足够的专业知识与能力。
(2) 在执业活动中加强业务学习，不断提高业务技能。
(3) 参加保险监管部门、保险行业自律组织和所属保险经纪机构组织的考试和持续教育，使自身能够不断适应保险市场的发展。

(四) 勤勉尽责

(1) 秉持勤勉的工作态度，努力避免执业活动中的失误。
(2) 代表客户利益，对于客户的各项委托尽职尽责，确保客户的利益得到最好保障，且不因手续费(佣金)或服务费的高低而影响客户利益。
(3) 忠诚服务，不侵害所属保险经纪机构利益；切实履行对所属保险经纪机构的责任和义务，接受所属保险经纪机构的管理。
(4) 不擅自超越客户的委托范围或所属保险经纪机构的授权。
(5) 在执业活动中主动避免利益冲突。不能避免时，应向客户或所属保险经纪机构作出说明，并确保客户和所属保险经纪机构的利益不受损害。

(五) 友好合作

(1) 与保险公司、保险代理机构和保险公估机构的从业人员友好合作、共同发展。
(2) 加强同业人员之间的交流与合作，实现优势互补、共同进步。

(六) 公平竞争

(1) 尊重竞争对手，不诋毁、贬低或负面评价保险公司、其他保险中介机构及其从业人员。
(2) 依靠专业技能和服务质量展开竞争，竞争手段正当、合规、合法，不借助行政力量或其他非正当手段开展业务，不向客户给予或承诺保险合同以外的经济利益。

(七) 保守秘密

对客户和所属保险经纪机构负有保密义务。

补充阅读6-3

关于国外的保险经纪人概况

国际上,现代保险经纪已有百年历史,保险经纪在一些保险发达国家是保险营销的一种重要形式。通过观察分析保险经纪在这些发达国家的发展情况,对发展我国保险经纪可以有所借鉴。

1. 英国:管理甚严

在国际保险市场上,英国的保险经纪制度影响最大,保险经纪公司的力量最强。据统计,英国保险市场上有800多家保险公司,而保险经纪公司就超过3 200家,共有保险经纪人员8万多名。英国保险市场上60%以上的财险业务是由经纪人带来的,"劳合社"的业务更是必须由保险经纪人来安排。

英国的保险经纪人制度起源于海上保险。英国第一家保险经纪公司成立于1906年,并于1910年被英国政府贸易委员会予以注册。1977年,英国通过了《保险经纪人法》,并设立了专门的法案机构即英国保险经纪人协会和英国保险经纪人注册理事会(IBRC)。

英国对保险经纪人的管理相当严格,其主要表现在:

(1) 设立专门的监管机构即保险经纪人注册理事会,颁布了"经营法",对保险经纪人的信誉、宣传及服务进行监管。在英国,只有经过注册理事会注册的个人或法人才能以"保险经纪人"的身份开展业务。

(2) 进行严格的财务管理。《保险经纪人法》规定,保险经纪人的资产要超过负债1 000英镑,而且要开设独立的"保险经纪人账户";保险经纪人每年要向注册理事会提交审计过的账户及有关证明;执业保险经纪人必须提交一定的保证金,最低金额为25万英镑,最高为75万英镑。

(3) 严厉的惩罚条例。注册理事会最严厉也是唯一的处罚办法就是将违法者除名。除名后的公司或个人不得再利用保险经纪人名义从事经纪活动。

2. 德国:个人参与

在德国保险市场上,保险经纪人作用显著。在德国,被称作保险人"延长的手",而独立保险经纪人则有被保险人的"同盟者"之称。目前,德国的保险经纪人总数为3 000多人。在个人保险业务方面,8%的业务量是由经纪人带来的,高于银行代销(5%)和保险公司直销(7%)。而在工业企业保险业务的销售上,保险经纪人举足轻重,50%~60%的业务量是由经纪人带来的,远远超过了保险代理人(10%~20%)的业务量。

在德国,对保险经纪人的管理主要依据《民法》来进行。德国《民法》规定,保险经纪人在从事保险经纪活动过程中,因自身过错造成委托人损失的,应单独承担民事法律责任。而且保险经纪人必须投保职业责任保险,以维护他们所服务对象的利益。

由于德国的相关法规没有关于保险经纪人资格条件的规定(这点与其余欧美国家不同),最近几年,越来越多的个人和机构进入保险经纪行业。他们大多以金融顾问、保险顾问或保险咨询专家的身份,从事一些具有保险经纪性质的活动。而一些大工业公司,除了依靠职业保险经纪公司进行风险管理和保险安排外,甚至自己设立保险经纪事务所,负责本公司的风险鉴别、评估工作。保险经纪已经深入德国民众生活。

3. 美国:财险为主

美国保险市场是世界上最大的保险市场之一。1998年,全美全部业务的保费收入达7 364.7亿美元,居世界首位。寿险业务保费收入为3 493.9亿美元。美国保险市场上保险公司众多,达5 000多家。保险经纪人在美国市场上发挥着一定的作用，但远没有英国那么重要。

在寿险方面，保险经纪人几乎不介入。在一些州(如纽约州)有规定，保险经纪人不得办理和年金保险业务。

在财险方面，美国以保险代理人和保险经纪人为中心，进行保险营销。经纪人主要招揽大企业或大项目保险业务，经纪公司多设在大城市。经纪人的佣金支付标准以保险人经营业务的性质和种类等因素来确定。商业火灾险的佣金率一般为保费收入的19%，一般商业责任险的比率为18%，汽车险为16%，劳动力补偿险为10%左右。双方通过讨价还价，还可以有所浮动。

虽然保险经纪人在美国市场上的作用不是特别突出，但有关部门对其监管仍相当严格。除了联邦政府和各州的立法规范外，政府还在各地区委派了许多保险特派员，他们有权对违规的保险经纪人发出警告、进行罚款、责令暂停营业甚至吊销营业执照。

4. 日本：特点鲜明

日本保险营销制度有自己鲜明的特点。日本保险营销主要依靠公司外勤职员和代理店来进行。其非寿险90%以上的业务由代理店来招揽。

1996年4月，日本新的保险法开始实施，经纪人这一形式才被引进。日本引进经纪人制度采用的是登记制(申请登记即可)，而不是执照制。经纪人直接向大藏省登记注册，但要求经纪人寄存一定数目的保险金，超过最低保证金的部分由经纪人投保赔偿责任保险(E&Q)。

日本有关专家指出，由于日本保险业长期以来都实行代理店制度，这种制度效果良好，而且这些代理店在一定程度上也具有保险经纪的功能，日本的保险经纪要取得实质性发展，仍需付出巨大努力。

(资料来源：关于国外的保险经纪人，110法律咨询网，2010)

三、保险公估人员行为准则

保险公估人是指依照法律规定设立，受保险公司、投保人或被保险人委托办理保险标的的查勘、鉴定、估损以及赔款的理算，并向委托人收取酬金的公司。公估人的主要职能是按照委托人的委托要求，对保险标的进行检验、鉴定和理算，并出具保险公估报告，其地位特殊，不代表任何一方的利益，使保险赔付趋于公平、合理，有利于调停保险当事人之间关于保险理赔方面的矛盾。

保险公估人在保险市场上的作用具有不可替代性，它以其鲜明的个性与保险代理人、保险经纪人一起构成了保险中介市场的三驾马车，共同推动着保险市场的发展。

保险公估从业人员在执业活动中应当做到：守法遵规、独立执业、专业胜任、客观公正、勤勉尽责、友好合作、公平竞争、保守秘密。

(一) 守法遵规

(1) 以《中华人民共和国保险法》为行为准绳，遵守有关法律和行政法规，遵守社会公德。

(2) 遵守保险监管部门的相关规章和规范性文件，服从保险监管部门的监督与管理。

(3) 遵守保险行业自律组织的规则。

(4) 遵守所属保险公估机构的管理规定。

(二) 独立执业

在执业活动中保持独立性，不接受不当利益，不屈从于外界压力，不因外界干扰而影响专业判断，不因自身利益而使独立性受到损害。

(三) 专业胜任

(1) 执业前取得法定资格并具备足够的专业知识与能力。
(2) 在执业活动中加强业务学习，不断提高业务技能。
(3) 参加保险监管部门、保险行业自律组织和所属保险公估机构组织的考试和持续教育，使自身能够不断适应保险市场的发展。

(四) 客观公正

在执业活动中以客观事实为根据，采用科学、专业、合理的技术手段，得出公正合理的结论。

(五) 勤勉尽责

(1) 秉持勤勉的工作态度，努力避免执业活动中的失误。
(2) 对于委托人的各项委托尽职尽责，不因公估服务费用的高低而影响公估服务的公正性和质量。
(3) 忠诚服务，不侵害所属保险公估机构利益；切实履行对所属保险公估机构的责任和义务，接受所属保险公估机构的管理。

(六) 友好合作

(1) 在执业活动中与保险人、被保险人等有关各方友好合作，确保执业活动的顺利开展。
(2) 与保险公司、保险经纪机构和保险代理机构的从业人员友好合作、共同发展。
(3) 加强同业人员间的交流与合作，实现优势互补、共同进步。

(七) 公平竞争

(1) 尊重竞争对手，不诋毁、贬低或负面评价保险公司、其他保险中介机构及其从业人员。
(2) 依靠专业技能和服务质量展开竞争，竞争手段正当、合规、合法，不借助行政力量或其他非正当手段开展业务，不向客户给予或承诺给予不正当的经济利益。

(八) 保守秘密

对执业活动中的相关各方以及所属保险公估机构负有保密义务。

案例 6-3

某保险公估行曾接受人保委托调查一宗火灾理赔案。当查勘人员赶到现场勘查时，曾要求被保险人提供消防部门的事故鉴定证明书，但被保险人以火灾时间短，消防没有到场参与施救为由，不能提供鉴定证明书,仅提供镇消防证明。随后保险公估查勘人员发现保险单的签单日期与案件发生日期仅隔几天(保险单的签单日期为9月28日,事故发生日期为10月3日),这引起查勘人员的注意,为进一步了解事实真相,调查事故发生的确切日期,公估行的工作人员立即研讨调查方案,分成两个小组,携带查案工具,同时出击。一方面扩大调查人群范围;另一方面直接到该镇管辖的消防单位进行查证。保险公估人员经过深入调查,通过暗访该厂部分临时工,口述事故经过(录音),证实事故发生日期为9月27日。与此同时,在省消防部门的大力支持下,查勘人员在消防大队取得了出车证明,记录报警时间为9月27日。因此证实被保险人的《出险通知书》事故发生日期为伪报日期,事故发生日期为本保单责任期限之前。此案例系典型的先出险后保险的欺诈案件。

为此,保险公估行为保险公司成功拒赔1 550 000元,维护了保险人的合法利益。

(资料来源:保险公估人的"火眼金睛",中国养老金网,2006)

对于刚投保就出险的案子,要在出险时间和投保时间上核查。假的就是假的。不管保险诈骗当事人玩弄何种伎俩,保险诈骗案件不可能天衣无缝,总会在某些方面、某些环节露出破绽,只要我们善于发现矛盾,做深入细致的调查工作,定能拨开重重迷雾,展现案件本来面目。

第三节　其他从业人员行为规范

中国保监会于2012年7月发布《保险公司薪酬管理规范指引(试行)》,此次《指引》的核心内容,是通过规范高管薪酬的结构,来防止风险性决策,强化公司内控。

防止冒险决策,董事长总经理绩效薪酬50%以上延期支付。

《指引》把延期支付作为薪酬管理中一项重要的风险控制手段。如发生绩效薪酬延期支付制度规定情形的风险及损失的,保险公司应当停发职责围内高管人员未支付的绩效薪酬。

一些过度冒险行为短期内会为公司创造可观的盈利,而风险往往要在后续几年甚至更长时间才能暴露出来。因此,相关国际准则把延期支付作为薪酬管理中一项重要的风险控制手段。

为此,《指引》规定:一是延期支付对象定为保险公司高管人员和关键岗位人员。二是将延期支付期下限定为3年。三是延期支付比例不低于40%,董事长和总经理则不低于50%。四是如发生绩效薪酬延期支付制度规定情形的风险及损失的,保险公司应当停发职责范围内高管人员未支付的绩效薪酬。

一、保险机构高级管理人员行为规范

保险公司高级管理人员是指保险公司法定代表人和其他对保险公司经营管理活动具有决策权的主要负责人,包括:总公司的董事长、总经理、副总经理;分公司(包括总公司营业部)、中心支公司(包括分公司营业部)和支公司的总经理、副总经理、经理、副经理;以及其他具有相同职权的负责人。

保险公司任命的总公司精算部门、财务会计部门、资金运用部门的主要负责人，应当根据有关规定报中国保监会核准或备案。

作为保险机构高级管理人员应该遵守以下行为规范。

(1) 保险机够管理层的领导应统筹兼顾，妥善处理企业与客户、企业与员工、企业与股东、个人与企业之间的利益关系。

(2) 高级管理人员应树立科学的发展观和正确的业绩观，创新进取，努力提高所在机构的发展质量、竞争能力和服务水平。

(3) 高级管理人员应坚持科学决策、民主决策，正确行使权力，遵守决策程序，尊重员工民主管理权利。

(4) 高级管理人员应做好稳健经营，加强内控，提高管理能力，防范化解风险。

(5) 高级管理人员应以人民群众需求和利益为导向，积极开发保险产品，制止销售误导，确保公正、及时理赔。

(6) 每一名保险机构高级管理人员都应该做到恪尽职守，勤勉高效，严格自律，发挥表率作用。

二、保险从业人员的服务规范

(一) 展业规范

保险从业人员在展业过程中的言谈举止都代表了公司的形象，向客户宣传、讲解时，都要做到规范操作。介绍公司产品时，应客观公正、全面准确地宣传保险产品，不得夸大或变相夸大保险合同的利益。当使用公司统一印制的宣传资料，不得擅自印制、变更宣传资料。

(二) 礼貌待人

保险从业人员在服务过程中应态度热情、礼貌待人，不得与客户或合作合作单位发生争吵，不得做出任何有损公司形象的行为。在拜访客户时，应向客户出示公司统一版面的名片，名片应显示销售人员真实的职级、职位等个人信息。交谈的过程把握好以下几个原则：第一，尊重对方原则。谈话的过程，要把对方作为平等的交流对象，尽量使用礼貌语，谈到自己要谦虚，谈到对方要尊重。恰当地运用敬语和自谦语，可以显示个人的修养、风度和礼貌，有助于交谈成功。第二，坦率真诚原则。真诚是做人的美德，也是交谈的原则。认真地对待交谈的主顾，坦诚相见，真心实意地进行交流是自信的结果，是信任人的表现，只有用自己的真情激起对方感情的共鸣，交谈才能取得满意的效果。第三，明确目的性的原则。只有目的明确了，才知道应该准备什么话题和资料，才能做到有的放矢，临场应变。第四，文明礼貌原则。言谈要合乎礼仪，语言及肢体语言要讲究文明礼貌。第五，对象性和适应性原则。谈话要有强烈的对象意识，话题要因人而异，要根据谈话对象的年龄、性别、职业、社会地位、文化知识水平及思想状况区别对待。

(三) 守时、守约

保险从业人员拜访客户时应事先约定时间、地点，未预约的拜访应以不影响客户正常生活或工作为原则。提前预约可以避免干扰客户的正常工作生活，是对客户的尊重，可以体现保险从业人员的专业形象和职业操守，也能让客户利用重组的时间了解保险资讯，为下一步洽谈奠定基础。

保险从业人员在执业活动，还应该做到：

(1) 根据客户需求、经济承受能力推荐适合的保险产品。以客户易懂的方式提供保险产品的信息，不得进行任何形式的误导。

(2) 在销售产品或制定方案时应主动提示保险产品可能涉及的风险，不得有意规避。

(3) 在执业活动中应确保所有文件的有效性和准确性，不得代签名、代体检、伪造客户回访记录。

(4) 在职业过程中，保险从业人员应客观、公正、及时理赔，不得拖赔、惜赔。

(5) 保险工作人员应迅速回应客户咨询，及时提供服务，不得推诿懈怠。

第四节　保险职业礼仪

周恩来总理堪称仪态美的典范。青年时代他在南开中学读书，南开中学的教学楼的镜子上印着《镜铭》："面必净、发必理、衣必整、纽必结、头容正、胸容宽、肩容平、背容直。颜色：勿傲、勿暴、勿怠，气象：宜和、宜静、宜庄。"

周恩来自年轻时就按"镜铭"上的要求去做，加强修养，努力做到仪态美，在半个多世纪的革命生涯中，形成了独特的被称为"周恩来风格"的体态语，可谓"举手投足皆潇洒，一笑一颦尽感人"，给人以不可抗拒的吸引力。

英国作家韩素音曾经称赞周总理是十分富有魅力的领导人。基辛格也称周恩来是"难能可贵的，既有敏锐的机智，又具有个人魅力"。

周总理的气质、风度、仪表和举止，继承了我们中华民族五千年的优秀传统，是我国人民在国际舞台上当之无愧的杰出代表。

分析：

美的仪态是在长期的自觉实践中形成的，美的仪态是一个人个性、修养的外在表现，它给人以巨大的吸引力。通过仪态，一个人可以向他人传递学识和修养等信息，并能够交流思想，表达感情，所以在社交中、在工作中必须讲究礼仪。

一、仪容仪表

(一) 仪容

仪容指容貌，由发式、面容以及人体所有未被服饰掩盖的肌肤构成，是个人仪表的基本内容。

仪容的基本要求是，面容整洁，发型得体。保持清洁是最基本、最简单、最普遍的美容。男士要养成每日剃须的好习惯。女士要根据自己的身份地位、职业特点、个性气质、特定场合来选择不同的妆容，使装扮适宜。

头发的打理是仪容的重要组成部分，一个人的风貌呈现在别人眼前时，头部首先被人注意到，直接影响到留给别人的印象。整洁、得体、大方的发型容易给人留下神清气爽的美感，而蓬头垢面难免使人产生反感。头发要保持整洁、健康、无异味，要经常洗护、梳理和修剪，保持头发整洁、发型得体。

仪容礼仪除了要求对头发、面容的修饰外，还包括个人卫生，要做到身上无异物、无异味；不留长指甲，保持指甲整洁；鼻毛不能过长，体毛必须修整等。具体要求如下：

(1) 发式。头发需勤洗，无头屑，且梳理整齐；不染色发，不留光头，不留长发；女员工过肩长发要束起，盘于脑后并佩戴统一发饰；以前不遮眉、侧不盖耳、后不触衣领为宜。

(2) 面容。面部保持清洁，眼角不可留有分泌物，保持鼻孔清洁，平视时鼻毛不得露于孔外，如戴眼镜，应保持镜片的清洁；男员工应经常修面，不留胡须；女员工可略施淡妆，但不得浓妆艳抹。

(3) 口腔。保持口腔清洁，上岗前不吃生葱、生蒜等带有刺激味的食物，不饮酒或含有酒精的饮料。

(4) 耳部。耳廓、耳根及耳孔应保持干净，不留有皮屑及污垢。

(5) 手部。保持手部的清洁，养成勤洗手勤剪指甲的良好习惯，指甲不得长于2毫米，不得涂有颜色的指甲油。

(6) 饰品。不戴有色眼镜、造型怪异的眼镜及夸张饰物；男员工不得佩戴除手表、婚戒以外的其他饰物；女员工可佩戴手表、耳钉、项链或婚戒中不多于三件的饰物，一只耳朵上不得同时戴两只及以上的耳钉，戒指不得超过一枚。

(7) 体味。不得文身；经常洗澡，身上无异味；不使用味道过浓的香水。

(二) 着装服饰

服饰是一个人向外界传达信息的主要媒介，是仪表的重要组成部分。一个对生活充满信心的人，他的服饰应该是整洁、美观的；一个文化素养高的人，他的穿戴常常是端庄、高雅的。服饰反映着人的喜好、审美能力和对生活的品味、理解。

服装穿在身上必须保持整洁，是穿着的基本原则，也是最起码的服饰礼仪。要根据自身的特点和气质选择合适的服装，突出个性，又要顾及场合。

(1) 员工在营业时间统一穿着工装或正装，同一营业网点内人员须穿着同一季节服装；佩戴统一工牌，工牌字迹清楚，佩戴位置准确、规范、一致。

(2) 服装必须熨烫平整、纽扣齐全、干净整洁、大方得体，不准披衣、敞胸露怀，不得挽袖卷裤，不得穿短裤、超短裙和休闲服。

(3) 男员工如穿着正装，一律系深色皮带、穿深色皮鞋、深色袜子；衬衫衣摆应扎入裤内，衬衫袖口一律扣上，不得翻卷。

(4) 女员工如穿着裙装，长度需过膝，不宜过短或过长，避免露出衬裙、袜口。袜子应与工装颜色相称，夏天应着肉色丝袜，穿黑色或深色皮鞋。

(5) 注意鞋和服装的搭配协调，不得穿拖鞋、凉鞋、运动鞋、休闲鞋等。

(6) 无工装人员穿着要求应尽量接近工装的颜色、款式和穿着要求；女员工服装穿着应展现稳重、端庄、自信的服务形象，色彩搭配自然，颜色款式和工装相近；男员工应着正装，衬衫应以白色或蓝色为标准，颜色、款式和工装相近。

(7) 女员工孕中后期不便穿着工装时，应穿着颜色与工装相近的孕妇装。

(8) 安保、保洁人员应统一着装，仪容整齐。

(9) 员工上班时不得戴袖套。

(三) 表情神态

表情神态是一个人内在精神面貌的外在的、静态的表现形式，它在人与人交往的初始阶段往往起到决定性的作用。从业人员应该做到以下几点。

(1) 接待客户应保持亲切微笑、大方、自然、专注、友善。

(2) 接待客户时要精神饱满，目光注视对方"注视区"(双眼和鼻尖之间的三角部位)，不要游离别处、东张西望；应表现出诚恳和自信，不得流露出厌烦、冷淡、僵硬的表情；不得扭捏作态，吐舌、做鬼脸，不得经常看表；耐心倾听客户陈述，如遇客户言语过激，也不要面露不悦神色。

(3) 在迎送客户时，热情迎送，脸带微笑，举止大方。

案例 6-4

1960年9月，尼克松和肯尼迪在全美的电视观众面前举行他们竞选总统的第一次辩论。当时，这两个人的名望和才能大体相当，棋逢对手。但大多数评论员预料，尼克松素以经验丰富的"电视演员"著称，可以击败肯尼迪。但事实并非如此。肯尼迪事先进行了练习和彩排，还专门跑到海滩晒太阳，养精蓄锐。结果，他在屏幕上出现时，精神焕发，满面红光，挥洒自如。而尼克松没听从电视导演的规劝，加之那一阵十分劳累，更失策的是面部化妆用了深色的粉，因而在屏幕上显得精神疲惫，表情痛苦，声嘶力竭。正是仪容仪表上的差异和对比帮助肯尼迪取胜，使竞选的结果出人意料。

案例评析

在人际交往中，人们发自内心的好恶亲疏，往往是根据见面之初对仪容的基本印象"有感而发"的，这种对他人仪容的观感除了先入为主之外，在一般情况下还往往一成不变，其作用可谓大矣。

二、形体仪态

(一) 站姿

站姿是人类的静态造型，是人类其他动态造型的基础。站姿反映着一个人的修养、教育程度、性格、身体状况和人生经历。正确的站姿能够改善血液循环，减轻身体疲劳，同时会给人以挺拔笔直、舒展俊美、庄重大方、精力充沛、信心十足、积极向上的美好印象。站姿的基本要求是：头正、梗颈、展肩、挺胸、收腹、提臀、腿直、平视、微笑(图6-1)。具体要求如下：

(1) 站立时应目视前方，挺胸收腹、直腰肩平，双臂自然下垂；在客户面前，不能插手、背手、袖手或抱手。

(2) 脚跟并拢，脚呈"V"字形分开，两脚尖间距约一拳宽；男士可双脚平行分开，略窄于肩；女士应两腿并拢，两脚呈"T"字形站立。

图 6-1

(3) 男士左手轻握右手的腕部，或者右手自然地轻握左手，放在小腹前；女士双手自然叠放于小腹前，左手叠加在右手上；保安人员无论男女都应采取双手背后姿势站立。

(4) 在站立中身体重心可以在两脚间转换，以减轻疲劳。

(5) 应避免以下情况：含胸驼背、叉腰抱胸、双手随意放置、倚靠桌椅等。女性站立时不可双脚叉开站立。

(二) 坐姿

坐姿是就座后人的身体呈现出的姿态。在人际交往活动中，稳定、端正的坐姿，能表现出人的文雅自如、安详舒适，进而体现出对他人的恭敬和尊重(图6-2)。

图 6-2

(1) 入座时双脚与肩同宽，同时尽量轻稳，避免座椅乱响，噪声扰人；男士同时注意左手轻按领带，勿使其翘起或搭于桌面；女士在入座时应右手轻按住衣服前角，左手抚平后裙摆，缓缓坐下。

(2) 坐在椅子上，应自然抬头挺胸端坐，立腰收腹，两肩放松，上身微微前倾，勿倚靠座椅背部。

(3) 胸口与桌面平齐，不准趴桌子或斜靠、躺在椅子上；与客户交谈时，应挺胸收腹微向前倾，目光平视客户，精力集中，不得斜视。柜面受理业务时手臂可自然地放在柜台上，但不准趴在柜台上。

(4) 男士双腿可并拢，也可分开，但分开间距不得超过肩宽；女士双腿靠紧并垂直于地面，也可将双腿稍稍斜侧调整姿势。

(5) 离座时，身旁如有人在座，须以语言或动作向其先示意，随后方可站起身来；起身离座时，动作轻缓，无声无息；离开座椅后，要先站定，方可离去。

(6) 应避免以下情况：前倾后仰、左摇右晃、歪向一侧、腿脚晃抖、跷二郎腿、脚尖朝天、手上摆弄东西等；坐在椅子上转动或移动椅子的位置。双腿大幅度叉开，或将双腿伸得很远，将脚藏在座椅下或用脚勾住椅子的腿；女性坐时双腿叉开。

(三) 走姿

行走的姿态，也有一定的礼仪规范。要点如下。

(1) 行走仪态得体，行走时，抬头平视，两臂自然摆动。

(2) 双臂摆幅适中，节奏平稳，步幅、速度适中，除紧急情况外，不得在营业厅内急速奔走，可碎步快行。

(3) 如陪同客户，开始行进时应面向客户稍许欠身；服务人员行进速度与客户相协调；经过拐角或楼梯之处时，须关照提醒客户留意；与客户交谈或答复其提问时，应将头部、上身转向客户。

(4) 应避免以下情况：左顾右盼，步幅过大；把笔记本等物品挟在腋下行走；慌忙奔跑，大声喧哗和追逐嬉闹；多人行走时勾肩搭背、横成一排。

(四) 蹲姿

在拾取低处的物件时，应保持大方、端庄的蹲姿。一脚在前，一脚在后，两腿向下蹲，前脚全着地，后脚跟提起，脚掌着地，臀部向下(图6-3)。

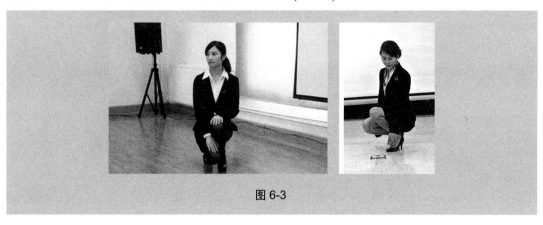

图6-3

(五) 手势

正确的手势招呼他人，递接物品都有一定的礼仪规范，一定要大方得体。从业人员需注意以下几点。

(1) 为客户指示方向时，上身略向前倾，手臂伸直，五指自然并拢，掌心稍稍向上，目光面向客户方向以肘关节为支点，指向目标方向(图6-4)。

图 6-4

(2) 为客户进行阅读指示时，五指并拢，指向阅读内容，面带微笑，同客户有目光交流，并有语言配合。

(3) 示意客户入座时，四指并拢，拇指微微张开，掌心微微向上，指向座椅，面带微笑，目光注视客户，并配有热情亲切的语言请客户入座(图6-5)。

图 6-5

(4) 应避免以下情况：动作幅度过大，次数过多；用生硬的直线条手势；摆弄东西；背后对人指指点点。

(六) 禁止行为

(1) 在服务中，不得串岗、聊天、嬉笑、喧哗、吃零食、抽烟、扔下客户接听电话或无精打采、东倒西歪，前仰后靠。

(2) 接待客户时不能伸懒腰、打哈欠、挖耳朵、剔牙、修指甲、吹口哨、哼歌曲等，打喷嚏时应捂住嘴，不唾沫四溅；

(3) 举止要稳重、大方、诚恳、有礼，双手不得叉腰，插入衣裤，不得敲桌子或玩弄物品。

延伸阅读 6-1

据《大戴礼记》记载：战国时期的一天，孟子的妻子独自一人待在屋里，孟子从外面突然闯进来，瞧见她姿势不雅，顿时无名火起，立即跑到母亲面前告状。他说："老婆对我无礼，我今天非把她赶出家门不可！"

孟母问："究竟是出了什么事，惹得你要休妻呀？"孟子答道："刚才她蹲在屋里，那姿态真叫难看，这是对我无礼，妻子不尊重大夫，我必须休了她！"孟母听这话有点蹊跷，继续追问道："你说说，你是怎么发现她蹲在屋里的？"孟子满有理由地回答："这都是我亲眼所见，我刚才一推门看……"

"别说了，我听明白了。"孟母问明了情况，大声斥责儿子说，"这分明是你无礼，不是你妻子无礼！"孟子有些茫然，他不服气。孟母接着解释说："不是有这样几句俗话嘛：'将入门，问孰存；将上堂，声必扬；将入户，视必下。'不管是进谁的门，都要事先敲一下门，或者大声地咳嗽一声，好叫人家知道有人来了。不能乘人不备，来个突然闯入。这是常人都懂得的礼貌规矩。可你倒好，到你妻子的燕私之处，进门前不敲门，不声不响地往里闯，见了你妻子蹲着，你得赶紧先退出去一会儿，你却还在看，这叫你妻子怎么办？这不正是你无礼吗？怎么能说是你妻子无礼呢？"

孟子没有想到，母亲恰恰从同一事情得出了相反的结论。批评虽很尖锐，但是句句有根有据，于是孟子赶紧认错。

三、服务用语

(一) 倾听客户

服务人员在倾听客户的要求或意见时，应当暂停其他工作，目视客户，并以眼神、笑容或点头来表示自己正在洗耳恭听。在倾听过程中，适当加入一些"嗯""对"等保持回应。

(二) 用语规范

(1) 接待客户用语文明规范，做到称谓得体、语义明确、用语贴切、语气谦和；音量应视客户音量而定，不可音量过轻；语气要轻柔、和缓，语速要适中。

(2) 主动问候客户，坚持使用"您好、请、对不起、谢谢、再见"等文明用语；做到"四声"服务，即来有迎声，问有答声，怨有歉声，走有送声。

(3) 服务过程中应提供普通话服务。同时根据区域习俗和客户特点灵活掌握，客户讲地方方言，可根据客户要求讲地方方言；客户讲普通话，应提供普通话服务。

(4) 服务语言要考虑客户的接受能力。在解答客户疑问时，要用简单易懂的语言，视客户对保险业务的了解情况，适量使用专业术语。

(5) 称谓要得体，学会使用敬语、问候语。对客户的称呼要符合客户的身份、地位、年龄、性别等特征。工作中习惯使用"请""您""谢谢"等文明用语，杜绝蔑视语、烦躁语、否定语和斗气语。

(6) 服务语言要健康、文雅、温和、谦逊。语气要和蔼可亲，轻柔和缓但不嗲声嗲气。面对客户的误解、辱骂，要耐心解释，不恶语伤人。对需要团队合作完成的工作，使用"我们"代替"我"。遇刁钻客户及其他特殊情况，尽量用"抱歉""遗憾"等词语，不轻易说"对不起，这是我们的错"。

(7) 掌握处理应急事件的语言。针对工作中可能出现的客户急躁、系统故障等各种特殊情况，事先进行模拟训练，掌握常用处理应急事件的语言和技巧。

延伸阅读6-2

参 考 话 术

1. 问候语
"您好！""早上好！""上午好！""下午好！"

2. 送别语
"再见！""您走好！""您慢走！""再见，有什么问题请您随时联系我们。""不用客气，这是我们应该做的。""感谢您对我们工作的支持。""欢迎您再来。""请您多保重。"

3. 询问语
(1) "有什么可以帮您？"
(2) "请问您要办理什么业务？"
(3) "可以看一下您的资料吗？"
(4) "能请问您几个问题吗？"
(5) "刚才都为您解释清楚了吗？"
(6) "您还有什么疑问吗？"

4. 应答语
(1) "好的。""是的。"
(2) "请您稍等。""马上就好。"
(3) "不要紧。""没关系。"
(4) "我帮您查查一下。""这是我们应该做的。"
(5) "我们会想办法帮您解决。"
(6) "我们会尽快给您一个满意的答复。"

5. 答谢语
(1) "谢谢！"
(2) "谢谢您的理解。"
(3) "谢谢您的配合。"
(4) "感谢您的耐心等候。"

(5)"感谢您的来电。"
(6)"感谢您提出的宝贵意见。"

6. 致歉语

(1)"对不起!""打扰了。"
(2)"很抱歉。""很遗憾。"
(3)"请您谅解。"
(4)"不好意思,让您久等了。"
(5)"对不起,可以接电话吗?"
(6)"对不起,我没有听清楚,请您重复一遍好吗?"
(7)"抱歉,××现在不在,需要我为您转告吗?"

7. 祝愿语

(1)"祝您好心情!"
(2)"祝您周末(节日)愉快!"
(3)"祝您早日康复!"

8. 指引语

(1)"请您到这边来。"
(2)"请您到××柜台办理。"
(3)"请出示您的有效证件。"
(4)"请收好您的证件(单据)。"
(5)"欢迎您提宝贵意见。"
(6)"请您点好现金。"
(7)"请您注意安全。"
(8)"请您稍等,我已经通知他了。"
(9)"这个问题由我们更专业的工作人员为您解答好吗?"
(10)"您反映的问题,我们调查落实后第一时间给您答复。"
(11)"请您稍等,我为这位客人办完就为您办理。"
(12)"请您在这里签名(盖章)。"
(13)"请您用钢笔填写。"

9. 服务禁语

与客户交流时,不能态度粗暴,言语生硬,不能用责问或反问语气与客户说话。

(1)"别问我,不知道。"
(2)"这事不归我管。"
(3)"我们就这么规定的。"
(4)"这绝对不可能。"
(5)"我就这态度,怎么着?"
(6)"没看我忙着吗?"
(7)"早干什么去了?"
(8)"告诉你了还问。"
(9)"墙上贴着呢,自己看。"
(10)"你问我,我问谁?"
(11)"有意见找领导去。"
(12)"怎么不早准备好?"
(13)"今天人不在,我办不了。"
(14)"下班了,怎么不早点来?"

四、接待礼仪

接待客人的礼仪是从平凡的举止中自然低流露，礼仪可显示出主人的真诚和修养。

1. 递送资料

递送时上身略向前倾，眼睛注视客户手部，以文字正向客户方向递交，双手递送，轻拿轻放；如需客户签名，应把笔套打开，笔尖朝向自己，递至客户手中。

2. 递送物品

在递送物品时，以双手递物为最佳；递给客户的物品，以直接交到客户手中为好。服务人员在递物给客户时，应为客户留出便于接取物品的地方。

3. 交接款项

双手接递钱款、票据和银行卡，不抛不弃。

4. 交换名片

(1) 互换名片时，要双手将自己的名片递上，文字正面朝向对方，后双手接过对方名片，仔细浏览后，将其慎重地放在合适的地方(图 6-6)。

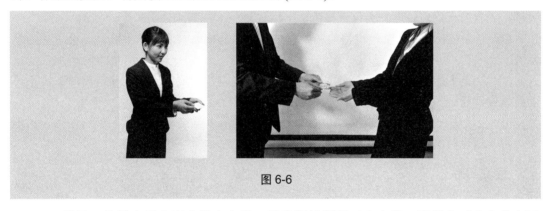

图 6-6

(2) 禁忌：先于上司向客人递交名片；无意识地玩弄对方名片；当场在对方名片上写备忘；把对方名片放入裤兜；接到对方名片后不看就收起；离开时忘带对方名片。

5. 上下楼梯

上下楼梯时要靠右行。脚步轻放，速度均匀。若遇来人，应主动靠右侧让。引领客户上下楼梯时，遵守安全原则，即上楼梯时在后，下楼梯时在前。

6. 出入房间

进房间前要先敲门，得到允许后再入内。出房间时应面向客户，道别后，礼貌地倒退两步，轻轻把门关上。

五、电话礼仪

通电话要像对方在自己面前一样，带着微笑接打电话(图 6-7)。笑是可以通过声音来感觉到的，拿起电话，应该面带微笑。通话时，声音不宜太大，让对方听清楚即可，语速适中，吐字清晰准确，语气亲切自然。从业人员应做到以下基本要求。

(一) 接电话

(1) 在电话铃声三声内拿起话筒,面带微笑地说:"您好,××保险经纪×××,请问有什么可以帮您?"
(2) 主动报出名字及问候。
(3) 主动询问客户需求。
(4) 礼貌结束电话。

(二) 打电话

(1) 用标准的礼貌头衔来称呼对方。
(2) 讲话要言简意赅,尽快切入主题。
(3) 电话交谈时要配合肢体动作,如微笑、点头。

图 6-7

六、会议礼仪

(1) 与会者必须提前 5 分钟到达会场,将通信工具调至静音状态,中途一般不可接听电话,确有急事需轻轻离开会议室接听。
(2) 主持人或发言者上台讲话前和发言结束后,应向与会者行鞠躬礼,与会者应鼓掌回礼。
(3) 会议进程中,应集中注意力,不干扰他人发言,若要发言,则应等待时机,不可随意发表评论。
(4) 会议进程中,应详细记录会议讨论的重点和其他与会者的意见。若有不明白的地方,可于适当时机要求发言者给予解答。

七、社交礼仪

(一) 介绍礼仪(图 6-8)

(1) 进行自我介绍应该有效区分环境,针对不同的场合需要通过不同的方式向别人介绍、推销自己。

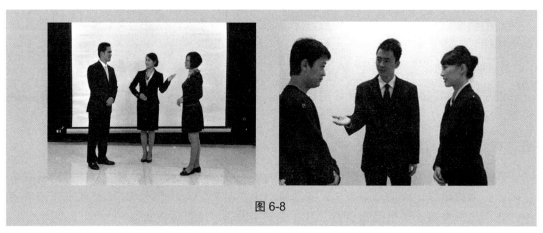

图 6-8

(2) 通常将男士介绍给女士；晚辈介绍给长辈；下级介绍给上级；客人介绍给主人；熟悉的人介绍给不熟悉的人；未婚者介绍给已婚者；家人介绍给同事、朋友。

(3) 如果是集体介绍应先介绍较少一方或者个人，后介绍人数多的一方；被介绍的一方年长或者地位、身份尊贵，则最后介绍。

(4) 禁忌：自我介绍时慌张、畏缩、手忙脚乱，过分炫耀或者自我贬低。

(二) 握手礼仪(图6-9)

图6-9

(1) 握手的姿势强调"五到"，即身到、笑到、手到、眼到、问候到。

(2) 握手时双方上身微微前倾，面带微笑，右手相握，握手力度适中。

(3) 伸手先后顺序是上级在先、主人在先、长者在先、女性在先。

(4) 禁忌：握手时用左手；握手时不注意对方，旁顾他人他物；握手时力度绵软或用力过猛；很多人互相交叉握手；与异性握手时用双手。

(三) 交谈礼仪

应表情认真，动作配合，语言合作，用词委婉，礼让对方。

(四) 电梯礼仪(图6-10)

图6-10

(1) 有人控制的电梯：客人先进先出、陪同者后进后出为原则。

(2) 无人控制的电梯：陪同者先进后出，并控制好按钮，若电梯可能超员，应请客人先进。

(五) 乘车礼仪(图6-11)

图6-11

上下车的先后顺序：尊者先上车，最后下车；位卑者最后上车，最先下车。

第五节 有 效 沟 通

沟通"迷路"案例：

部门经理向上级领导说："朱总，我们部门13个人都想去海南，可只有10个名额，剩余的3个人会有意见，能不能再给3个名额？"

沟通"达标"案例：

同样的情况下，去找朱总之前用异位思考法，树立一个沟通低姿态，站在公司的角度上考虑一下公司的缘由，遵守沟通规则，做好与朱总平等对话，为公司解决此问题的心理准备。

朱总："真的是想给大家一个惊喜，这一年公司效益不错，是大家的功劳，考虑到大家辛苦一年。年终了，第一，是该轻松轻松了；第二，放松后，才能更好地工作；第三，是增加公司的凝聚力。大家要高兴，我们的目的就达到了，就是让大家高兴的。"

部门经理："也许是计划太好了，大家都在争这10个名额。"

朱总："当时决定10个名额是因为觉得你们部门有几个人工作不够积极。你们评选一下，不够格的就不安排了，就算是对他们的一个提醒吧。"

部门经理："其实我也同意领导的想法，有几个人的态度与其他人比起来是不够积极，不过他们可能有一些生活中的原因，这与我们部门经理对他们缺乏了解，没有及时调整都有关系。责任在我，如果不让他们去，对他们打击会不会太大？如果这种消极因素传播开来，影响不好吧。公司花了这么多钱，要是因为这3个名额降低了效果太可惜了。我知道公司每一笔开支都要精打细算。如果公司能拿出3个名额的费用，让他们有所感悟，促进他们来年改进。那么他们多给公司带来的利益要远远大于这部分支出的费用，不知道我说的有没有道理，公司如果能再考虑一下，让他们去，我会尽力与其他两位部门经理沟通好，在这次旅途中每个人带一个，帮助他们放下包袱，树立有益公司的积极工作态度，朱总您能不能考虑一下我的建议。"

一、主要客户行为类型与对应沟通技巧

我们在工作生活中，都会遇见不同类型的人。只有了解不同的人在沟通过程中的特点，才有可能用相应的方法与其沟通，最终达成一个完美的结果。我们说物以类聚，人以群分，两个风格相似的人沟通时效果会非常好。只有掌握了不同的人在沟通中的特点后，才能选择与他相接近的方式与其沟通。

延伸阅读6-3

名 言 警 句

一个人必须知道该说什么，一个人必须知道什么时候说，一个人必须知道对谁说，一个人必须知道怎么说。

——现代管理之父德鲁克

如果你要使别人喜欢你，如果你想他人对你产生兴趣，你注意的一点是：谈论别人感兴趣的事情。

——戴尔·卡耐基

有效的沟通取决于沟通者对议题的充分掌握，而非措辞的甜美。

——葛洛夫

(一) 主要客户行为类型及沟通要点

在与客户沟通过程中，我们依据客户在沟通过程中的情感流露的多少，以及沟通过程中作决策是否果断，把我们在客户可分为四种不同的类型(见表6-1)。这四种不同类型的客户在沟通中的反应是不一样的，我们只有很好地了解不同人在沟通中的特点，并且用与之相应的特点和他沟通，才能够保证我们在沟通过程中做到游刃有余，见什么人说什么话，遇见什么人都能够达成一个共同的协议。这四种类型即：分析型、结果型、表现型和顺从型。

表 6-1　客户的四种不同类型

行为风格类型	特　征	需　求	沟通要点
分析型	天生喜欢分析、情感深刻而沉稳，办事仔细而认真；面部表情少，说话时手势少，走路速度慢；观察力敏锐，考虑周密，办事有序；容易保持沉默，少言寡语；喜欢准确完美，喜欢条理、框框；衣着讲究、正规；决策非常谨慎；阐述一种观点时，喜欢兜圈子	安全感，万无一失；严格甚至苛刻的纪律；喜欢较大的个人空间，害怕被人亲近	遵守时间，尽快进入主题，多听少说，不随便插话；不要过于亲热友好，减少眼神接触，避免身体接触；不要过于随便，公事公办，着装正统严肃，讲话时要用专业术语，避免俗语；摆事实，并确保其正确性，信息要全面具体，特别要多用数字；做好准备，考虑周到全面，语速放慢，条理清楚，并严格照章办事；避免侵略性身体语言
结果型	有明确的目标和追求，精力充沛，身体语言丰富，动作和语言速度都较快；喜欢发号施令，当机立断，不能容忍错误；最讲究实际，冒险家；冷静、独立而任性，以自我为中心；也关心别人，但他们的感情通过行动而不是语言表达出来	直接、准确的回答；有事实、有依据的、大量的新想法；高效率，明显的结果	直接切入主题，不用寒暄，多说少问，用肯定自信的语气来谈；充分准备，实话实说，多谈结果，而且声音洪亮，加快语速；处理问题要及时，阐述观点要强有力，但不要挑战他的权威地位；给他提供两到三个方案供其选择；增强眼光接触的频率和强度，身体前倾
表现型	乐于表达感情，表情丰富而夸张，动作迅速，声音洪亮，话多；精神抖擞，充满激情，有创造力，理想化，重感情，乐观；凡事喜欢参与，愿意与人打交道，害怕孤独；追求乐趣，敢于冒险，喜欢幻想，衣着随意，乐于让别人开心；通常没有条理，时间不规律，轻浮，多变，精力容易分散	公众的认可和鼓励，热闹的环境；民主的关系，友好的气氛；表达自己的自由；有人帮助实现创意	声音洪亮，热情，微笑，表现出充满活力，精力充沛；大胆创意，提出新的、独特的观点，并描绘前景；着眼于全局观念，而避免过小的细节；如果要写书面报告，请简明扼要，重点突出；夸张身体语言，加强目光接触，表现出积极的合作态度；让他们多说，并适时称赞，经常确认和重复他的话
顺从型	善于保持人际关系，忠诚，关心别人，待人热心；耐心，说话和走路速度慢，较强的自制力；体态语言少，面部表情自然而不夸张，欢迎别人的反对意见，并善于将不同观点汇总后被各方面的人接受；害怕冒险，害怕得罪人，不愿意过多发表意见；衣着随意，喜欢闲聊，利用时间不规律	安全感及友好的关系；真诚的赞赏及肯定；传统的方式，规定好的程序	热情微笑，建立友好气氛，使之放松，减小压力感；放慢语速，以友好而非正式的方式，可以谈谈琐事；提供个人帮助，建立信任关系，显出谦虚态度；决策时不要施加压力，不要过分催促；当对方不说话时，要主动征求意见，对方说话慢时，不要急于帮对方结束讲话；避免侵略性身体语言，如阐述观点时身体略向后倾

(二) 怎样实现有效沟通

所谓有效沟通，是通过听、说、读、写等载体，通过演讲、会见、对话、讨论、信件等方式将思维准确、恰当地表达出来，以促使对方接受。

达成有效沟通须具备两个必要条件：首先，信息发送者清晰地表达信息的内涵，以便信息接收者能确切理解；其次，信息发送者重视信息接收者的反应，并根据其反应及时修正信息的传递，以免除不必要的误解。两者缺一不可。

1. 要倾听

大家都说沟通不就是要说话吗，那么不说话怎么进行沟通呢，其实倾听也是一种有效的沟通方式，你只有认真地去倾听客户所阐述的问题，才能够明白对方的需求，即便是不明白，对方也能看出你的诚意。

2. 交谈的时候要看着对方的眼睛

与客户沟通的时候一定要看着对方的眼睛，否则说明你不够自信，你自己都不够自信，又如何说服客户呢？同时，看着对方的眼睛沟通，也是很诚恳的一种表现。

3. 交谈中注意观察客户的面部表情

与客户交谈一定要察言观色，从而确定要不要继续交谈，很多时候人的面部表情能够告诉你一些最真实的信息，即便是你不说出来也能看出来，所以平时与客户交谈的时候一定要注意这些细节。

4. 说话的中肯度也是有效沟通的基础

与客户交谈尤其是介绍自己的产品的时候一定不要神采奕奕地讲解自己的产品有多么的好，其实恰当地说出一些不足之处才可以让客户更加客观地去认识这些东西，从而增加合作的机会。

5. 要多练习

平时不论是在家里，在公司或者是面对陌生人的时候都要积极主动地去与别人进行交流，这样可以有效地锻炼自己的说话能力，也就是说话结巴不结巴、卡壳不卡壳的问题。只有不断地加以练习才能够更好地进行有效的沟通。

案例 6-5

有 4 位年轻人想要出家，法师问他们为什么要出家？
年轻人 A：我父母让我来的。
法师：这样重要的事情你自己都没有主见，打 40 大板。
年轻人 B：是我自己喜欢来的。
法师：这样重要的事情你都不和家人商量，打 40 大板。
年轻人 C：不作声。
法师：这样重要的事情想都不想就来了，打 40 大板。
如果你是年轻人 D 怎么和法师沟通呢？

 **案例评析**

在法师和年轻人的沟通中,年轻人要出家和法师收弟子是目的,共识是和谐出家。

年轻人 D:我受到法师的感召,我很喜欢来,我的家人也很支持我来!

二、沟通技巧进阶

(一) 迎合对方的价值观

价值观对于每一个人来说都认为是最重要的。因此,仿效对方的价值观,迎合对方的观点,是一种更深层次的仿效。通过与对方的谈话去了解对方的价值观,去迎合对方最重要的价值观,表现出与对方一样的爱和恨,很容易在短时间内和对方建立起默契、和谐的感觉,从而使沟通更加顺畅。

(二) 模仿对方的思维偏好

不同的人在说话时有不同的思维习惯。有的人思维具有很强的跳跃性,话题切换得很快;有的人思维非常有逻辑性,措辞非常严谨。服务人员要在沟通过程中仔细辨别并寻找和对方一致的思维方式。如果对方的思维具有跳跃性,服务人员也可以和客户一样表现出灵活和随意,不拘泥于固定的话题;如果对方的思维具有逻辑性,服务人员在表达观点或陈述事情的时候也应该严谨,这样对方听你的话才会感到顺耳。

(三) 如何在倾听过程中保持适当的沉默

1. 运用鼓励性沉默

在倾听过程中,当对方还没有表达完整和清楚时,需要耐心等待,用真诚的目光或其他肢体语言鼓励对方把话说完或者表达清楚。

2. 沉默和插话要适当结合使用

如果双方的沟通陷入了尴尬的境地,或是沟通气氛非常紧张,沉默已不能解决问题。这时最需要适当地插入一些言语,以便能大幅度地缓解紧张情绪,彻底扭转不利局面。

3. 提问过后应保持适当的沉默

提问是向客户反馈倾听信息的一种最佳方式。在提问过后,应保持适当的沉默,给对方充分的思考时间。在有些沟通场合中,提出的问题很严肃,回答时使用的措辞要求更加谨慎,所以适当的沉默就更加重要。

(四) 倾听时擅用肢体语言与表情

最常见的倾听表情就是微笑,因为微笑是友好的表示,同时它也是在鼓励对方多说。友好是必须的,更重要的是要配合对方的谈话内容和情绪,如果对方在说一件伤心的往事,服务人员就不能微笑;如果对方在说一件很好笑的事情,不妨和客户一起开怀大笑。

在肢体语言上，最常见的姿势是身体略向对方前倾，这表示一种尊重。可以边听边适时地点头以表示你不仅听得很认真，同时也能理解或领会对方的意思。具体采用什么姿势，可以根据对方说话时的姿势和动作，大致模仿对方的姿势。例如，对方深陷地坐在沙发里，你也可以和他一样深陷地坐在沙发里，不必坐直挺高，也不必身体前倾。

(五) 恰当地运用空间和距离

(1) 亲密距离。身体的 0.15～0.46 米之内，属于亲密距离。在这个距离接触的只能是自己的亲人或是好朋友，一般人如果进入这个距离的话，往往使人焦虑不安。

(2) 人际距离。身体的 0.46～1.2 米之间，属于个人领域的距离，是非正式的个人会谈最经常保持的距离。这种距离既能亲切地会谈，又保持适当的安全距离，以免紧张，这个距离是各种宴会和非正式场合站立时保持的最佳距离。

(3) 社会距离。身体的 1.2～3.6 米之间，属于社会领域的距离。这种距离的接触，能体现沟通双方一定的地位和尊严，而且容易让人们保持清醒的头脑。这种距离一般用于非个人事务、社交性聚会或者访谈等正式场合。

(4) 公共距离。身体的 3.6 米以外的空间，属于公共领域的距离。这种距离比较远，要求说话者声音洪亮，姿势要适当地夸张。这种距离的沟通一般用于公众演说、讲话或者做报告等，是一人对众人的沟通。

(六) 在谈话中多说"我们"而不是"我"

沟通时多说"我们"可以很好地拉近交谈者的心理距离，可以表示出利益的一致性，使得对方不容易产生对立感和抗拒感。

(七) 帮助对方理清思路

在沟通的过程中适时地用自己的话去总结、复述对方的话，会有利于双方更准确的沟通。您可以说"让我来总结一下您刚才的意思，您看看是不是这样？"

(八) 匹配对方的语言风格

语言风格包括句式以及语体色彩等。一个人说话时喜欢用长句还是短句，是比较书面化的语言，还是市井俚语；是活泼生动的，还是比较严肃刻板的，这些都需要在沟通的同时去注意。与对方所使用的语言风格相匹配，是交谈顺畅进行的重要因素，不匹配的语言风格会使谈话迅速结束。

案例 6-6

一家著名的公司在面试员工的过程中，经常会让 10 个应聘者在一个空荡的会议室里一起做一个小游戏，很多应聘者在这个时候都会感到不知所措。在一起做游戏的时候主考官就在旁边看，他不在乎你说的是什么，也不在乎你说得是否正确，他是看你这三种行为是否都出现，并且这三种行为是有一定比例出现的。如果一个人要表现自己，他的话会非常多，始终在喋喋不休地说，可想而知，这个人将是第一个被请出考场或者淘汰的一个人。如果你坐在那儿只是听，不说也不问，那么，也将很快被淘汰。只有

合规与道德

在游戏的过程中既说又听,同时也会提问,这样就意味着你具备一个良好的沟通技巧。

所以说,当我们每一个人在沟通的时候,一定要养成一个良好的沟通技巧习惯:说、听、问三种行为都要出现,并且这三者之间的比例要协调,如果具备了这些,将是一个良好的沟通。

第六节　情 绪 管 理

有一个男孩脾气很坏,于是他的父亲就给了他一袋钉子,并且告诉他,当他想发脾气的时候,就钉一颗钉子在后院的围篱上。第一天,这个男孩钉下了40颗钉子。慢慢地,男孩可以控制他的情绪,不再乱发脾气,所以每天钉下的钉子也跟着减少了,他发现控制自己的脾气比钉下那些钉子来得容易一些。终于,父亲告诉他,现在开始每当他能控制自己的脾气的时候,就拔出一颗钉子。一天天过去了,最后男孩告诉他的父亲,他终于把所有的钉子都拔出来了。于是,父亲牵着他的手来到后院,告诉他说:"孩子,你做得很好。但看看那些围墙上的坑坑洞洞,这些围篱将永远不能回复从前的样子了,当你生气时所说的话就像这些钉子一样,会留下很难弥补的疤痕,有些是难以磨灭的呀!"从此,男孩终于懂得管理情绪的重要性了。

你现在的心情如何!是欢乐、烦恼、生气、担心、害怕、难过、失望或者是平静无常呢?还是你根本不懂自己的心情!一早起来,也许你看到阳光普照而心情愉快,也可能因为细雨绵绵而心情低落;你也许因为逃课没被点到名而高兴,然而考试快到又让你担心;谈恋爱的你,心花怒放,失恋的你却又垂头丧气……我们拥有许多不同的情绪,而它们似乎也为我们的生活增添了许多色彩。然而,有情绪好不好呢?一个成功的人应不应该流露情绪?怕不怕被人说你太情绪化?所以宁愿不要有情绪……其实真正的问题并不是情绪本身,而在情绪的表达方式,如果能以适当的方式在适当的情境表达适度的情绪,就是健康的情绪管理之道。

一、情绪管理原则

情绪管理是指通过研究个体或群体对自身情绪和他人情绪的认识、协调、引导、互动和控制,充分挖掘和培植个体和群体的情绪智商,培养驾驭情绪的能力,从而确保个体和群体保持良好的情绪状态,并由此产生良好的管理效果。

情绪管理,就是用对的方法,用正确的方式探索自己的情绪,然后调整自己的情绪,理解自己的情绪,放松自己的情绪。

(一) 情绪管理的原则

(1) 先处理心情,再处理事情。
(2) 离境、暂停、放慢动作,深呼吸。

(3) 只问苦乐，不抓是非。
(4) 内心的寂静是世界和平的开始。
(5) 先心开再沟通，不是想沟通而心开。
(6) 无信莫开口，只管带路莫怨路。
(7) 有爱无疑，心大于境。
(8) 先帮助对方建立自信再讲他的缺点。
(9) 倾听的艺术：不判断、不打算，不急于解释。

学会换位思考，这是体察和理解别人情绪最好的方法。因势利导，出乎自然。

(二) 如何管理情绪

第一，体察自己的情绪。也就是，时时提醒自己注意：我的情绪是什么？例如：当你因为朋友约会迟到而对他冷言冷语，问问自己：我为什么这么做？有什么感觉？如果你察觉你已对朋友三番两次的迟到感到生气，你就可以对自己的生气做更好的处理。有许多人认为：人不应该有情绪，所以不肯承认自己有负面的情绪，要知道，人一定会有情绪的，压抑情绪反而带来更不好的结果，学着体察自己的情绪，是情绪管理的第一步。

第二，适当表达自己的情绪。再以朋友约会迟到的例子来看，你之所以生气可能是因为他让你担心，在这种情况下，你可以委婉地告诉他："你过了约定的时间还没到，我好担心你在路上发生意外。"试着把"我好担心"的感觉传达给他，让他了解他的迟到会带给你什么感受。什么是不适当的表达呢？例如：你指责他："每次约会都迟到，你为什么都不考虑我的感觉？"当你指责对方时，也会引起他负面的情绪，他会变成一只刺猬，忙着防御外来的攻击，没有办法站在你的立场为你着想，他的反应可能是："路上塞车嘛！有什么办法，你以为我不想准时吗？"如此一来，两人开始吵架，别提什么愉快的约会了。如何适当表达情绪是一门艺术，需要用心地体会、揣摩，更重要的是，要确实运用在生活中。

第三，以适宜的方式舒解情绪。舒解情绪的方法很多，有些人会痛哭一场，有些人会找几个好友诉苦一番，有些人会逛街、听音乐、散步或逼自己做别的事情以免老想起不愉快，比较糟糕的方式是喝酒、飙车，甚至自杀。要提醒各位的是，舒解情绪的目的在于给自己一个理清想法的机会，让自己好过一点，也让自己更有能量去面对未来。如果舒解情绪的方式只是暂时逃避痛苦，而后续承受更多的痛苦，这便不是一个适宜的方式。有了不舒服的感觉，要勇敢地面对，仔细想想，为什么这么难过、生气？我可以怎么做，将来才不会再重蹈覆辙？怎么做可以降低我的不愉快？这么做会不会带来更大的伤害？根据这几个角度去选择适合自己且能有效舒解情绪的方式，你就能够控制情绪，而不是让情绪来控制你！

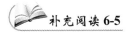
补充阅读6-5

关于情绪能力的"软糖实验"

实验人员把一组4岁儿童分别领入空荡荡的大房间，只在一张桌子上放着非常显眼的东西：软糖。

合规与道德

这些孩子进来前,实验人员告诉过他们,允许你走出大厅之前吃掉这颗软糖,但如果你能坚持在走出大厅之前不吃这颗糖,就会有奖励,能再得到一块软糖。结果当然是两种情况都有。专家们把坚持下来得到第二块糖的孩子归为一组,没有坚持下来只吃一块糖的孩子归为另一组,并对这两组孩子进行了14年的追踪研究。结果发现,那些向往未来而能克制眼前诱惑的孩子,在学业、品质、行为、操守方面,与另一组相比有显著优越的表现。这说明,决定人生成功的因素并非只有传统智商理论所认定的那些东西,非智力因素特别是情绪智力对个人的成功有着极为重要的影响。

人的自控能力大小跟人生成功与否有着密切的关系。心理学家经过长期研究认为:人与人之间的智商并没有明显的差别,但有的人之所以成功,有的人之所以未能成功,与各自的情商有密切的关系。情商的要素之一就是人的自控能力,从某种意义上讲,情商表现的是人们通过控制自己的情绪来提高生活品质的能力,即如何激活自己的潜能,如何克制自己的情绪冲动,如何使自己始终对未来充满希望,等等。

二、自我情绪控制

情绪的自我调控能力是指控制自己的情绪活动以及抑制情绪冲动的能力。情绪的调控能力是建立在对情绪状态的自我觉知的基础上的,是指一个人如何有效地摆脱焦虑、沮丧、激动、愤怒或烦恼等因为失败或不顺利而产生的消极情绪的能力。这种能力的高低,会影响一个人的工作、学习与生活。当情绪的自我调控能力低下时,就会使自己总是处于痛苦的情绪旋涡中;反之,则可以从情感的挫折或失败中迅速调整、控制并且摆脱而重整旗鼓。

(一) 根据心理学角度、负面情绪的类型及其所对应的情况,一般有以下调控措施(见表6-2)

表6-2 负面情绪的类型及其所应对的情况

情绪类型	出现情况	调控办法
愤怒	① 受到毫无理由的指责 ② 受到别人的欺骗 ③ 客户提出无理的要求	① 做几下深呼吸,保持冷静 ② 到无人的地方大吼几声 ③ 事后做剧烈的运动发泄 ④ 想想"莫生气"的歌谣
沮丧	① 工作任务没完成 ② 受到领导批评	① 相信自己的实力,这次是偶然 ② 默念"失败不可怕,下次就成功" ③ 总结失败的原因来改正自己
得意	① 受到领导赞扬 ② 得到别人吹捧 ③ 业绩完成得非常好	① 认清自己的实力 ② 仔细想想赞扬中是否有所求 ③ 看看更成功的人
抵触	① 休息时间领导要求加班 ② 遇到挑剔的客户 ③ 同事要求帮忙自己也很忙	① 想想对方的难处 ② 想想有没有更好的替代办法

续表

情绪类型	出现情况	调控办法
难过	① 失恋 ② 亲人去世	① 找个朋友倾诉 ② 找点自己感兴趣的事情做做 ③ 出去旅游一次 ④ 散步
烦躁	① 工作压力大 ② 生理原因	① 适当调整工作计划 ② 找人倾诉 ③ 适当安排任务，避开生理周期

(二) 如何战胜负面情绪

在日常工作中，建立自信，能有效战胜负面情绪(见表6-3)。

表6-3 建立自信的方法及释义

建立自信的方法	释义
积极的心态	一定不能在自己努力工作的时候还在思想上认为自己不如别人
有自己的主见	明确表达自己的意见，没有必要一定要赢得别人的认可
跌倒了站起来	消极的人会被失败所击倒，而积极的人不会坐以待毙，他们会坚强地重新站起来，重新树立起信心
一次只做一件事	不要给自己太多的事做，最重要的是把最重要的一件事做好
大胆表现自己	对自己说：人与人其实没有什么不同，只是有人敢说、有人敢做、有人敢想。相信自己的价值，勇敢地表现自己
用激情来做事	自信来源于激情
表现自己的独特	尽管你的天空不是最亮的一片，但它是属于你自己的。尽管你不是最优秀的，但你是独特的
认真敬业	伟大的事并不是伟人把它做伟大的，而是平凡人把它努力做到最好，让它成就了那份伟大

(三) 如何养成情绪管理能力

在工作和生活中持健康快乐的工作心态，养成情绪管理能力(表6-4)。

表6-4 快乐的方法及释义

快乐方法	释义
培养乐观的人生态度	乐观的人会更健康，遇到病痛恢复得也快，对未来永远充满希望
培养外向性格	外向的人比内向的人更有成就，外向的人也更快乐
假装快乐	对着镜子假装快乐，慢慢就会变成真的快乐。学习快乐的人的动作和谈吐
保持足够睡眠和锻炼	充足的睡眠有利健康，提高活力。经常锻炼也能保证身体健康，远离疾病。这是快乐的基础

有一个可以得到幸福的可靠方法，就是以控制你的思想来得到。幸福并不是依靠外在的情况，而是依靠内在的状态。

无论怎样，一切很快都会过去，太多失败，都是因为自以为是。世界无对错，有人说是就一定有人说否，好坏不重要，重要的是拥有心灵的宁静。让自己的内心找到爱的感觉。

三、正向影响他人情绪

(一) 正向情绪影响他人

情绪具有传染能力，负面情绪的传播不仅不利于同事之间的沟通，更会影响客户情绪；而正向的情绪也会感染客户，维持良好的沟通氛围。表6-5是针对客户不良情绪的引导方法。

表6-5 针对客户不良情绪的引导方法

对方的不良情绪	如何去引导
客户愤怒	① 表现相应程度的解决态度(比如客户理赔款长期未到账找上门，自己应表示出很严重的关注、很诚恳的道歉、立刻解决的姿态，不能轻描淡写) ② 重新定义客户所遭遇的事情(帮助客户查找未到账的原因，并承诺到账期限) ③ 扩大痛苦，使其自己调控(告诉他生气伤身体等)
客户不满	① 倾听客户诉说 ② 表示赞许客户的看法 ③ 请客户提意见(比如可以说：您是我们的老用户了，您帮忙想想用什么办法改进这个不足呢？)

(二) 员工情绪管理

企业管理者如果不能很好地进行员工情绪管理，那么将会导致企业的工作效率低下，从而影响企业的发展，那么如何做好企业员工的情绪管理呢？

1. 开放沟通渠道，引导员工情绪

积极的期望可以促使员工向好的方向发展，员工得到的信任与支持越多，他就越会将这种正向、良好的情绪带到工作中，并能将这种情绪感染给更多的人。企业管理者必须要营造良好的交流沟通渠道，让员工的情绪得到及时的交流与宣泄，在企业管理中如果交流沟通渠道受阻，员工的情绪得不到及时的引导，这种情绪会逐步蔓延，进而影响到整个团队的工作。

2. 匹配工作条件，杜绝消极情绪

工作环境等工作条件因素对员工的情绪会产生很大影响，在实际的工作中，企业管理者需要将工作条件与工作性质进行匹配，从而避免其消极情绪的产生。

3. 培训情绪知识，增强员工理解

情绪心理学家 Izard 指出，情绪知识在决定人们的行为结果时可能起到调节作用。情绪知识是员工适应企业的关键因素,企业管理者可以通过有针对性的"情绪知识"培训,增强员工对企业管理实践的理解能力,激发员工的工作积极性以适应组织的需要。

4. 营造情绪氛围,提升个体感受

每个企业都有一定的氛围,表现为组织的情绪,如愉快的工作氛围、沉闷的工作氛围、复杂的人际关系等。这种组织情绪会影响员工的工作效率和心情,甚至会成为一个员工是否留在企业的原因。在企业管理当中整个组织的情绪氛围会影响和改变员工的情绪,尽管员工和组织的情绪是相互影响的,但是组织对个体的影响力量要比个体对整个组织的影响力量大。因此,从企业发展的角度来看,企业管理者必须要营造企业良好的情绪氛围。

第七节 保险职业道德与核心价值观

一、价值观概述

价值观,是基于人的一定的思维感官之上而作出的认知、理解、判断或抉择,也就是人认定事物、辩定是非的一种思维或价值取向,从而体现出人、事、物一定的价值或作用。在阶级社会中,不同阶级有不同的价值观念。

任何一种思想在没有被绝对否认之前,那么这种思想所形成的视角、背景、判断以及它所述说的意义,都会有着一定程度上的客观价值所在,而这种思想的价值则在于它所被认可的程度跟意义,就是人对于这种思想的理解感知,这是人性思维里最简单也是最真实的评定所在,这也就评定出一种思想是否伟大,而这种思想又是否可以成为价值观的由来。

二、社会主义核心价值观

党的十八大提出,倡导富强、民主、文明、和谐,倡导自由、平等、公正、法治,倡导爱国、敬业、诚信、友善,积极培育和践行社会主义核心价值观。富强、民主、文明、和谐是国家层面的价值目标,自由、平等、公正、法治是社会层面的价值取向,爱国、敬业、诚信、友善是公民个人层面的价值准则,这24个字是社会主义核心价值观的基本内容。

"富强、民主、文明、和谐",是我国社会主义现代化国家的建设目标,也是从价值目标层面对社会主义核心价值观基本理念的凝练,在社会主义核心价值观中居于最高层次,对其他层次的价值理念具有统领作用。富强即国富民强,是社会主义现代化国家经济建设的必然状态,是中华民族梦寐以求的美好夙愿,也是国家繁荣昌盛、人民幸福安康的物质基础。民主是人类社会的美好诉求。我们追求的民主是人民民主,其实质和核心是人民当家做主。它是社会主义的生命,也是创造人民美好幸福生活的政治保障。文明是社会进步的重要标志,也是社会主义现代化国家的重要特征。它是社会主义现代化国家文化建设的应有状态,是对面向现代化、面向世界、面向未来的,民族的科学的大众的社会主义文化的概括,是实现中华民族伟大复兴的重要支撑。和谐是中国传统文化的基本理念,集中体现了学有所教、劳有所得、病有所医、老有所养、住有所居的生活局面。它是社会主义现代化国家在社会建设领域的价值诉求，是经济社会和谐稳定、持续健康发展的重要保证。

"自由、平等、公正、法治"，是对美好社会的生动表述，也是从社会层面对社会主义核心价值观基本理念的凝练。它反映了中国特色社会主义的基本属性，是我们党矢志不渝、长期实践的核心价值理念。自由是指人的意志自由、存在和发展的自由，是人类社会的美好向往，也是马克思主义追求的社会价值目标。平等指的是公民在法律面前的一律平等，其价值取向是不断实现实质平等。它要求尊重和保障人权，人人依法享有平等参与、平等发展的权利。公正即社会公平和正义，它以人的解放、人的自由平等权利的获得为前提，是国家、社会的根本价值理念。法治是治国理政的基本方式，依法治国是社会主义民主政治的基本要求。它通过法制建设来维护和保障公民的根本利益，是实现自由平等、公平正义的制度保证。

"爱国、敬业、诚信、友善"，是公民基本道德规范，是从个人行为层面对社会主义核心价值观基本理念的凝练。它覆盖社会道德生活的各个领域，是公民必须恪守的基本道德准则，也是评价公民道德行为选择的基本价值标准。爱国是基于个人对自己祖国依赖关系的深厚情感，也是调节个人与祖国关系的行为准则。它同社会主义紧密结合在一起，要求人们以振兴中华为己任，促进民族团结、维护祖国统一、自觉报效祖国。敬业是对公民职业行为准则的价值评价，要求公民忠于职守，克己奉公，服务人民，服务社会，充分体现了社会主义职业精神。诚信即诚实守信，是人类社会千百年传承下来的道德传统，也是社会主义道德建设的重点内容，它强调诚实劳动、信守承诺、诚恳待人。友善强调公民之间应互相尊重、互相关心、互相帮助，和睦友好，努力形成社会主义的新型人际关系。

三、中国保险业核心价值观

(一) 中国保险行业核心价值观的内涵

价值理念是人们经过长期的理性思考及实践所形成的关于价值取向的思想观念、精神向往、理想追求和哲学信仰的抽象概括，具有鲜明的导向性、前瞻性及规范性特征。

行业价值理念是行业企业员工对行业企业存在的意义、经营目的、经营宗旨的价值评价，决定着员工的行为取向。

核心价值理念或核心价值观，简单来说就是某一社会群体判断社会事务时依据的是非标准和遵循的行为准则。

任何一个国家、民族、行业在长期的社会实践活动中都会形成自己的价值观念体系，以及拥有居于核心地位、起主导和统领作用的核心价值体系。它决定着这个国家、民族、行业的发展方向、发展动力和影响力。

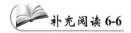

补充阅读6-6

中国保险业核心价值观的提出

伴随着中华民族伟大复兴和我国经济社会全面发展，我国保险业发展取得了举世瞩目的历史性成就，保费规模跃居全球第六位，创造了全球重要新兴保险市场的辉煌业绩。截至2012年年底，保险业总资产首次突破7万亿元，达到7.35万亿元，是1992年的144多倍。实现原保险保费收入1.55万亿元，是1992年的42倍。

保险业硬实力提升的背后，体现的是行业文化发展的软实力。保险业坚持"兼济天下"的人文情怀，坚守"我为人人，人人为我"的理想信念，积淀了丰厚的文化底蕴。为了实现以"文化的力量"，进一步助推保险业科学、稳定、健康、持续的发展。保监会总结行业发展历史、凝聚各方智慧、着眼行业发展大计，把"守信用、担风险、重服务、合规范"确立为行业核心价值理念。简明易懂、质朴无华的12个字，渗透着保险从业人员热情服务、勇于担当的精神追求，传递着保险行业诚实守信、规范经营的道德尺度。2013年3月21日，保险行业核心价值理念正式向社会发布。这是全行业的一件大事，标志着保险行业文化建设在酝酿、挖掘和提炼的基础上向更高水平又迈出了坚实的一步。

(资料来源：保险行业文化手册)

1. 保险业核心价值观的内涵

保险业核心价值体系是社会主义核心价值体系在保险行业的生动体现。保险业核心价值观，即保险行业共同遵循的行业理念、价值观念和行为准则。

守信用、担风险、重服务、合规范——保险行业的核心价值观，倡导通过真诚专业的销售，提供完善的风险保障，提升周全的客户服务，重视合法规范经营来塑造保险行业文化，推动行业科学可持续发展；同时，树立行业形象，打造先进、发达、健康、文明的保险行业。

2. 保险业核心价值观的意义

保险业核心价值观就是保险业的发展志向。保险业确立核心价值观，既要反映保险业对于自身经营管理、服务社会、履行责任时所持的态度和坚持的标准，也要符合现阶段社会主义核心价值观的内涵。保险业的核心价值观，从某种意义上讲，可以理解为保险业的发展志向，要能够体现保险业的发展主张，要能够使其从业人员信奉并坚守，要能够有效处理好业内与业外、业内之间的矛盾关系，要能够清晰地表达对社会、对客户、对员工、对股东等各相关群体的看法或态度，能够表明企业生存发展的志向和价值取向。

保险业的核心价值观要具有统领行业科学发展的作用。从保险业自身来讲，要实现又好又快发展，就必须始终坚持以科学发展观为统领，将自身的发展融入服务经济社会发展与和谐社会建设的全局，加快结构调整和发展方式转变，着力保护保险消费者利益，积极探索建立自身成长与社会贡献兼具的商业模式，实现行业与社会的和谐发展。这其中，核心价值观的建立至关重要。

保险业的核心价值观要具有引领行业文化思潮的作用。文化是一种软实力。从狭义上讲，保险行业文化，应该是行业在改革发展和经营管理实践中形成的能够为行业内部所认同的并共同遵守的、体现行业特点的发展使命、发展愿景、发展宗旨、发展精神和价值观等各方面的总和。这种行业文化指导下的行业发展精神，是推动行业科学发展的不竭动力。从行业科学发展着眼，必须要有一种主流的，积极、健康、向上的文化来引领，形成一种行业主流文化，使之成为行业内部奋发向上、开拓进取的精神纽带，从而引领行业走上发展科学、效益显著、整体素质不断提高、与经济社会协调发展的道路。这种文化的核心组成部分，就是核心价值观的体现。

(二) 保险行业守信用、担风险、重服务、合规范的理念

日益强大的中国保险业，以"保险，让生活更美好"为服务使命，创建和践行"守信用、担风险、重服务、合规范"为核心和主题的行业文化，形成具有鲜明时代特征和行业特色的文化体系，充分发挥文化在引领行业思潮、凝聚行业共识、增进行业力量的重要作用，是一项长期的战略任务。

1. 保险业守信用的理念

保险业守信用的理念是保险经营的基本原则。

保险是一种基于信用的契约行为，是对未来不确定的承诺。诚信是保险业的生存之本，是行业发展的生命线，也是保险业最基本的道德规范和行为准则。保险业必须以最高的诚信标准要求自己，信守承诺，讲求信誉，向客户提供诚信服务，才能树立良好的社会形象，才能赢得社会的信赖支持，才能不断发展壮大。

保险行业的核心价值观里，其中"守信用"是关键所在，只有在"守信用"之后才能谈得上"担风险、重服务、合规范"。后三句是形而下的行为，是一个行业和具体的公司日常经营和管理的基本要求，而"守信用"是形而上的思想，是一个行业、所有公司、具体从业人员的基本行为规范、道德要求。

守信用是保险业发展的根基，是行业的生命线。作为社会主义经济的重要组成部分，我国的保险业一直以诚实守信为立业之本、客户至上为服务宗旨，努力践行着这一价值观念，为保险业的持续发展保持了良好的外部环境、树立了保险业良好的社会现象。尤其是近年来我国保险业持续开展信用体系建设，大力推行行业服务标准化、规范化、制度化建设，行业诚信服务的质量和水平都上了一个新台阶，也正在努力使诚信文化入脑入心，落实到基层销售，体现在每个人的行为中。

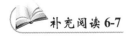
补充阅读6-7

保险业坚持诚信经营，培育诚信文化

多年来，保险行业一直把发展诚信文化、开展诚信教育作为基础性工作来抓，内容包括建立诚信为基础的企业文化、建立和培养诚信的销售队伍、控制和防范销售渠道失信风险、挖掘推广诚信服务窗口和服务标兵。将诚信融入日常经营的每个环节，全方位接受社会和舆论监督，保险行业曾向社会发布《诚信宣言》，倡导讲求信用、一诺千金、严于自律、诚信展业、合规经营，积极维护行业诚信基础和社会形象。

(资料来源：保险行业文化手册)

2. 保险业承担风险的理念

承担风险是保险的本质属性。

保险的含义是"指投保人根据合同约定,向保险人支付保险费,保险人对于合同约定的可能发生的事故因其发生所造成的财产损失承担赔偿保险责任,或者当被保险人死亡、伤残、疾病或者达到合同约定的年龄、期限等条件时承担给付保险责任的商业保险行为"。在不同的社会发展时期,由于保险所处的经济条件不同,保险职能在人们的实践中表现得效果也不一样,所以,保险的作用也不尽相同。从经济的角度讲,保险是一种经济行为,是一种金融行为,是分摊意外事故损失的一种财务安排。从法律的角度讲,保险是一种合同行为,保险双方的权利义务在合同中约定,保险合同中所载明的风险必须符合特定的要求。从社会角度看,保险是社会经济保障制度的重要部分,是社会生产和社会生活的"稳定器"。从风险管理角度看,保险是风险管理的一种方法,它的基本职能是分散风险,补偿损失。它的派生职能,一是融通资金;二是防灾防损;三是参与社会管理;四是参与对国民收入的再分配。无疑,风险无处不在,保险无处不有,这就是保险的本质。

因此,保险业作为经营风险的特殊行业,要通过科学专业的制度安排,为经济社会分担风险损失,提供风险保障,参与社会管理,支持经济发展,充分发挥保险的"社会稳定器"和"经济助推器"功能作用。要坚持改革创新,加快转变发展方式,不断提升风险管理能力和核心竞争力,增强行业发展活力,夯实科学发展基础,更好地履行保险责任。

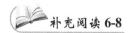
补充阅读6-8

保险业提供风险保障,彰显社会责任和使命

保险业在企业、个人乃至全社会提供风险保障,特别是在灾难紧急救援中积极抗争风险,发挥重要的经济补偿功能,彰显和践行了保险业的责任和使命。2008年年初南方低温雨雪冰冻灾害中,保险业共接到雨雪灾害报案85.1万件,支付赔款10.4亿元;"5·12"大地震后,接到地震灾区客户投案12.4万件,主动联系客户14.9万件,赔付保险金6.1亿元;玉树地震后,接到报案86起,赔付327.3万元;2012年北京"7·21"暴雨和"布拉万"台风等重大灾事故中,保险业都较好地履行了赔付责任。2013年,四川雅安地震后,保监会第一时间组成工作组赶赴灾区指导保险业参与抗震救灾工作。

据相关数据统计,保险业累计为社会公众提供23.86亿份保障计划,累计赔付支出超过2.5万亿元;积极服务三农,开发700余个农业保险产品,为5.7亿户次农户提供2.25万亿元农业风险保障;服务国家经济贸易发展,信用保险累计为国内外贸易承担风险保障金额逾10.13万亿元;保险资金参与国家基础设施及保障房建设,累计投入达2592亿元,发挥了保险资金改善民生的积极作用。

(资料来源:保险行业文化手册)

3. 保险业重服务的理念

重服务是保险价值的实现途径。

保险属于金融服务业,保险是无形产品,服务是基本手段。保险业要积极服务经济社会发展和人民群众多层次的保险需求,加大产品和服务的创新力度,着力提升服务质量和水平,通过真诚文明、专业精细、优质高效的保险服务,传达保险关爱,体现保险价值。

重服务就是客户至上。客户至上是指各保险机构的各项经营活动必须以客户为中心，以客户的需求为导向，向客户提供热情、周到和优质的专业服务；同时在执业活动中应主动避免可能与客户产生的利益冲突，不能避免时，应向客户或所属机构作出说明，并确保客户和所属机构的利益不受损害。

客户至上，有利于保险业的生存发展。保险业属于服务行业，客户至上就要求各类保险机构按照客户需求组织业务活动，在产品开发工作中把客户需求作为出发点；业务流程设计、理赔、保全服务等方面以及方便客户为第一原则；在机构的内部培训中，把客户至上理念贯彻对销售人员的培训中。同时在公司强化内部客户的理念，把一线销售人员作为客户，为其提供更方便、更快捷的服务支持，因为只有销售人员对公司的服务满意，最终才能让客户满意。唯有将客户至上这一理念贯彻至保险企业经营全部过程中，才能使保险业创造出无限的发展空间，可以在同质的产品之上形成差异化的经营特色，并且为客户和企业创造双重附加值。使客户至上的服务理念成为保险业的核心价值观，从这个意义上说，坚持客户至上有利于保险业的生存和发展。

客户至上。从根本上说，要落实到最优服务上。最优服务主要表现在两个环节上，一是让客户享受的风险管理服务；二是为客户提供售后服务。

关于风险管理服务。保险从业人员应深入了解和分析客户所面临的风险，并进行定性和定量相结合的风险评估。并在风险评估的基础上，以客户容易理解的方式向客户提供风险管理建议。以便客户对建议的内容作出明智合理的决策。要做好最优的风险管理服务，除了保险从业人员为客户着想的动机和态度之外，专业技术水平是个关键。

售后服务同样重要。保险从业人员与客户保持适度的联系，及时解答客户提出的有关问题，协助客户办理变更保单信息、通知客户续保、办理保单续保事宜。如果客户提出退保，保险代理人应当提醒客户保单中有关退保的条款、退保可能引致的财务损失以及退保后客户所面临的保单保障范围内的风险。保险从业人员应当按照所属机构的要求协助客户做好防灾防损工作。

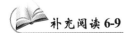
补充阅读6-9

沃尔玛尊重客户小故事

一位大爷拿着一个轮胎到沃尔玛客服柜台，说轮胎不能用，要求退款，服务人员很有礼貌地解释，但是坚持不退钱，这时值班经理过来了，问清缘由之后问："大爷，您的发票带来了吗？"大爷说来得匆忙忘记了，最后值班经理拿出50元给大爷，把大爷送到门外，再三地跟大爷说："大爷，如果您有空的话可以把发票送过来。"大爷拿着钱走了。可是过了半个小时大爷又来了，把50元往桌上一放，连声说对不起，原来在沃尔玛根本就不出售轮胎，大爷走错地方了。

从这件事可以看出沃尔玛是多么的尊重客户，这值得我们保险业深刻学习。

第六章 保险职业道德实务

补充阅读 6-10

江泰保险经纪股份有限公司三大举措为客户提供保险服务

构建覆盖全国的客户服务网络，提高客户服务质量。

江泰公司在全国全部省、市、区和计划单列市设立了 45 家分支机构，形成了覆盖全国的客户服务网络体系，为实现"高标准、零距离、随叫随到"的本地化优质服务提供了组织保障，保证经常及时地为客户提供风险管理和保险索赔服务。

建立首席经纪人制度，强化内控合规管理。

江泰公司建立了以首席经纪人为核心的内控制度，把首席保险经纪人按业务类别分为财产与责任保险和人身保险首席保险经纪人两类。在公司业务授权范围内，任职首席保险经纪人按照《中华人民共和国保险法》《保险经纪机构管理规定》及中国保监会下发的其他有关业务操作的规范性文件或规定、公司下发的相关规定，监控所属机构各项业务的操作流程执行情况和技术风险防范情况，确保所属机构的各项业务操作合法守规、避免职业责任风险事故发生，并在符合上述各项规定的基础上大力促进公司整体技术提升和市场开发。

创新保险服务，化解社会矛盾。

江泰公司成立了以各行业专家、顾问为骨干的多个行业风险部，在公司财产、责任、工程、人寿、再保险等技术部门的配合下，将先进的风险管理技术与缜密的保险方案技能有机地结合，为客户量体裁衣提供保险采购方案。

(资料来源：中国保险行业协会)

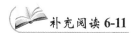
补充阅读 6-11

保险业推动服务升级，优化客户体验

在长期发展过程中，保险业不断创新服务措施，加快产品和服务创新，推出客户服务热线、"客户服务月""客户服务节"、公司服务承诺书等，深入推进"理赔无忧""理赔不难""快速理赔"工程，依托现代网络技术、移动通信、云技术等现代科技，实现客户信息查询、产品信息披露、在线投保、便捷理赔、保单信息保全等服务举措，不断提升客户满意度和优质体验。

(资料来源：保险行业协会手册)

4. 保险业合规范的理念

合规范是保险市场健康运行的前提条件。

保险的价值是通过规范的服务来具体体现的，就是要求为保险消费者提供规范的服务，而且要在这个基础上努力提高水平。保险机构和从业人员必须严格遵守国家法律法规、行业规则规范、职业道德准则，并在具体工作中时时处处规范行事。要在全行业大力倡导知法守法、合规经营的道德风尚，培育良好的市场秩序，保障保险业的健康可持续发展。

"合规",顾名思义就是合乎规范、符合规章。古人云"矩不正,不可以为方,矩不正,不以为圆"。任何事物、任何现象都有着自身的发展规律和轨迹,这就是哲学上讲的"没有绝对的自由"。简单地说,合规就是为了保证一个单位、一个团体里所有的成员能够自觉做到依法办事,在单位内、团体里确立合规的理念、倡导合规的风气、加强合规的管理、营造合规的气氛,形成一种良好的软环境。

保险企业的"合规",是指保险公司及其员工的保险经营管理行为应当符合法律法规、监管机构规定、行业自律规则、公司内部管理制度以及诚实守信的道德准则。合规经营是一种文化,相对应的是公司进行合规经营。合规经营绝不仅仅是公司的事,也不仅仅是张贴在墙上的规章制度,而应该在公司经营的各个环节上都符合相应的规章制度。

保险是什么?现在看来保险就是一张单据,一张契约。简单地说,保险就是一张合同,只不过这张合同是带有期限性、特定条件、有一定诺承性,具有相应法律效应的单据。如果抛开这些特定的条件,保险就是一张白纸,而且这张白纸是很贵的。如果在保险经营中不按照规范经营,那么保险就是一个"大陷阱",保险就失去了存在的价值和意义,而我们之前谈的所有一切都是空的。

如何做到合规呢?合规是指保险公司及其员工和营销员的保险经营管理行为应当符合法律法规、监管机构规定、行业自律规则、公司内部管理制度以及诚实守信的道德准则。合规风险是指保险公司及其员工和营销员因不合规的保险经营管理行为引发法律责任、监管处罚、财务损失或者声誉损失的风险。

简单来说就是严格按照《保险法》进行操作,严格按照中国保监会所颁布的各项规章、制度、办法来进行日常活动的规范。《保险法》是我国保险业的行为准则,它的颁布是为了规范保险的各种行为,如果脱离了该法的范围,保险业就失去了应有的市场和作用,也使保险行业处于危险境地。保监会的各种规章、制度、办法也是根据整个保险行业的实际情况制定的,是为了更好地发展而制定的。

近年来,为维护广大被保险人利益和保险市场秩序,保监会不断完善监督体制机制、建立健全各类监管规章制度,坚持"为民监督、依法公正、科学谨慎、务实高效"的监管核心价值理念。各级保险行业组织切实完善自律管理机制,系统指定和发布自律公约、服务承诺、行业标准和倡议。各保险企业制定了贯穿经营管理全过程的内部控制制度和执行体系,全行业形成了行政监管、行业自律、企业内控、社会监督四位一体的监督体系,以确保市场和谐、规范、理性发展。

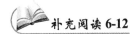

补充阅读6-12

保险业完善行业自律机制,促进市场科学发展

为维护广大被保险人的利益和保险市场的秩序,保监会不断完善监管体制机制、建立健全各类监管规章制度,坚持"为民监管、依法公正、科学审慎、务实高效"的监管核心价值理念。各级保险行业组织切实完善自律管理机制,系统制定和发布自律公约、服务承诺、行业标准和倡议。各保险企业制定了

第六章 保险职业道德实务

贯穿经营管理全过程的内部控制制度和执行体系,全行业形成了行政监管、行业自律、企业内控、社会监督四位一体的监督体系,以确保市场和谐、规范、理性发展。

(资料来源:保险行业文化手册)

 案例 6-7

平安保险"客户至上,服务至上"服务理念的实施

1. 全方位服务的行动

平安保险的客户服务分为两个部分:第一部分,核心的服务,是指保单上承诺客户的服务,客户在一定的时候可以改变他的保额、可加保、减保、改变缴费的方式、期限、保单贷款等。这些事与保险保障密切相关的,在保单上明确规定的。第二个部分,附加价值服务,与保险保障没有密切关系的,是提供给客户的附加服务,主要包括:每年告客户服务活动、联络交流、回访客户等。

平安保险把客户服务管理简称为"3A"服务网络,即客户在 ANY TIME(任何时间)、ANY WHERE(任何地点)、ANY WAY(任何途径)都可得到最好的服务,让客户享受到满意服务。

平安保险实施服务网络。平安建设了以电话中心和互联网为核心,依托门店服务中心和专业业务员团队的"3A"服务模式,为客户提供全国通赔、定点医院、门店"一柜通"等差异化的服务。平安全国电话中心向客户承诺,提供一周 7 天、一天 24 小时的全天候电话服务,保证客户的需求在 24 小时内获得答复。

平安保险实行全国通赔特色服务。无论在哪里,只要购买了平安的车险,在全国各地任何平安的分支机构,都可以获得它的理赔服务,让客户享受到中国平安的保障与护佑。

平安保险开展海外急难援助服务。1997 年,平安保险在国内同业中首先推出了海外急难援助服务,平安海外急难援助是为全体平安客户提供的一项特殊服务。有由国际著名的急难援助机构 SOS 为公司客户提供包括医疗服务机构转介、递送基本药物、费率团体转介、紧急翻译援助、遗体运送回国或当地火化安葬、亲属探病等一系列服务。

平安保险斥资百万鼓励客户维护自己的权益。平安每年因客户资料的不完整造成各种单证无法送达、客户保单失效、影响理赔效率等现象经常出现,使保险公司无法更好地为客户服务,也降低了客户满意度。平安人寿在全国范围内开展客户资料维护活动,就是为了确保客户信息的准确性、完整性、规范性,以便更好地位客户提供及时、高效的服务。

2. 令人满意的客户满意度

2006 年 11 月,中国保监会公布的中国保监会的《中国寿险客户满意度调查研究》显示,中国平安人寿保险股份公司在被调查的 24 家保险公司中,多项指标均名列前茅,明显领先于其他行业。平安客服满意度在同行业中令人瞩目,客户总体满意度第一,客户忠诚度第一,产品功能、保险营销员售后服务满意度、理赔合理性多个细分指标第一。

在保监会公布的这份报告中,有 64.6%的被调查客户认为寿险公司客户服务非常满意或比较满意。平安人寿在 24 家被调查公司中脱颖而出,位居客户满意度之首。同时,凭借优质、高效的客户服务,平安人寿的客户忠诚度也明显领先于其他行业,在客户续保、再购买及推荐他人购买三个方面,也表现最好。

在此次调查中,公众对平安人寿的专业、高素质的客户服务表示满意。平安人寿在客户服务方面的多个关键指标,如信息咨询服务、保单管理服务、理赔服务、保险金额领取服务等方面均遥遥领先。

合规与道德

在"首届中国消费者(用户)最喜爱品牌"民意调查中,中国平安在服务、信誉、企业形象、客户满意度、市场竞争力等诸多方面得票名列前茅,满意度高达 95%,被全国消费者推选为"中国保险服务市场消费者最满意最喜爱品牌"。

(资料来源:赵守兵,刘俊. 中国平安保险:企业文化与团队管理[M]. 深圳:深圳出版发行集团,2009)

要点:

1. 平安保险在工作中十分重视以人为本的道德观念,通过"客户至上、服务至上"细心优质的服务赢得了客户,获得令人瞩目的客户满意度和客户忠诚度。

2. 平安保险传承了优秀的行业理念,坚持客户至上、诚信为本,重视客户利益,保障客户权益不受侵害,无微不至的服务得到了社会的认可,最终领先于其他保险企业,获得保险行业知名度和美誉度。

3. 这个案例告诉我们:保险企业作为保险行业的一分子,服务质量的优劣,直接关系着保险行业的形象与发展。广大保险企业应把客户利益放在公司发展战略的首位上,尊重、维护客户的合法权益,竭诚为客户提供一流的服务,用服务赢得客户信任,用真诚获得客户回报,才能获得长足发展。

四、保险企业核心价值观

(一) 企业核心价值观来源

企业的价值观,是指企业员工对企业存在的意义、经营目的、经营宗旨的价值评价和为之追求的整体化的群体意识,是企业全体职工共同的价值准则。只有在共同的价值准则基础上才能产生企业正确的价值目标。有了正确的价值目标,才会有奋力追求价值目标的行为,企业才有希望。因此,企业价值观决定着员工行为的取向,关系企业的生死存亡。只顾企业自身经济效益的价值观,就会偏离社会主义方向,不仅会损害国家和人民的利益,还会影响企业形象;只顾眼前利益的价值观,就会急功近利,搞短期行为,使企业失去后劲,甚至导致灭亡。

价值观是企业文化的核心,统一的价值观使企业内成员在判断自己行为时具有统一的标准,并以此来选择自己的行为。因此,企业价值观是与企业文化密切相关的。

企业文化是在一定的条件下,企业生产经营和管理活动中所创造的具有该企业特色的精神财富和物质形态。它包括文化观念、价值观念、企业精神、道德规范、行为准则、历史传统、企业制度、文化环境、企业产品等。

企业文化是企业在生产经营实践中逐步形成的,为全体员工所认同并遵守的、带有本组织特点的使命、愿景、宗旨、精神、价值观和经营理念,以及这些理念在生产经营实践、管理制度、员工行为方式与企业对外形象的体现的总和。它与文教、科研、军事等组织的文化性质是不同的。

企业文化是企业的灵魂,是推动企业发展的不竭动力。它包含着非常丰富的内容,其核心是企业的精神和价值观。这里的价值观不是泛指企业管理中的各种文化现象,而是企业或企业中的员工在从事商品生产与经营中所特有的价值观念。

(二) 企业核心价值观作用

正因为企业核心价值观是企业文化的基础，所以要认清企业核心价值观的作用，首先要了解企业文化内涵中的几个方面。

根据企业文化的定义，其内容是十分广泛的，但其中最主要的应包括如下几点。

第一，企业制度。企业制度是在生产经营实践活动中所形成的，对人的行为带有强制性，并能保障一定权利的各种规定。企业制度是精神文化的表现形式，是物质文化实现的保证。企业制度作为职工行为规范的模式，使个人的活动得以合理进行，内外人际关系得以协调，员工的共同利益受到保护，从而使企业有序地组织起来为实现企业目标而努力。

第二，企业道德。企业道德是指调整该企业与其他企业之间、企业与顾客之间、企业内部职工之间关系的行为规范的总和。它是从伦理关系的角度，以善与恶、公与私、荣与辱、诚实与虚伪等道德范畴为标准来评价和规范企业。

第三，企业价值观念。企业价值观念是指企业基于自身特定的性质、任务、宗旨、时代要求和发展方向，并经过精心培养而形成的企业成员群体的精神风貌。企业价值观念要通过企业全体职工有意识的实践活动体现出来。因此，它又是企业职工观念意识和进取心理的外化。

企业价值观念是企业文化的核心，在整个企业文化中起着支配的地位。企业价值观念以价值目标为动力，对企业经营哲学、管理制度、道德风尚、团体意识和企业形象起着决定性的作用。可以说，企业价值观念是企业的灵魂。企业价值观念通常用一些既富于哲理又简洁明快的语言予以表达，便于职工铭记在心，时刻用于激励自己；也便于对外宣传，容易在人们脑海里形成印象，从而在社会上形成个性鲜明的企业形象。

企业道德与法律规范和制度规范不同，不具有那样的强制性和约束力，但具有积极的示范效应和强烈的感染力，当被人们认可和接受后具有自我约束的力量。因此，它具有更广泛的适应性，是约束企业和职工行为的重要手段。中国老字号同仁堂药店之所以三百多年长盛不衰，在于它把中华民族优秀的传统美德融于企业的生产经营过程之中，形成了具有行业特色的职业道德，即"济世养身、精益求精、童叟无欺、一视同仁"。

所谓价值观念，是人们基于某种功利性或道义性的追求而对人们(个人、组织)本身的存在、行为和行为结果进行评价的基本观点。可以说，人生就是为了价值的追求，价值观念决定着人生追求行为。价值观不是人们在一时一事上的体现，而是在长期实践活动中形成的关于价值的观念体系。

综上所述，在一个企业中，企业制度是对员工要求的基础，是每一位员工必须遵守的，是合规的表现。企业道德是一种行为规范，虽没有强制性，但是每一位员工应该遵守的，是道德的标准。企业核心价值观是在企业文化的长期熏陶下，一种精神面貌的表现，是企业发展的动力源泉，是一种潜移默化中自觉遵守的内容。

(三) 保险企业核心价值观内容

保险企业虽然分为不同的类别，但由于保险行业的特点，和企业经营发展的需要，其核心价值观有相似之处，主要包含以下三个方面。

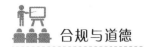
合规与道德

1. 爱岗敬业

爱岗敬业是指认真对待自己的岗位，对自己的岗位职责负责到底，无论在任何时候，都尊重自己的岗位的职责，对自己岗位勤奋有加。爱岗敬业是人类社会最为普遍的奉献精神，它看似平凡，实则伟大。

爱岗与敬业有着紧密的联系。爱岗，就是热爱自己的工作岗位，热爱自己的本职工作。敬业，就是以极端负责的态度对待自己工作。敬业的基本意思就是恪尽职守，大致包括两个内容：一是敬重自己所从事的工作，并引以为自豪；二是深入钻研探讨，力求精益求精。

首先，提倡爱岗敬业，热爱本职，并不是要求人们终身只能干"一"行、爱"一"行，也不排斥人的全面发展。它要求工作者通过本职活动，在一定程度上和范围内做到全面发展，不断增长知识，增长才干，努力成为多面手。我们不能把忠于职守、爱岗敬业片面地理解为绝对地、终身地只能从事某个职业。而是选定一行就应爱一行。合理的人才流动，双向选择可以增强人们优胜劣汰的人才竞争意识，促使大多数人更加自觉地忠于职守，爱岗敬业。实行双向选择，开展人才的合理流动，使用人单位有用人的自主权，可以择优录用，实现劳动力、生产资源的最佳配置，劳动者又可以根据社会的需要和个人的专业、特长、兴趣和爱好选择职业，真正做到人尽其才，充分发挥人的积极性和创造性。这与我们所强调的爱岗敬业的根本目的是一致的。

其次，求职者是不是具有爱岗敬业的精神，是用人单位挑选人才的一项非常重要的标准。用人单位往往录用那些具有爱岗敬业精神的人。因为只有那些干一行、爱一行的人，才能专心致志地搞好工作。如果只从兴趣出发，见异思迁，"干一行，厌一行"，不但自己的聪明才智得不到充分发挥，甚至会给工作带来损失。

另外，现实生活中能够找到理想职业人必定是少数的，对于多数人来说，必须面对现实，去从事社会所需要而自己内心不太愿意干的工作。在这种情况下，如果没有"干一行，爱一行"的精神，那么你就很难干好工作，很难做到爱岗敬业。

为什么要爱岗敬业呢？我们可以从两个方面来理解。一方面从个生存和发展空间上看，爱岗敬业是人类生存本能的的需要；另一方面从一个工作岗位的客观存在上看，爱岗敬业也是人类社会化分工和发展的需要。一个社会，现代化程度发展越高，社会化分工就越细，对从事工作的人员素质就要求越高。

2. 诚实守信

诚信是保险企业文化建设的灵魂。

企业家做企业，首先要做诚信人，"人无信而不立"。在中国，最受人们推崇的儒家文化就是强调诚信。古人曾说："人而无信，不知其可也，大车无轮，小车无轨，其何以行之哉！"说的是人失去诚信等于大车无辕、小车无轴，车子也就走不动了。

办企业无诚信，企业也就快废掉了，古今中外，大凡成功的企业家无不是诚信当头。近代红顶商人胡雪岩以其诚信，感动了商界，成就了"胡庆余堂"百年老店。

保险企业要生生不息，必须依靠诚信。一个成功的保险企业，把保险商品推向社会、卖给顾客的不仅仅是保险商品的本身，更重要的还有隐藏在保险商品内在的企业文化。一个企业在短期内成功，有一个市场适销对路的产品就可以了。要想中期成功，除了好的产品，还要不断研究、开发、更新产品，还要研究营销策略。但如果企业要想长盛不衰，百年不倒，除了产品优质，除了营销有方，还必须建设一种能保证企业生生不息的文化，而这个文化的精髓就是诚信。在这个文化的所有物质表现中，顾客不仅买到了商品，而且还由衷地对企业产生认同和信任。

诚信是保险企业文化建设的灵魂。要打造百年保险企业，首先要造就保险企业的百年诚信，并以此来构筑保险企业的百年文化内核。诚信是保险企业最好的形象大使，诚信更是保险企业无形资产中最核心的一部分。每个保险企业家在建设自己的保险企业文化时，一定要抓住这个本质，进而推进保险诚信建设，构建保险诚信体系。保险诚信体系是指在保险经营活动中，以最大诚信原则为基础，通过一定的法规和制度安排，对保险当事人的资质诚信程度和行为诚信程度进行评价，并对违反诚信原则的组织和个人进行约束及惩戒的一种机制。

3. 开拓创新

开拓创新是指人们根据确定的目标与需要灵活地、创造性地运用已知的一切知识与信息产生出某种具有独到见解的、新颖的、具有开拓性的而富有积极社会价值的精神产品或物质产品的能力。它是各种智力因素和能力品质在新的层面上融为一体、相互作用、有机结合所形成的一种合力。是以智能为基础具有一定科学根据的标新立异。我国保险业发展较晚，与国外成熟的保险市场在结构等方面有较大的不同。这就意味着中国的保险行业要崛起，必须探索出一条前所未有的发展道路，需要中国的保险人不断地开拓创新。

所谓创新，是指新产品、新工艺、新方法或新制度的发明或新资源、新市场的发现，是企业对环境的一种动态适应，因而是企业保持持久竞争优势的必然要求，是企业核心竞争力的不竭源泉。

创新是企业生存发展的根本，是企业健康稳定发展的源泉动力。只有弘扬创新文化，企业才能适应新的时代要求，满足企业的长远发展。企业要充分汲取传统文化"人定胜天"的思想，建设良好的创新环境，营造浓厚的创新氛围，对于培育创新思维、造就创新人才、培育创新成果，具有很好的促进作用。企业要千方百计构建有利于调动员工积极性的激励机制，培育有利于创造型人才成长的企业文化，培养员工的创新能力，让人力资本的效用实现最大化。

中华传统文化包含有儒家、道家、法家等思想，其中许多蕴含现代企业所追求的积极进取、开拓创新的理念。屈原说："路漫漫兮其修远兮，吾将上下而求索。"这是一种进取、奋斗的精神体现，而"进取、奋斗"作为一种精神，是为今天广大企业广为引用的。"天行健，君子以自强不息，地势坤，君子以厚德载物"，在中国的传统文化中，不论哪一派别都贯穿着一种自强不息、不断创新的进取精神。为构建传承过去、面向未来的企业文化提供了浓厚的文化积淀。

保险业同样如此，如果没有保险人的适时创新，消费者所面临的、随着经济社会发展而不断产生的新的风险就得不到全面保障；鼓励产品和渠道创新，不断提高行业科学发展能力。支持保险企业针对消费者的多层次需求，努力挖掘市场潜力，加大产品服务创新力度。

保险企业创新主要包含了产品创新、服务创新、制度创新、模式创新四个方面。

(1) 产品创新是保险企业的立足之本。在我国保险市场发展不成熟的时候，保险公司往往一张保单卖全国，不能体现不同地区、不同行业、不同风险单位对保险的客观需求，也就造成了保险市场供需不平衡。随着市场的成熟，保险企业能够针对不同客户面临的风险状况和财务能力，在实践中将先进的风险管理技术、缜密的保险方案制定技能、卓越的出险索赔效能、周到的客户服务体系科学，有机地集成并"量体裁衣"设计产品。

(2) 服务创新是保险企业赢得客户的源泉。保险是一种体验式消费，购买的好不好只有出险以后才知道，以往保险公司的惜赔、拒赔现象造成了保险业诚信度不高，不利于保险市场健康发展。服务创新能够更好地解决保险市场上出现的"投保容易，理赔难"的现象，创新设计的保险合同相对专业、详细，涵盖了特定情况下出现的保险责任如何来界定及相对应的服务、索赔事项，相对专业的保险方案为后期的索赔提供了依据，保证客户能够得到合理赔偿。

(3) 制度创新是保险企业健康发展的保障。保险业本身是经营和管理风险的行业，对自身可能出现的风险更应该时刻警惕，未雨绸缪。保险经纪行业作为新兴的朝阳行业，没有成功的经验可以借鉴，越是加快发展，越要防范风险。

(4) 模式创新是保险企业持续发展的动力。我国保险企业的经营机制还处在不断调整理顺中，保险公司习惯于承揽产品生产、销售、理赔、管理、资金运用等全过程，不仅增加企业成本和管理难度，还会造成专业化程度不高和管理不精细等问题。随着保险业的大发展必然促进保险产业的分工，必然会打破保险公司原有的"大而全、小而全"的一条龙式经营模式。模式创新就是改变保险公司现有的操作模式，充分满足被保险人需求、有效管控被保险人风险、全面保障被保险人利益。

事实证明，创新是保险企业生存之根本，是实现保险业又好又快发展的不竭动力。在国务院发布《关于加快发展现代保险服务业的若干意见》后，保险业在我国经济社会中的地位空前重要，保险企业以创新求发展的重要性和紧迫性进一步凸显。

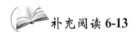

补充阅读6-13

新华保险孔萍：客户至上、爱岗敬业的小蜜蜂

"客户至上，真诚用心"——每当被问及成功秘籍时，孔萍总如是说，她的确也是这么做的。在她的概念里，客户的事，无论大小都是最重要的，对客户的承诺，无论大小她都尽全力兑现。一个阴冷的冬日，一早便下起密密的雨，当时风特别大，在近两个小时的车程之后，她又在风雨里徒步四十多分钟，终于准时出现在客户的面前，客户非常意外，说："我想今天天气这么差，我们这里这么偏远，今天也不是什么特别重要的事情，你不过来了呢！""跟您约好了要过来，别说下雨，就是下刀子也要过来啊。"她俏皮而又轻松地回答，其实那种皮靴湿透、全身湿冷的感觉只有她自己知道。

"不在拜访客户，就在去拜访客户的路上"这一直是她喜欢的工作状态。她总是尽可能把白天的有效时间用于客户拜访，做计划书、填写单证等事务性工作都要放在了下班后，所以对同事们来说，看到她准时下班是非常稀罕的事。随着承保客户的增加，事务性的工作也越来越多，她下班的时间也越来越晚。但几年如一日她乐此不疲，因为她热爱她的工作，热爱她的客户。

"专业知识和我们的产品一定要经常学习和温故，做到烂熟于心。"她经常跟新员工这样分享。在她看来，只有做到足够的专业，才能让客户对你足够的信任和放心，而且这也是作为公司形象所必须具备的。继去年取得"员工福利规划师"中级证后，她又再接再厉拿到了高级证书，但她并未就此止步，她又给自己提出了更高的要求……

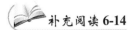

商鞅"立木取信"

商鞅是我国战国时期的改革家。他到秦国后，便说服秦孝公变革旧的法规，争取国家富强。公元前356年，商鞅被秦孝公任命为左庶长，主持变法。当时，商鞅要在秦国实行变法是很困难的，这一方面是因为一些旧贵族对变法持反对意见；另一方面老百姓也不相信秦孝公会真心实意地进行改革。

面对重重困难，商鞅心想：要在秦国进行改革，首先就要取得老百姓的信任，只有这样，才能在全国建立起一种诚信守法的良好社会风尚，从根本上保证变法的成功。于是，他在新的法令颁布之前，冥思苦想了好几天，终于想出了一个取信于民的好办法。他先叫人在都城的南门竖了一根三丈高的木头，下命令说："谁能把这根木头扛到北门去的，就赏十两金子。"

不一会，南门口围了一大堆人，大家议论纷纷。有的说："这根木头谁都拿得动，哪儿用得着十两赏金？"有的说："这大概是左庶长成心开玩笑吧。"

大伙儿你瞧我，我瞧你，就是没有一个敢上去扛木头的。

商鞅知道老百姓还不相信他下的命令，就把赏金提到五十两。没有想到赏金越高，看热闹的人越觉得不近情理，仍旧没人敢去扛。

正在大伙儿议论纷纷的时候，人群中有一个人跑出来，说："我来试试。"他说着，真的把木头扛起来就走，一直搬到北门。

商鞅立刻派人传出话来，赏给扛木头的人五十两黄澄澄的金子，一分也没少。

这件事立即传了开去，一下子轰动了秦国。老百姓说："左庶长的命令不含糊。"商鞅"立木取信"一事在秦国上下引起了很大的震动。它不但为朝廷树立了一个言而有信、说到做到的形象，而且为新法的顺利实施打下了坚实的基础。

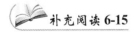

诚 信 立 业

近年来，江泰保险经纪股份有限公司一直按上市公司的规则和要求运行，守法合规经营，防范职业风险，建立了内控制度健全、业务操作标准、治理结构严谨的经营管理机制。针对中国保险业的发展情况，2004年江泰就编制了国内保险经纪企业第一部近30万字的《规章制度汇编》，对江泰公司业务、技术、财务、人力资源、行政等方面进行全面的控制和管理。根据保险经纪企业的特点，公司探索并实施了以公司总经理任命制、财务经理委派制、首席经纪人授权制制度，全方位加强了业务管控力度，有效地化解了监管、技术和市场之间的矛盾。公司研制开发出我国第一个大型保险经纪人综合信息管理系统，提高了公司信息化管理水平和工作效率。作为保监会规定的保险中介从业人员继续教育培训机构，江泰公司针对保险中介行业的职业特点，每年制订系统的培训计划，采取集中培训、互动培训、远程网络培训等多种形式，进行以"诚信"为核心内容的职业道德培训及各种技术培训，为规范保险市场、防范职业风险起到了重要作用。

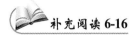

补充阅读 6-16

江泰在模式创新方面的探索

江泰保险经纪股份有限公司在山西探索医疗纠纷人民调解机制，就是一套科学合理、行之有效的医疗纠纷防范、调解和赔偿机制。先调解、再赔付，并设立相应的调解委员会，对于责任认定有争议的还需要通过鉴定委员会裁定，通过医学专家、法律专业人士、江泰保险经纪股份有限公司等多方共同裁定，改变了保险公司一家说了算的局面，有效减少了理赔得不到合理处理的情况发生。得到了国家卫生部的通报表扬，司法部与卫生部正式将医疗纠纷人民调解机制定位为我国医疗纠纷处理的推广机制。

旅行社责任保险全国统保示范项目，按照"政府推动、市场运作、企业自主"的原则，在国家旅游局政策引导和推动下，在全国范围内推广旅行社责任保险统保示范产品并进行市场化运作的保险新模式。实现了从企业性全国统保走向行业性全国统保的跨越，引领了中国责任保险的发展方向，为政府管理社会提供了新思路，是中国乃至世界采取全国统保模式操作责任险的第一单。

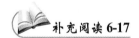

补充阅读 6-17

江泰保险经纪股份有限公司核心价值观

2015年6月16日，我国第一家开业的保险经纪公司——江泰保险经纪股份有限公司迎来了15岁生日。在15周年的庆典活动上，江泰公司向社会正式公布了16条企业核心价值观。

(1) 诚信、专业、有社会责任感，这就是江泰使命的核心内涵。时代赋予了江泰创造历史的使命，所以我们要坚守这个使命直到永远。

(2) 合作万岁，执行到底。合作是心智，执行是理智；合作是资源，执行是效率；只有合作才有发展，只有执行才有前途。

(3) 听到学到做到、看到学到做到、说到学到做到、想到学到做到，做到了就一定能够得到，做不到什么都得不到。

(4) 谁是英雄，我是英雄；谁是英雄，我们是英雄。英雄成就江泰，江泰造就英雄。心有多大，舞台就有多大，这是江泰人永远立于不败之地的真理。

(5) 我们都有缺点和弱点，但我们彼此包容，相互尊重，取长补短，勇于担当，所以我们越来越强。

(6) 常说"我选择你、我相信你、我成全你、我感谢你、我对不起你、我爱你"这六句话，不仅可以改变自己，而且长此以往可以改变世界。

(7) 崇拜客户，崇拜江泰。崇拜是一种信仰，因为崇拜而出彩，江泰人崇拜客户，江泰人崇拜江泰。

(8) 因为我们专业、专注，所以才有价值。

(9) 合法合规必须做到，合情合理应该做到。坚守合法合规这条底线，江泰这艘船始终会超越，否则就会倒退沉沦；抓住了合情合理这条高线，江泰这个舞台始终充满和谐，否则就会暗淡消沉。

(10) 永远不忘善良之初心，是江泰员工做人做事的本性。我们相信人之初，性本善。所以江泰人带着感恩之心为客户提供服务。

(11) 只有心平气和，才能气吞山河。心平气和是儒教、道教和佛教的经典之语，气吞山河是老一辈无产阶级革命家的豪言壮语；把两者结合在一起，江泰就可以在发展的道路上无往而不胜。

(12) 创业、创新是江泰的 DNA，制度创新、产品创新、服务创新和模式创新是江泰创新的四大法宝。

(13) 学习改变命运，我们不仅要相互学习，而且要主动向客户学习，积极向竞争对手学习。

(14) 布局是成就未来的涅槃。江泰拥有了战略和战术相互结合的排兵布阵，才可能在激烈的市场竞争中立于不败之地，否则必败无疑。

(15) 用明天思考今天，用今天成就明天。这是江泰人掌握正确的思维方式、融入互联网时代、保持创造力的源泉。

(16) 问题永远都存在，问题在哪里？是我们找问题，而不是问题找我们。

本 章 小 结

保险从业人员的六大基本行为准则：依法合规、诚实守信、爱岗敬业、专业胜任、保守秘密、公平竞争。

三大保险中介从业人员的行为准则：保险代理人行为准则、保险经纪人行为准则、保险公估人行为准则。

保险机构高级管理人员更要遵守国家及保监会等机构制定的行为规范，保险从业人员要遵守基本的服务规范。

保险从业人员的服务规范；保险职业礼仪；主要客户类型与沟通技巧；情绪管理原则。

保险业核心价值观，即保险行业共同遵循的行业理念、价值观念和行为准则。守信用、担风险、重服务、合规范是保险行业的核心价值观。

企业制度、企业道德和企业核心价值观之间的关系。

知识与技能训练

复习思考题

1. 保险从业人员的六大基本行为准则是什么？
2. 依法合规的要点有哪些？
3. 简述保险经纪人的岗位职责。
4. 如何实现有效沟通？

5. 情绪管理的原则是什么？
6. 社会主义核心价值观的基本内容有哪些？
7. 简述保险企业核心价值观的内容。

实训

项目一：培养正确人才观，树立正确的就业观念

(一) 训练内容

1. "你问我爱你有多深，跳槽代表我的心"，反映了人才"需"与"求"两极之间的落差，造成了当今企业和雇员之间彼此不均衡的心态，为什么会出现这种状况？

2. 分组讨论，何谓"人才"，人才应该具备哪些基本条件？

3. 联系已经就业的师兄师姐，回校给学生讲单位对人才的要求，对照企业人才观，反思自己有哪些优势和缺点？

(二) 注意事项

1. 分析自己的优、缺点时，一定要真实、诚恳，实事求是。

2. 分析企业的人才观，需求尽量全面，既要有保险类企业，也要有非保险类企业。

项目二：自我检查，你在遇到下列情况时，如何露出你的笑容

(一) 训练内容

1. 当客户对自己的话没有理解就提出反对意见或者抱怨时。

2. 由于自己的工作失误，招致客户的质疑或抱怨时。

3. 上班的时候心情挺好的，可是在马路上遇到堵车使你上班迟到并受到领导的批评时。

4. 这几天休息不好，上班时总是无精打采，不管面对领导还是客户，都不想笑。

5. 这段时间工作压力大，每天工作安排总是满满的，心里有牢骚，所以根本笑不出来。

6. 每天从事的工作都是这样周而复始，没有新意，不能涨工资，也没有提升，没有微笑的动力。

7. 我每天工作的挺好的，没有微笑，客户也没有挑出毛病，反正也没想着提升，笑不笑无所谓。

要求：1. 首先要求学生自测在遇到上述情况时，能否保持自己的笑容。

2. 要求学生回到宿舍对着镜子练习微笑，大家互相纠正不良微笑。

(二) 注意事项

1. 分析发生每种情况时的心理，对症下药，应该如何调整心态保持微笑。

2. 掌握微笑的要点，对镜练习，请熟悉的同学指出平时的不良表情。

项目三：测定你的交际风格

见什么人说什么话，是你成功的法宝！

按照下面标准，给每个句子打分：

(1) 总是这样；

(2) 几乎总是这样；

(3) 有时如此；

(4) 很少如此；

(5) 从来没有。

问　　题	得　分
如果一位谈话者在谈论一个乏味的话题,我尽力忍受不出声	
在讲演之前,我先演练一下(做笔记、记要点,在朋友或镜子前做练习)	
我听到"我懂你的意思"比听到"我同意你的观点"时,更感到满意	
当被别人打断时,我会保持安静,耐心等待	
当我在谈话中感到愤怒或紧张时,我就讲很少	
我愿意寻求朋友们的帮助	
几乎在任何谈话中,我都发现提问题是非常容易的事	
别人说服我比我说服别人的时候更多	
总分	

◇总分少于20分,你正从一个有利的位置上起步,你已经显示出了一些有效的交际中所必需的修养、耐心、好奇;

◇总分在21~31分,那么你处在中间地带,你具有说服别人的潜力,只是尚未充分利用最好的工具来完成它而已;

◇总分超过31分,你是在用一种自由放任的方式交流,其危险在于你的判断和怀疑可能会影响你自由交际的能力。

项目四:如何提高沟通技巧

根据你的测试结果,看看你的交际能力处于哪个阶段。如果你的交际能力很高,可通过学习人际风格沟通技巧,提高你对他人交际风格的理解,使你成为沟通高手;如果你的交际能力一般,通过下面的学习,寻找原因,弥补不足之处,增强你的交际能力。

提高你的人际风格技巧有哪些?

人际风格的四种类型	特　征	你所采取的沟通方式
分析型		
结果型		
表现型		
顺从型		
总结体会		
结合所学判断自己属于哪种类型		
在你工作中常遇见的人际风格类型有哪些?如何避免在沟通中存在的障碍?		

项目五:电话礼仪

小张正在拟写一份紧急声明,工作很急。此时电话铃响起,小张皱了下眉头,显得很不耐烦,铃声响了好多遍,才拿起电话。小张:"喂,找谁?"客人:"你们公司经理在吗?"小张:"不在。"客人:"那她什么时候在办公室?"小张:"不清楚,你等会儿再打过来吧。"说完小张就把电话挂了。

请就本案例谈谈小张接电话的过程中有哪些做法不恰当。

项目六:站姿训练

(一)训练内容

1. 身体背靠着墙,使后脑、肩、腰、臀部及足跟均能与墙靠紧。
2. 利用定数的方法来练习,为使书不掉下来,颈部自然会挺直,下巴向内收,上身挺直。

3. 按标准要求站立时，用心体会这样几个要领：一是上提下压(指下肢、躯干肌肉线条伸长上提，双肩保持评下、放松下压)；二是前后相夹(指在腰部肌肉收缩的同时，臀部肌肉收缩且向前法力)；三是左右向中(指人体两侧对称的器官向正中线用力)。

(二) 注意事项

1. 训练时要求身体挺直，微收下颌，双肩调平，目光平视，面带微笑。

2. 此项训练除在课堂上演练外，作为学生的课外训练任务。以宿舍为单位，完成课余训练任务，老师定期检查训练效果。

项目七：保险中介从业人员依规行为标准训练

(一) 训练内容

1. 列出本专业毕业后可能从事的岗位有哪些，选择一个自己期望从事的岗位。

2. 通过互联网收集 5 家本地保险企业招聘该岗位的企业的招聘广告，分析企业对该岗位的职业要求。

3. 分析自己与企业要求的差距在哪里，如何改进才能适应企业的要求。

(二) 注意事项

1. 深刻剖析自己，认识自己，分析自己的特长和能力，选择适合自己的岗位。

2. 广泛搜集保险公司的招聘信息及岗位信息，对照本公司的文化理念，深刻分析该岗位的职业素养和职业要求。

项目八：简述核心价值观与合规、道德之间的关系

(一) 训练内容

1. 对合规、道德与核心价值观有一个清晰的分辨。

2. 能够列举出某家公司的核心价值观，并能够结合企业特点进行分析。

(二) 注意事项

要对所分析的企业有一定的了解和认识，才能更好地结合价值观进行讲述。

参 考 文 献

[1] 周玉华，张俊．保险公司合规风险管理[M]．北京：法律出版社，2010．
[2] 吴定富．保险职业道德教育读本[M]．北京：人民出版社，2006．
[3] 胡炳志，黄斌．论保险中介与保险公司的关系回归[J]．保险研究，2006(1)：70-72，51．
[4] 陈燕．保险合规风险管理制度的构建[D]．上海：华东政法大学，2008．
[5] 唐远雄．商业保险的文化基础——一种文化社会学的解读[D]．兰州：兰州大学，2006．
[6] 罗忠敏．坚持本质特征，弘扬保险文化[J]．保险文化，2012(01)：69-70．
[7] 张建喜．保险诚信是保险企业文化的鲜明个性[J]．保险职业学院学报，2005(4)：60-61．
[8] 李维德，卢雨菁．保险风险管理研究前瞻[J]．西北民族学院学报(哲学社会科学版)．2001(2)：24-28．
[9] 包良濛．后金融危机时代保险理财相关理论创新研究[J]．商业时代，2011(6)：78-79．
[10] 朱才斌．金融理财方式比较与保险理财方式[J]．学术论丛，2009(52)：6-9．
[11] 廖旗平．对中国古代家庭理财文献的综述[J]．金融理论与实践，2012(5)：103-108．
[12] 刘红旗．论职业道德与企业文化的关系[J]．济源职业技术学院学报，2007，6(4)：39-41．
[13] 郭学勤．互助保险及其在构建和谐社会中的作用[J]．广东行政学院学报，2006，18(6)：74-76．
[14] 袁林，薄悦，丁楠．我国保险文化的现状及发展策略[J]．产业与科技论坛，2012，11(17)：26-27．
[15] 高鸿．保险文化的起源与演进[N]．中国保险报，2013-01-22(8)，2013-01-29(8)．
[16] 王峰．培育保险文化应把握的重点[N]．中国保险报，2013-03-26(8)．
[17] 袁林生．文化与道德关系初探[J]．安徽省委党校学报，1987(1)：79-84．